モンゴル帝国

草原のダイナミズムと女たち

楊 海英

JN052977

講談社現代新書
2749

目次

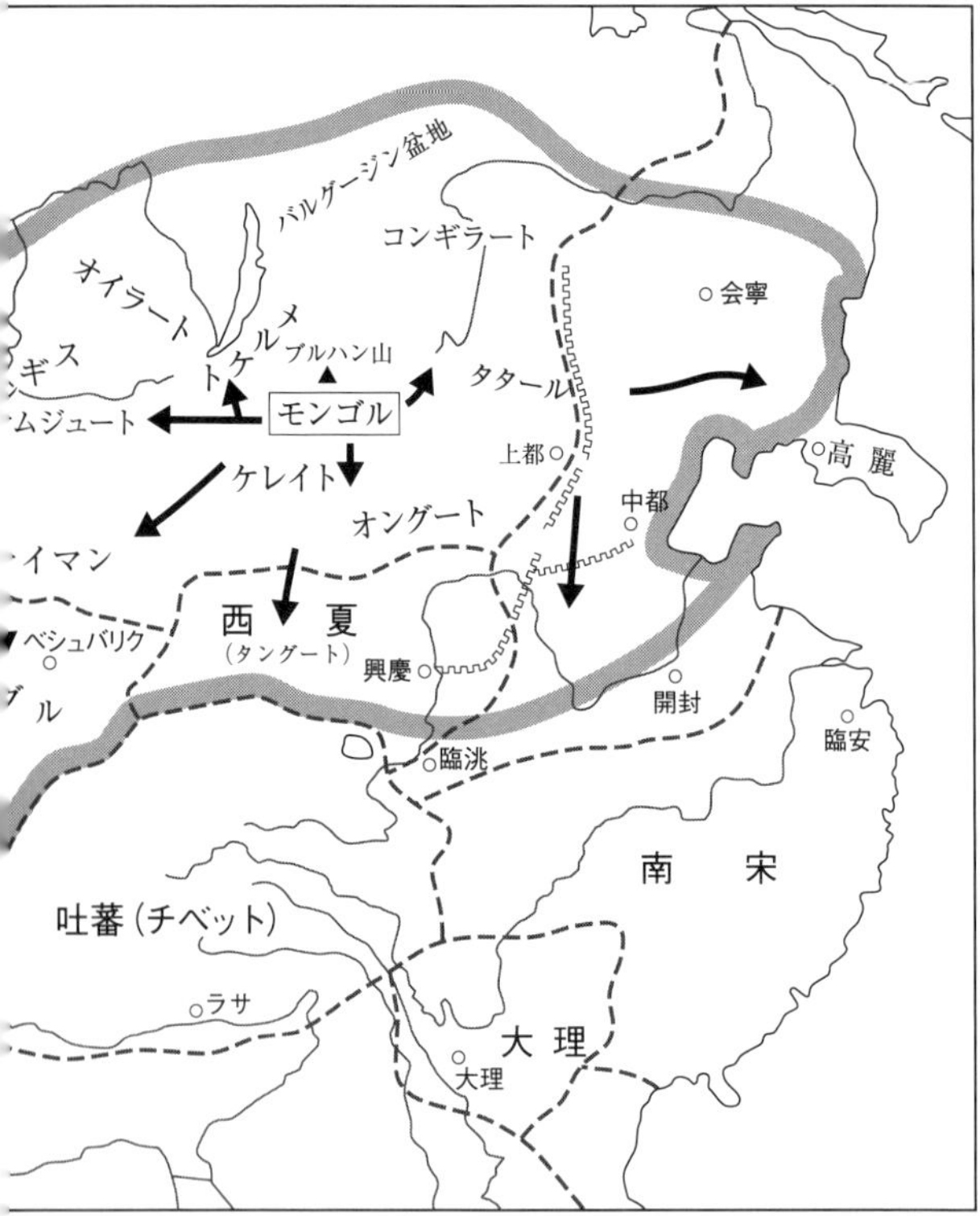

バルグージン盆地
コンギラート
オイラート
メルケト
ブルハン山
キルギス
モンゴル
タタール
会寧
ムジュート
ケレイト
上都
高麗
オングート
中都
ナイマン
西夏
（タングート）
ベシュバリク
興慶
開封
臨安
臨洮
南宋
吐蕃（チベット）
ラサ
大理
大理

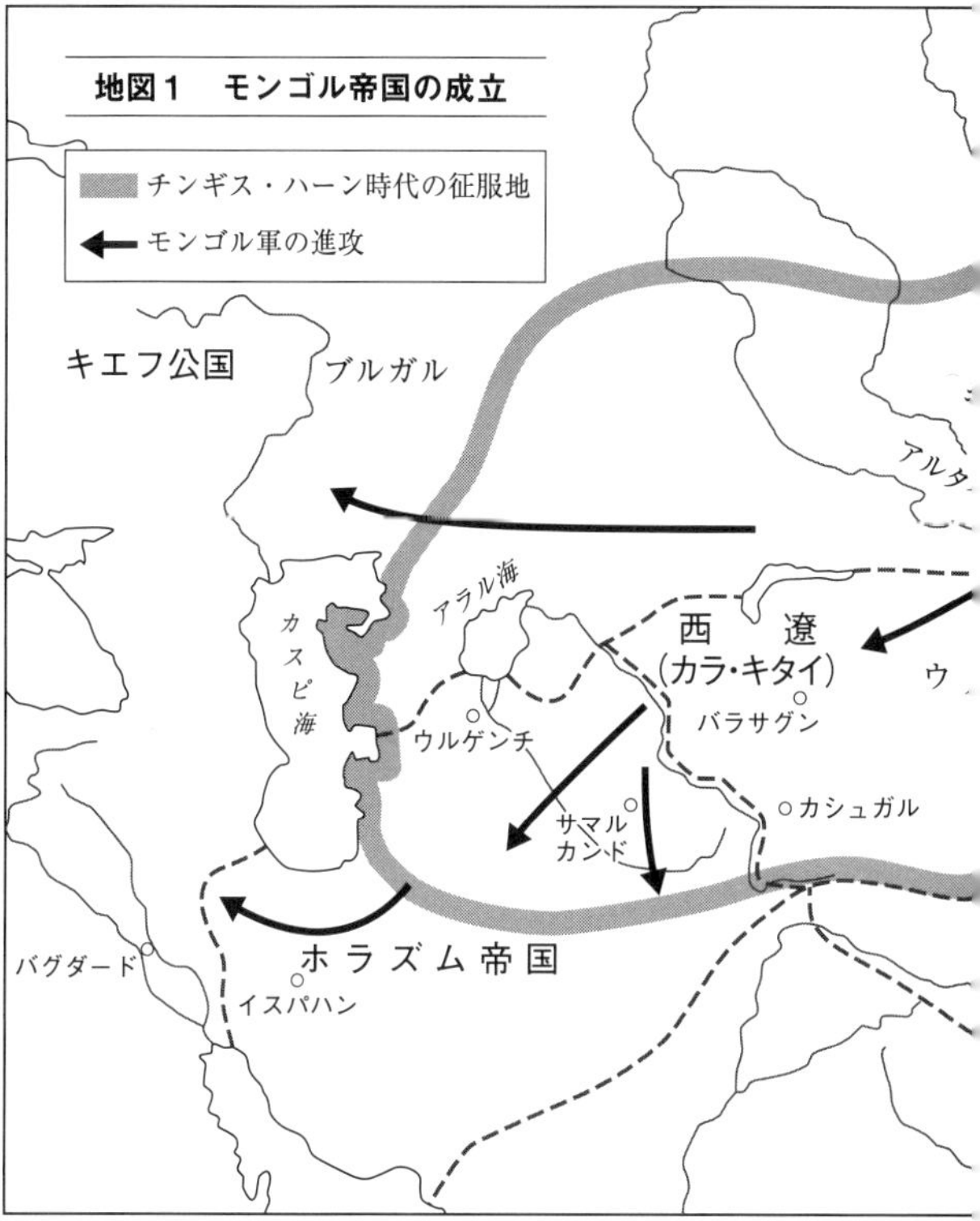

地図1　モンゴル帝国の成立

凡例

一、本書が依拠する第一次史料のモンゴル語年代記の中で、『蒙古源流』は岡田英弘が日本語訳したものを用いる。ただし、一部の人名と地名は著者の見解にあわせて改編した。また一部の表記も読みやすくあらためている。その他の年代記の日本語訳とモンゴル語の固有名詞のカタカナ表記は基本的に著者による。

二、『モンゴル秘史』は一九八六年に内モンゴル教育出版社から出された、エルデンタイとアルダージャブ父子のモンゴル語注釈本を用いる。必要に応じて小澤重男訳『元朝秘史』を参照した。

三、『黄金史（いにしえのハーンたちの政治と法規を綴った黄金史）』は一九九〇年にモンゴル国より影印出版されたロブサンダンジンのモンゴル語版（ビラ序文）を用いる。

四、ラシード＝アッディーンの『集史』は赤坂恒明監訳・金山あゆみ訳注本と中国商務印書館版の双方を参照している。

五、本文中では「女」と「女性」、「姫」と「公主」、「后」と「妃」を併用しているが、それぞれの文脈で使い分けている。

六、中世モンゴル語の発音では、「チンギス・ハーン」は「チンギス・カン」となろうが、現在定着している「ハーン」を用いる。同様に、妃（后）を意味する現代テュルク・モンゴル語の「ハトン／ハタン」も、中世では「ガトン」や「カトン」と発音していたと推定される。著者の属する集団は中世モンゴル語の伝統を維持し、現在も「ガトン」と発音するので、この伝統にしたがう。

七、本文中の動物の表記は、狼、馬、牛、犬以外は原則としてカタカナを用いるが、例外もある。

第1章

遊牧民と女性が世界史をつくった

モンゴルの大元ウルス時代後期の妃のひとり。大元ウルスの宮廷画家が作成したものと推定されている。妃たちの画集は見開き8枚で、15人が描かれている。モンゴル帝国が混乱期にさしかかったためか、一部の妃の名前は明記されていない。歴代各王朝の皇帝や妃の肖像画は、清朝の乾隆12年（1747）に宮廷の1ヵ所（南薫殿）で保管するようになる。現在は台北の故宮博物院所蔵（『南薫殿歴代帝后図像』より）

メトロポリタン美術館の中央アジア館

アメリカはニューヨークにあるメトロポリタン美術館。この世界屈指の名門美術館に無数の名品が収蔵されているのはいうまでもないが、私はいつもここの中央アジア館に惹かれる。

いわゆる新大陸アメリカが発見されるまでの人類史の根幹部分、すなわちユーラシア史を能動的に推し進めてきた遊牧民の文化財が展示されているからである。ここの陶磁器のコーナーには十一世紀から十四世紀のモンゴル帝国時代まで活躍したセルジュク・トルコ時代とイル・ハーン国の製品が多数、陳列されている。

屈強の遊牧戦士ではなく、女性が円形の陶磁器の正中心とまわりに陣取っている。宴会《トイ》のシーンもあれば、駿馬《しゅんめ》に跨《また》がって疾駆し、片腕にタカをのせた狩猟（鷹狩《たかが》り）の場面もある。

遊牧民世界だけでなく、日本においても鷹狩りは権勢を誇る男たちの遊びとして変質していく。しかし、少なくとも、権力がジェンダー的な基準で峻別《しゅんべつ》される近代以前の遊牧民世界では、女たちも男と同じように鷹狩りを楽しんでいたことが活写されている。

一〇キロ近くもある猛禽《もうきん》を腕にのせ、数キロメートルも先に隠れているオオカミやキツネを見つけて瞬時に放す技は、騎馬軍団を率いて敵に襲いかかる際の将軍のような判断力が必要である。そのような男顔負けの「作戦」能力をテュルク・モンゴル系の遊牧民の女たちは発揮していた、と陶磁器は伝えたかったのではないか。陶工の多くはおそらくイラン系だったと推測されている。都市農耕世界の陶工たちの目に遊牧民の女たちは輝いて映ったのであろうから、喜んで細工に入れたのではないか。

女性の鷹狩り。イスラーム陶磁器の大収集家プロトニックのコレクションのひとつ
（*Perpetual Glory, Medieval Islamic Ceramics from the Harvey B. Plotnick Collection* より）

そういう言説は成立しない

陶磁器だけではない。

フランスとトルコの博物館には十四世紀のイランの地、モンゴル帝国の一部イル・ハーン国で描かれたミニアチュール絵画が多数保管されている。ソ連崩壊後に世界的なブームとなったモンゴル帝国史研究でその一端は明らかになった。

色彩豊かに、精緻な筆法で活写されている

帝国東西のハーンたちの傍《かたわら》に必ずといっていいほど、妃《ガトン》が坐っている。上下の区別なく同じ玉座には第一夫人がハーンとともに着き、向かってその右側には他の夫人や側室たちがずらりと並ぶ（第2章トビラ参照）。こちらは宴会《トイ》が政治の場、つまり朝政の場として描写されている。ハーンに向かって左側は軍政大臣やその他の有力者たちが陣取る。女たちが男と同様に宴《うたげ》と政《まつりごと》の双方に参画していた時代である。

右に示した陶磁器とミニアチュールの内容からわかるのは、遊牧社会では女の地位が低かったとか、イスラームは女を抑圧していたとか、そういう言説は成立しないということである。これからくわしく述べていくように、モンゴルの女たちは遠征や大ハーンを選出する政治集会クリルタイや宮廷行事に参加していただけでなく、多くの場合はむしろ主催者だったと位置づけたほうがより実態に近い。

無意識の偏見――レヴィ＝レート婚をめぐって

これまで歴史家は、ユーラシアの東西を跨ぐモンゴル帝国の創設者たちは男だという前提で事象を取り上げ、論じてきた。言い換えれば、「男の時代」、「男の帝国」としてモンゴルを理解してきた。しかし、常に男とともにいたのは、女である。その女たちがまた帝国の創建と運営にどんな役割を果たしたのか。世界帝国のなかで、女たちはいかに生きたのか。そして、女たちの役割と生きかたの根底にどのような思想と哲学があったのか。こうした問題が完全に解明されたとは言いがたい。

また、多くの日本の読者には無意識の偏見があるのではないか。それはユーラシア世界の歴史を知ろうとする際にどうしても「中華世界」の文献のフィルターを通すことが多いせいだろうと私は思う。

「中華世界」の人たちは、遊牧民独自の社会システムを理解しようとはしない。彼らから見れば、遊牧は農耕より劣る。匈奴《フンヌ》や突厥《テュルク》、そして蒙古《モンゴル》など「北狄《ほくてき》」であり、史書には「禽獣」以下であるとまで記される（日本人とて「東夷」である）。

なによりの証拠とされるのが、文化人類学でいうレヴィ＝レート婚、すなわちユーラシアの遊牧民世界で盛んにおこなわれていた風習である。父の死後には息子が生母以外の夫人たちを、兄の他界後は兄嫁を弟（あるいは目下の者）が結婚というかたちで引き取る制度である。老女を娶《めと》ることもしばしばある。苛烈な乾燥地の自然環境のなかで、寡婦となった女性の地位と財産を守るための合理的な慣習であるとは人類学者の見解である。

歴史学者の杉山正明《すぎやままさあき》は言う。

歴代の漢語文献では、（引用者註：レヴィ＝レート婚は）人倫にもとる恥ずべき獣畜の道だとされた。古来、中華文化人が遊牧民とその社会を非難する時、最も都合の良い攻撃理由となった。……セクシャルな面を強調するのは、むしろ野鄙《やひ》な心理が非難する側にあるからである。（一九九六下）

考えてみてほしい、敗戦後の日本において同様のことはなかったか。また、日本人はいとこ婚を必ずしも問題としない。これも「禽獣」であろうか。

母性愛に淵源する遊牧民の精神世界

モンゴルのような遊牧民の世界において、男は戦士であった。その戦士の背後には母親や妻、そして姉妹たちがいた。日常的に家庭を維持するだけでなく、場合によっては民族全体で移動した事例もあるので、女たちも例外なく帝国の創出に貢献した。

モンゴル人の精神世界を物語る上で、母性愛がひとつの鍵概念となる。母や妻、姉妹たちからの愛が男たちを包みこみ、遊牧戦士を前へと突き動かす。逆にいうと、母性愛がなければ、男たちは平凡な一生を終える。

実例を挙げよう。

モンゴルには母親の愛を謳歌した歌、叙事詩は無数にあるが、父親を題材とした歌は格段に少ない。女を称賛した詩文は数えきれないほどあるが、男を褒め称える際には、どの詩人も途端にけち臭くなる。ゲセル（＝ケサル）やジャンガルのような英雄でも、必ずと言っていいほど愚かな一面があり、それを女たちが諭して一人前の英傑に育てあげるというパターンが多い（若松寛訳『ゲセル・ハーン物語——モンゴル英雄叙事詩』、『ジャンガル——モンゴル英雄叙事詩2』、いずれも平凡社東洋文庫）。

モンゴル人最古の詩文、おそらくは十四世紀の作品とされるものも母親への愛を綴った手紙である。ロシア南部のボルガ河の畔に造られた古墳から一九三〇年に見つかったもので、多くの研究者たちに注目された詩文である。モンゴル高原を離れ、遥か西の中央ユーラシア方面に派遣された、若き戦士の墓だったらしい。白樺の皮に書き記した文書が、母親への愛をいまに伝えている。

現代においても変わらない。

モンゴルを中国と日本の植民地体制から解放し、民族全体の統一を崇高な理念として掲げていた偉大な指導者・チョイバルサン元帥（一八九五～一九五二）はいつも、「ホルローのチョイバルサン」と名乗った。ホルローは彼の母親で、父親のことはそもそも知られていない。ホルローという女性が女手ひとつでチョイバルサンを育てあげたのである。

一九四五年八月十日の深夜、彼は「中国と日本の植民地支配者を追放しよう」と全モンゴル民族を鼓舞する名演説をおこない、当時は人口八十万人ほどしかいなかったモンゴル人民共和国の兵士十一万人を連れて万里の長城まで戦馬を駆って出た。父親を知らずに、男から家庭的な薫陶をいっさい受けなかったチョイバルサンには母親から譲り受けた、民族解放という確乎たる政治的信念が植えつけられていた。

女のいない遊牧民の歴史は成り立たない

「お母さん《エージ》（eji）！」という言葉を聞いただけで、屈強な遊牧の戦士たちは例外なく涙ぐむ。戦時でも、平和な日常生活のなかでも、それほどモンゴルの男たちはみな、「マザコン」なのである。

裏を返せば、モンゴルなどのユーラシアの遊牧民はまた娘を溺愛《できあい》する。深い愛情を注いで育てた娘を遠くへ、異なる部族に嫁がせるときに、モンゴル人はありったけの持参金を用意し、そして親族一同で威勢よく送り届け、婚家での地位を確保しようとする。

世界帝国を建設した十三世紀ごろから、モンゴル人の一部はチベット仏教の熱心な信者になった。仏教の万神殿のなかの女神たち、とくにターラー（度母）や空行母《ダギ》もまたチベット高原からモンゴル草原に降臨し、遊牧の戦士たちの心を鷲摑みにした。鎧を脱ぎ捨てて袈裟をまとったモンゴルの男たちは多種多様なターラー賛歌を口ずさみ、娘たちは喜んでダギと名乗った。本書でも、モンゴル帝国の東方、元朝の政治運営に携わったダギという妃が登場する（第9章参照）。

一九一一年十二月二十九日にモンゴルは清朝に対し独立を宣言し、チベット仏教の活仏、ジェプツンダムバ・ホトクトを新生のモンゴル国の元首として推戴《すいたい》した。そのジェプツンダムバ・ホトクトの妃は「白ターラー」の化身として、モンゴル人から崇拝されていた。このように、女のいない遊牧民の歴史は成り立たない。女こそ、ユーラシアの歴史を深奥から推し進めるエンジンであったのである。

一九八〇年代なかばから

女を知らなければ、歴史の真実を把握できない。ある時代の歴史の推移を見ようとするならば、その時代の女たちの生きかたに注目しなければならない。女について書く際には、当然、彼女たちが創出した時代の文化と精神性、気風について分析しないといけない。女たちにスポットライトを当てることで、斬新な歴史の一面が浮かび上がってくる。

世界のモンゴル史研究は一九八〇年代なかばから大きく進展した。ニューヨーク市立大学のモリス・ロッサービとオックスフォード大学のディーヴィド・モーガンらが先頭に立ち、モンゴル語に加えてペルシャ語とアラビア語の資料をもふんだんに駆使して、モンゴル帝国史の実態究明に取り組んだ。それまではとにかく「野蛮」や「立ち後れ」といった負のイメージで語られてきたモンゴルなどユーラシアの遊牧民の実像を大きく変えた。私もモーガンの『モンゴル帝国の歴史』（原著一九八六、日本語訳一九九三）とロッサービの『フビライ・ハーン』（一九八八）に登場する人物たちがいかにわれわれ当事者であるモンゴル人の抱くイメージに近いかに気づかされ、感動したものである。

個人的な体験と記憶

日本においては、岡田《おかだ》英弘《ひでひろ》と杉山正明がモンゴル史研究を牽引してきた。岡田はアメリカのワシントン大学でソ連から逃れてきたモンゴル語学者ニコラス・ポッペに師事し、モンゴル語年代記の重要性に早くから気づいていた。

代表作のひとつである『世界史の誕生』（一九九二）が世界各国の学界に与えた衝撃は大きい。モンゴル帝国の成立により、ユーラシア最東端の中国人がヨーロッパ文明の存在を知り、西洋もまた東方文明と接触できた。文字通り、ユーラシアは初めてひとつとなり、相互に連動しあうかたちで前へと進む「世界史」が誕生したという歴史観である。

京都帝国大学以来の重厚な歴史学の伝統を受け継ぐ杉山正明の研究室のドアを私は一九九〇年春に叩いた。人類学を学ぶために国立民族学博物館（民博）併設の大学院博士課程に進学したものの、歴史学の訓練も必要だったので、「杉山に養子に出す」と言われて京大の東洋史ゼミの聴講生となった。

モンゴル語とチベット語、それに漢語からなる石刻《せっこく》（碑文）資料を読まされていたところ、「最低、二十数ヵ国語の第一次史料を読まないかぎり、モンゴル史研究は困難だ」と口癖のように話していた杉山の姿をいまも覚えている。その後、杉山は米国のハーバード大学に渡って研究を重ね、帰国後には怒濤のような勢いで『モンゴル帝国の興亡（上下）』（一九九六）などの名著を矢継ぎ早に世に送り出した。

もっと多くの人の謦咳《けいがい》に接しようとしていた時期に、民博の指導教官・松原正毅《まつばらまさたけ》に付き従って天山・アルタイ山を中心とした中央アジアで遊牧民について調査する機会に恵まれた。調査隊には考古学や文献史学を専門とする大家たちも加わり、それまで外部の世界に閉ざされていた歴史の現場に立つことができた。古墳と石碑、戦闘の場などに関する研究の成果もソ連崩壊後に雨後のタケノコのような勢いで現れていた。本書でも、そうした成果を大いに利用している。

歴史学の文献解釈を別の側面から、現場から補うことができるのは、現地調査に立脚した人類学である。歴史の文化的、社会的背景について説明するのは、人類学の得意分野である。言い換えれば、文化的、社会的背景がわかれば、歴史上の人物たちの行動パターンや深層心理にも接近できるのではないか。歴史を学ぶことも、特定の時代の文化や社会を学ぶためであろう。文化と社会を深く理解するのには、女の歴史はひとつの入り口となる。女という入り口から入れば、歴史のみならず、文化と社会全体の醍醐味もわかる。

婚姻関係からのアプローチ

近代に成立した歴史学は往々にして女を男の付属物として扱ってきた。女を正面から描き、歴史の主人公に据えてこなかったのは、農耕、工業社会の伝統的気風からであろう。農耕と近代工業化社会では男たちが力をもち、権力の座をほぼ独占してきたからである。

ユーラシアの遊牧社会は根本的にちがう。

遊牧社会の経済を牛耳り、日常的に運営しているのは、女である。馬と牛、ラクダとヒツジ、それにヤギの五種の家畜を群れとして管理放牧し、その乳を搾って乳製品を作り、毛を糸に加工したりしているのは女たちである。男は戦士であって、家庭の日常的な経済運営にかかわらないし、ほぼ無関心でもある。雪害や暴風雨の際には家畜の放牧に携わるが、それも日常の平和的な放牧と異なって、一種の非日常的な「戦《いくさ》」である。

経済と子育て、一家の独立自強を支えているのは女であるので、ユーラシアの遊牧民世界の女は強い。精神的に強いだけでなく、発言力も群を抜いている。当然、部族や国家の運営にも女たちは積極的にかかわった。いや、かかわったというよりもむしろ、女たちの部族、女たちの帝国だった、と表現したほうがより実態に近い。そうした真実を近年の歴史学や人類学の成果は示しているので、本書の最初に各研究のダイジェスト版を知的な読者のために簡単に紹介しておこう。

世界帝国モンゴルの女たちは誰と結婚し、どんなネットワークを作ったのか。そもそも彼女たちはどの地域の、どんな部族の出身で、いかに権勢を振るったのか。こうした課題に先駆的に取り組んだのは、日本のモンゴル史研究家の宇野伸浩《うののぶひろ》である（一九九九a）。彼もまた、前に触れた、松原正毅が主宰する民博の歴史人類学共同研究のメンバーであった。

彼は最古のモンゴル語年代記『モンゴル秘史』やペルシャの年代記『集史』などの記述を整理し、帝国の政治を動かしていたチンギス・ハーン家の姫たちと草原の有力な貴族家との通婚関係に注目した。ここでいう「有力な貴族家」にはモンゴル系もテュルク系も、両方含まれている。

チンギス・ハーン家と有力な貴族家との婚姻関係は双方向だった、というのが宇野の結論である。どちらかが一方的に娘を提供するだけでなく、くりかえし娘を交換しあうことで、より強固な姻戚関係が作られていたのである。

世界帝国期と大元ウルス期

カナダのトロント大学の教授、ジョージ・ジャオ（二〇〇八）はモンゴル時代を二つに区分している。世界帝国期（一二〇六～一二七九）と大元ウルス期（元朝とも。一二七九～一三六八）の二つである。この二つの時代のモンゴルのロイヤル・ファミリー、すなわちチンギス・ハーン家は世界規模で政略結婚を積極的に進めていた。政治にかかわることこそ、この時代のモンゴルのエリート女性たちの典型的な生きかただった、というのがジャオの観点である。彼はとくに大元ウルス帝室とその属国の高麗《こうらい》王朝との通婚についてくわしく分析しており、本書もまたその成果を活用している。

ジャオによると、チンギス・ハーン家と同じモンゴル系の名門コンギラート部、オイラート部、それにエケレース部との通婚は基本的に双方向であった。これに対し、モンゴルとテュルク系のオングート部とウイグル、それに高麗王家との通婚は単方向だった。つまり、モンゴルの公主や王女は降嫁するが、相手から女性を迎える例はほとんどなかった。

ジャオはデータを綿密に分析した結果、通婚の比率まで算出していた。歴代のチンギス・ハーン家が迎えた嫁は、コンギラート部からが六七パーセントで、オイラート部からは一九パーセント、エケレース部は六パーセントだった。別の歴史家が、大元ウルスは実質上、コンギラート部の女たちが経営する王朝だったと指摘するのも、このデータを見れば納得できる。チンギス・ハーンの母親と第一夫人のボルテ后もコンギラート系だったので、大元ウルスの歴世のハーン（皇帝）も祖先からの伝統に従ったのであろう。

一二六〇年にチンギス・ハーンの孫フビライがハーン位についてから、一三六八年に長城以南から草原に戻るまでのあいだ、モンゴルのハーン家は漢人と通婚しなかった。漢人女性をハーン家に入れなかった結果、モンゴル人の中国化、漢化は回避できた、とジャオは論じている。南宋が一二七六年の早春に平定され、宋王室の後宮がモンゴル高原南部の夏の都、上都開平府《じょうとかいへいふ》に送られてきた際も、フビライ・ハーンらは漢人女性たちに指一本触れなかった。漢人女性に接近する政治的リスク、漢化の危険性を充分に認識していたため、その夫君である南宋の廃帝（恭帝）はチベットに送って出家させたし、皇后たちを大都《だいと》（いまの北京）で手厚く遇した。

漢化とはモンゴル人としてのアイデンティティを捨てて、漢人となることを意味する。台湾が誇るモンゴル史研究家の蕭 啓慶《しょうけいけい》（二〇〇八）は、大元ウルス時代のモンゴル人は頑として漢化しなかったが、「士人化」はしていた、と唱えている。士人とは、儒教の思想を受けいれた伝統的な知識人である。一部のモンゴル人貴族が士人化する現象は見られたものの、漢化すなわち同化は進まなかったのが元朝である。

イスラーム、そしてテュルク

アメリカのマサチューセッツ大学アマースト校のアンネ・ブロードブリッジは中近東世界とモンゴルとの国際関係史を専門とする気鋭の女性歴史学者である。彼女は人類学が熱心に取り上げてきた親族組織に歴史学の立場から注目している（二〇〇八、二〇一八）。

彼女によると、政略結婚を武器に着実に世界帝国を中東まで延ばしてきたモンゴルに対し、果敢に挑戦したのはエジプトのマムルークたちであるという。マムルークとは、テュルク系の言葉を操る、コーカサスと黒海北岸出身の奴隷軍人である。

初期のマムルークはキプチャク人が多く、のちにはモンゴル人も含まれるようになった。エジプトに売られてからはしだいにイスラームの聖戦士、都市民としてのアイデンティティを確立していく。そのマムルークたちはチンギス・ハーンの長男ジョチ家と連携しながら、エジプトを虎視《こし》眈々《たんたん》と狙うイランのフレグ朝と張り合った。フレグはフビライの弟で、チンギス・ハーンの四男トロイ（トリ、トライ、トルイとも）の息子である。

イランを拠点とするようになったフレグ家と、キプチャク草原のジョチ家とその家臣たちはモンゴル帝国期に急速にイスラーム化していく。身体と言語の面ではテュルク化が進む。中央アジアにはモンゴルが来る前から預言者ムハンマド家につながる神聖な血筋があった。モンゴル帝国の成立により、チンギス・ハーン家の娘たちはまたムハンマド家をはじめとするイスラーム世界の名望家にも嫁いでいった。

モンゴルの女たちはキリスト教ネストリウス派を奉じた者もいれば、敬虔なムスリムもいた。女たちは独自の軍隊を擁し、帝位継承に積極的に介入し、ユーラシア規模での交易にも参画した。文字どおり、女たちが織りなすネットワークの上に、モンゴル帝国は存在し、機能していた、とブロードブリッジは立証している。

では、モンゴルの王女たちが選んだ婿《クリゲン》はどんな人たちだったのか。チンギス・ハーンはどの部族のいかなる青年を娘たちと結婚させたのか。のちに世界帝国が建設されたあと、とくにイランを拠点とするイル・ハーン国の婿はどういう人物で、国際関係と外交関係にどういう役割を果たしたのか。こうした視点に立脚した研究の成果を公開したのは、イスラエルのモンゴル史学者イシャヤフ・ランダである（二〇二三）。

『モンゴルのクィーンたちの秘史』

モンゴルの女たちが歴史の主人公としてユーラシア規模で活躍した事績を文化や社会と結びつけてダイナミックに描いたのは、アメリカの文化人類学者ジャック・ウェザフォードである。

『モンゴル秘史』に因んで題された『モンゴルのクィーンたちの秘史』（二〇一〇）はその

後にあらわれた女性研究に大きな影響を与えた力作である。

　彼はモンゴル高原でのフィールドワークから女性の強さの源泉は遊牧生活にある、と主張した。季節の移り変わりにともなう移動生活と五畜の大群に日々接する経験から、命あるものへの接しかたをモンゴルの女たちは小さいときから覚えていく。ひとつの命、それが個々の人間だろうが、国家だろうが、忍耐の原理に即して長期的な戦略で育てることを女たちは日々、実践してきた。その忍耐と生命力からモンゴル帝国は生まれた、との観点である。

　そもそも彼の著作は、ヨーロッパ中心主義に固執する欧米人のモンゴルやユーラシアの遊牧民に対する偏見を打ち消す目的で書かれたが、モンゴル国でまず注目され、少しずつ世界的なベストセラーに発展していった。本書も含め、二〇一〇年以降の研究はどれも『モンゴルのクィーンたちの秘史』から多くのヒントを得ている。

ガトンたちの存在

　ロンドン大学の中東研究者ブルーノ・ド・ニコラによると、モンゴル帝国史をさまざまな角度、それも西洋やユーラシア西部から研究するアプローチはまだスタートしたばかりだという（二〇一七）。ジェンダー史の立場に立つ彼は、モンゴル帝国史研究はまだ「男の歴史」のレベルに留まっている、と論じている。

女たちは「誰それの娘」や「あるハーンの妃」などのかたちでしか登場しない。そこで、ニコラは女たち、主としてイランを本拠地とするフレグ国《ウルス》のガトン（妃）たちが一二〇六年から一三三五年までの間に国際的に発揮した政治力や経済力について述べている。ガトンとは、ハーン（可汗）とセットで出現する遊牧民社会の有力な女性政治家に対する尊称で、文字記録では北魏時代にすでに「可敦」という表記で見られる。

ニコラは言う。

モンゴルなど遊牧民社会の女たちの力強さの源泉は草原の慣習法とイスラーム法にあった。たとえば、モンゴルが登場する前の中央アジアのホラズム帝国と契丹《キタイ》帝国だけでなく、西方へ王朝ごとに移動したカラ・キタイ（西遼）とアルタイ山脈のナイマン部など、いずれも有力な女たちが政治を運営していた。これらの国々はすべてチンギス・ハーンによって征服されたが、ある意味で、世界帝国の創設者は、女を指導者とする諸王国と戦っていたのである。

たとえば、ホラズム帝国のトルカン・ガトンはテュルク系の遊牧民集団カンクリ部の出身で、独自の軍隊と膨大な財産を有していた。東方からチンギス・ハーンが攻めてきた際も、夫や息子との戦略上の不一致、あるいはチンギス・ハーンが意図的に彼女とその夫、息子との関係を攪乱したことで、帝国は崩壊した。その彼女も一二二一年にモンゴル帝国の首都ハラ・ホリムに送られ、十年後にはかの地でその生を終えた。チンギス・ハーンと結婚したことになっているが、そこにはセクシュアルな要素はなく、彼女の帝国を継承し、しかるべき地位を保つための政略と見るべきである。

実際、最初は弱小集団に過ぎなかったモンゴル部の場合でも、群雄割拠と弱肉強食のステップでテムージン家はその母親ウゲルン（ホエルン、ウールンとも）の切り盛りによって生き残った。歴史家はそうした事実を見て見ぬふりをし、ひたすら「男の英雄たちの物語」に酔いしれていた、とニコラは批判するのである。

東西を自由に行き来する女たち

モンゴル帝国が成立すると、チンギス・ハーン家の娘たちは草原の慣習法を背負いながらイスラーム世界に嫁ぎ、かの地で子どもを育て、政治と軍事活動に加わった。女の場合だと、男たちよりはるかに多くの難関が待ち受けていたはずだが、モンゴルの女たちはそれらをすべて乗り越えていった。一二五〇年、ジョチ家の娘ウルバイ・ガトンがクリミアからセルジュク・トルコの有力者に嫁ぎ、アナトリアを影響下に置くのに貢献したのはその典型的な一例である。

そのような女たちはみな、独自の天幕式宮殿オルド《ゲル》（宮帳）を持っていた。オルドには多くの家臣と将軍が陣取り、複数の千戸軍団を指揮し、広範囲にわたって経済活動を展開していた。とくに経済活動に関しては、別の研究者トーマス・アルセン（二〇一九）によると、海からの真珠交易を牛耳っていたのは、女《ガトン》たちだったという。モンゴル帝国は陸上帝国だけでなく、「海洋帝国」でもあったわけだ。

ユーラシア世界がひとつになってから、東西を自由に行き来していたのはなにもモンゴルの女たちだけではない。ジョージア（グルジア）出身で、アルメニアの血統を持つ貴族の女性タムタは一二三六年から一二四五年の間に中央アジアからモンゴルまでの旅を決行した。彼女はコーカサスのキリスト教世界からアナトリアのセルジュク・トルコ世界を経由し、イスラーム世界と仏教世界を横断してみせた。男の使者たちがパリやイタリアから東の帝都ハラ・ホリムと大都ハーン・バリク（いまの北京）を目指したときより早かった、とアントニ・イーストモンドの緻密な研究（二〇一七）は示している。

本書の資料と立場

以上は近年の学界の動向で、いずれも歴史学と人類学が結合した成果である。本書もそうした大家たちの成果を充分に吸収しながら、女たちのモンゴル帝国史と文化について述べていくことにしたい。

　単に女たちを歴史のかなたから復活させ、その名誉を回復させるためではない。女たちが果たした歴史的な役割と貢献、創出された文化の意義について、その文明的背景から詳細に描いてみたい。女たちを強くした力の源泉である女の文化、遊牧民の文化について、歴史的にさかのぼって探究しようと思うのである。

　近年、日本のごく少数のモンゴル史家にはイランで書かれた『集史』と明朝初期に編纂された『元史』を好み、『モンゴル秘史』を敬遠する傾向が見られる。『モンゴル秘史』に叙事詩的な表現が多数見られるからだ、という。

　私も日本の歴史学の薫陶を受けているが、彼らの『モンゴル秘史』観だけは納得できない。むしろロシアの歴史学者が表現しているように、『モンゴル秘史』はステップの匂いがする一流の年代記である。遊牧民がどんな喜怒哀楽を有し、どのように話し、いかに泣くかまでじつにリアルに描いた作品は『モンゴル秘史』のほかにない。

　人間の生きかたから教訓を汲み取り、いわゆる「歴史を学ぶ」方法は、史料内の叙事詩的な表現を理解できるか否かにあるのではないか。主人公たちの感情と深層心理がわからなければ、いわゆる「史事」を再構成しても、歴史の真実に接近するのはとうてい無理であろう。それは、ペルシャの年代記内の美文調の表現を理解できるか否かと同じである。

本書はモンゴル帝国の女たちの生きかた、それも彼女たちの文化的背景と心理を描く目的を帯びているので、『モンゴル秘史』と『蒙古源流』、それに複数種の『黄金史』などの年代記内の記述を重視する。モンゴル語やペルシャ語の年代記、それに漢籍内の記事を正確に理解するのには、人類学的な現地調査の成果を活かさなければならない。本書は、文化を以て歴史を解釈する手法で構成されている。

ユーラシア世界に多くの女たちが活躍した。彼女たちは、その生きていた時代にかぎらず、後世にも深遠な影響を残した。今日もそれは強い文化力として生きつづけているのである。

前置きが長くなってしまった。それでは「モンゴル帝国女性史」ともいうべき世界に読者をご案内しよう。

第２章

チンギス・ハーンと
四つの宮帳

モンゴル帝国の大ハーンと並んで同じ席に坐り、
宴会《トイ》や朝廷の政治会議に臨む女性
（*Dschingis Khan und Seine Erben, Das Weltreich der Mongolen* より）

英雄の言いわけ

「よんどころなきご事情がおありでしょうか」

一二〇六年早春。モンゴル高原東部を流れるオノン河の上流から南東へさほど遠くないギョクノール湖畔の宮帳《オルド》内で、チンギス・ハーン（厳密にいうと、まだハーンと称していなかったころのテムージン）の第一夫人であるボルテ后は、遠路はるばる風塵をかぶって疾駆してきた使者を迎え入れた。宮帳とは遊牧民の君主や貴人の天幕のことである。

ボルテ后の宮帳はまた「黄金オルド」とも称されていた。第一夫人の身分にふさわしく、天幕の内部は金糸で飾られている。はるか西方のホラズム帝国とゴビの南、テュルク系のオングート部からイスラーム商人がラクダで運んできて献上したものである。

ボルテ后の侍女はまずお辞儀をしてから木椀を使者に渡す。白い馬乳酒《クミス》が満々と入った木椀に真っ赤なナツメが四つ、浮かんでいた。アルタイ山脈の西、天山北麓のオアシス地帯からの隊商が貢いできたものである。白い馬乳酒と赤いナツメは、ユーラシアの遊牧民世界の縁起物である。一説では、当時広く信仰されていたキリスト教ネストリウス派信者の習慣だった、ともいわれている。

使者はジャライル部のムハライ（ムカリとも）将軍。テムージンの九傑《イスン・エルルク》と称賛されていた九人のすぐれた部下中のトップである。ジャライル部は、テムージンを生んだボルジギン部の家臣集団で、ムハライはテムージンの側近中の側近である。

テムージン本人はオルドス高原と黄河の西に広がる大国、西夏《タングート》王国への遠征からモンゴル高原へ帰還する途にいた。第一夫人に会う勇気がないから、側近を先に派遣して、挨拶を申し入れたのである。

ボルテ后はフルンボイルに近い草原から北上してきていた。彼女は独自の宮帳を携え、忠誠を尽くす親衛軍《ゲシク》団を連れて、春営地としてギョクノール湖を選んだ。シベリアから南へ延伸する針葉樹林のなかにある小さな湖で、西と北にはハラ・ジュリヘンという山脈がのびやかに広がり、冷たい北西風を防いでくれる山々である。

儀礼用の馬乳酒の後は、茶である。銀碗一杯に満たした温かいミルクティーをムハライ将軍は優雅に舌の上で転がすように味見してから、言葉を選びながらボルテ后に上奏した。

建てた政権を守らなかったわけではない。

堅固な政権の方向を見たのだ。

大小の臣下の言葉に迷ったわけではない。
虎の家の斑《まだら》の色に迷ったのだ。
遠くの国人を引き入れるために、
ホラン・ガトンを妻としたのだ。

（岡田英弘二〇〇四、九〇頁）

ムハライ将軍は、主君のテムージンが「虎の家の斑の色に迷った」と素直に認めている。これはホラン・ガトンを第二夫人として迎えていたことを指している。

戦士を迎える女は泣かない

ホランとは、モンゴル高原から中央ユーラシアのカザフスタンにかけて棲息する野生馬のことで、かつてはプルジェヴァリスキー馬、蒙古野馬《もうこのうま》などと呼ばれていた。モンゴル人は馬の遠い祖先であるホランを神聖視する。人間に近づこうとしない、その高潔な生きかたに深い敬意を払う。そのためか、愛娘にホランと名づける伝統は現代までしっかりと受け継がれている。

ホランはメルケトという大部族のなかの貴族、ソロンゴスという名門氏族のダイルウスン君長の娘である。ソロンゴスとは、「虹《ソロンゴ》」の複数形である。

ホランは、「虹のごとき美貌」の持主だった、とモンゴルの各種年代記は口を揃えて絶賛する。テムージンは、雨後の草原に出現したまさに「美しい虹」に出会い、惚れこんだのである。そして絶世の美人ホランとの生活に夢中になりすぎて、三年間も第一夫人に会おうとしなかった。

しかし、ここに至って、どうしてもボルテ后の第一宮帳《オルド》に帰還しなければならなかった。ボルテ后に面目が立たない、いや、怖いから側近中の側近ムハライ将軍を使者として派遣し、説明していたのである。「建てた政権を守っている」とのもっともらしい男の弁明も忘れてはいなかった。

ボルテ后はムハライの前で泣かなかった。これぞ「戦士が帰ってきたときに、女は泣かない。遠征に出かけた後に、静かに涙を流す」とペルシャの年代記『集史』が描くモンゴルの女である。

ケレイト王国とワン・ハーン

さかのぼって一二〇四年の秋。

ナイマン部とメルケト部の残党を討ち、みずからの陣営に組みこもうとテムージンはモンゴル高原の東部、ケルレン河から西へと軍隊を進めた。すでにその前の年の秋には、奇襲攻撃でモンゴル高原の覇者ケレイト王国のワン・ハーンを倒していた。

ケレイトもナイマンもテュルク系の遊牧民で、キリスト教ネストリウス派の信者が多かった。洗練された宗教儀式を保持する、文明化した集団だった。ペルシャの年代記は、「ケレイトとは、烏《からす》の如き黒い人びとだ」との言いまわしを記録している。たしかにモンゴル人はカラスを「ハラ・ケレイ」と呼ぶ。ハラは黒で、ケレイはカラスの単数形で、ケレイトはその複数形である。

テムージンは早くからケレイト王国の宮帳に出入りし、ナイマン部とも交流していたので、テュルク系の言葉も話せたと推測されている。また、ケレイト部もナイマン部もモンゴルと混住していたことから、双方ともテュルク語とモンゴル語のバイリンガル話者だったと推定されている。一九九〇年代にアルタイ山と天山で遊牧民の調査をしてわかった事実だが、混住しているテュルク系とモンゴル系の両民族は現在も相手の言葉を自由自在に操る。それほど、両言語は近い関係にある。

ワン・ハーンの祖父のクリスチャン名はマルクズで、モンゴル高原東部のタタール部とツングース系の金王朝に殺害された。その夫人ハラクジは絶世の美女だった。彼女は馬乳酒を入れる巨大な革製桶《ウンドゥル》を百個用意して車に載せ、百頭のヒツジをタタール部に献上する、と使者を送った。実際は桶のなかに屈強な戦士たちが身を潜めていた。美女の降伏を受け入れたタタール部が馬乳酒に酔いしれた深夜、桶のなかの戦士たちが出てきて復讐を始め、勝利を収めた。はるか西方に伝わる「トロイの木馬」の東方版、遊牧民バージョンである。ユーラシア東部の十二世紀のドラマである。

そのようなワン・ハーンあるいはその父祖の誰かに関する情報はユーラシアの草原の道をとおって西方に伝わり、かの地でキリスト教の王、プレスター・ジョンとして言いならわされていた。教養高いケレイト王国の王女たちをテムージンとその息子たちは娶《めと》った。そのうちの何人かはこれから、本書の主人公になる。

アルタイの資源

ナイマン人もまた独自の文字を有し、その女の指導者グルベス妃は、読み書きができないモンゴル人は「野生の匂いがする、未開の人びと」と、はなから軽蔑していた。

ナイマン人の拠点はアルタイ山脈だった。テュルク・モンゴル語の「アルトゥン」が語源であるアルタイ山脈は人類史のなかでも特別な地位を誇る。北西から南東へと延びる山脈の東西南北に銅と鉄、それに金などの鉱脈が豊富である。新潟大学の考古学者、白石典《しらいしのり》之《ゆき》（二〇〇一）によると、アルタイの東麓には紀元前の匈奴《きょうど》時代から六世紀まで延々と続く製鉄の址が点々と分布しているという。

この地の銅と鉄を掌握し、鋭利な武器を鋳造できた者が、中央ユーラシアに覇を唱える。製鉄の技術も、東方のアルタイ山脈とカザフスタンから西へ伝わり、ヒッタイトによって一時的に独占された。そのため、西方では鉄といえば、ヒッタイトのイメージが強い。実際は、シベリア南部とモンゴル高原から出現しては西へと走ったスキタイと匈奴、フン族と突厥《テュルク》などはどれもアルタイ山から産出する鉱物資源を武器としていたのである。

製鉄の技術は当然、アルタイとシベリアから南の中国にも伝わるが、それ以前の青銅器と同様に、中国では王権のシンボルとなる巨大な礼器は無数に鋳造されたが、農民の犂《すき》や鍬《くわ》となるのには時間がかかった。近代までの中国農民は後期新石器時代とさほど変わらない、改良されたことのない農機具を使うほか方法はなかった。

テムージンは当然、自分たちモンゴルよりも文明的な生活をいとなむナイマン部を征服し、モンゴル高原の遊牧民全体に豊かな物資と情報を均等に配りたかった。有能な指導者には常にそうした雄略が求められていたからである。

ナイマンを打倒し、メルケトに復讐

戦いはデレス・ムレンという草原でくりひろげられた。「ススキの生い茂る河」との意味だから、あたり一面が黄色い草と白いススキに覆われていただろう。テムージンはとくにナイマン軍に加わっていたメルケト部の者に厳しかった。「敵の最適の行き場は、墓だ」と話して、メルケトの名射手を処刑した。テムージンの長男ジョチはその名射手を気に入り、残したかったにもかかわらず。

テムージン自身も大の人材好きだった。彼の喉元ぎりぎりのところを射てきた男に対し、「これからはもっと正確に矢を放ちなさい」と告げ、その名をジェベ《ジェベ》と改めて、重用したほどである。ジェベ将軍はその後、パミール高原からパキスタン方面を攻略する指揮官となる。

モンゴル高原北部、バイカル湖に注ぐセレンゲ河沿いに遊牧していたメルケト部はテムージン家と因縁深い恩讐を繰り返してきた。テムージンの父イェスゲイはメルケト部に嫁ぐ女ウゲルンを奪って結婚し、テムージンが生まれた。テムージンが愛したボルテ后を復讐心に燃えるメルケト部は奪った。ボルテ后の奪還も、ケレイト王国のワン・ハーンの力を借りて実現したものである。そのケレイト王国もいまや滅んだ。敗れて落ちて行った老齢のワン・ハーンをナイマン軍は殺害した。

メルケト部の英雄たちを容赦なく処刑したのは、ボルテ后が略奪されたことへの、夫テムージンの復讐だった。この戦いから脱出していったナイマン部の王子クチュルクはトルキスタンを流れるチュー河（シュー河とも）の畔にある西遼《カラ・キタイ》王朝に亡命した。資源豊富なアルタイ山の遊牧民を征服できたテムージンは、西のトルキスタンへの入り口を確保したことになる。

「虎の文様」の宮帳と「黄金オルド」のあいだで

話をホラン妃に戻そう。

モンゴルの年代記はテムージンとホランとの出会いをまるで叙事詩のように細かく描写する。『モンゴル秘史』第一九七節は以下のように二人について述べている。

テムージンに制圧されたメルケト部のなかで、殺されなかった貴族もいた。ダイルウスンである。彼は自分の娘で、絶世の美女ホランをテムージンに渡そうと進んでいたところ、乱軍に遭遇した。幸い、テムージンの部下で、バーリン部のナヤア将軍に出会い、無事に保護された。献上されるまで三日三晩もかかってしまったことで、ナヤア将軍はテムージンから雷の如く怒られた。

どうしてひき止めたのだ、おまえは！　と激しく怒って問い詰めた。「軍法にかける」とテムージンが尋問しようとすると、ホラン妃は話した。

「ナヤア将軍はこう父に話していた。『チンギス・ハーンはわれわれの偉大な指導者だ。そのため、われわれといっしょに貴殿の娘を連れて行こう。道中に万が一、兵隊の乱暴があってはいけない』と勧めてくださった。もし、ナヤア将軍に会わなかったら、乱軍の騒ぎに巻きこまれたかもしれない。ナヤア将軍に会えたのは、われわれの幸運である。

いま、このようにナヤア将軍を責めるよりも、よろしければ、天の定めによって父と母から生まれた私の肌をハーンご自身で確かめてはいかがだろう。」……

チンギス・ハーンはホラン妃の言葉を正しいとし、その日に会って調べてみた。ホラン妃の言うとおりであったので、チンギス・ハーンはホラン妃を深く愛した。

すでに述べたように、テムージンはまだチンギス・ハーンになっていなかった時代であるが、のちに書かれた『モンゴル秘史』も敬意を示すために、さかのぼって「ハーン」や「妃《ガトン》」と呼んでいる。

おそらく『モンゴル秘史』を読んだことからか、十七世紀までのモンゴル語の年代記、例えば、無名氏の著した『黄金史《アルタン・トプチ》』などはさらに想像をたくましくした。モンゴル軍が生死をかけてナイマン・メルケト連合軍と戦闘していた最中に、最高指揮官のテムージンはなんとホランに会うなり、「ただちに草原で枕をともにしようとした」という。

「野外で枕をともにすることは、道理にかなわない。天幕内で情を交わすのが、人倫に合うものである」と側近たちに止められたテムージンはしきたりに従った。「虎の文様」で飾られた宮帳《オルド》でテムージンは丸三年間、幸せに暮らした。宮帳を守っていたのは、ボハとソロンガという二つの氏族集団だった。一九五八年に内モンゴル自治区西部のダルハンムーミンガン旗（旗《グショー》とは、軍事行政組織）から見つかった年代記、『チンギス・ハーン祭祀用典籍』内の記録である。

テムージンが美しく若きホランを連れて、アルタイ山の東から西夏王国にかけての軍陣のなかで暮らしていることを、ボルテ后はもちろん、知っている。彼女はテムージンより一歳、年上である。一一五六年にテムージンが誕生したという説を採るならば、ボルテ后はすでに四十九歳になっていたはずである。一一六二年誕生の説を信じれば、四十三歳である。恐妻家であるテムージンが派遣してきたムハライ将軍を落ち着かせてから、ボルテ后はおだやかに話した。

愛し交わることは主がご存じです。
葦の生えた湖に白鳥がたくさんいます。
指が疲れるまで射ることは主がご存じです。

どの国にも娘たち、女たちがたくさんいます。

運があるもの、福あるものは主がご存じです。

女人は身分が低いので、家を守るがよいといわれています。

野放しの馬は背に鞍を置くがよいといわれています。

昔の言葉に「無事と健康とは、よけいでも悪いことはない」といいます。

「病気と苦痛とは、不足でもよいことはない」といいます。

主なるハーンの黄金の革紐が堅固になりますように。

女であるわれらが何を申しましょう。

そのとおりにムハライが迎えて来て知らせると、主は大いに喜び同意して、黄金オルドに下馬した。

(岡田英弘 二〇〇四、九二頁)


第一夫人たるボルテ后は、「主」であるテムージンの年齢を気遣った発言をしている。湖に降りてきた白鳥と国中の娘は無数にいるが、楽しむときも健康を考えなければならない。「黄金オルド」とは、第一夫人の宮帳である。ホラン妃の「虎の文様」で飾られた宮帳から「黄金オルド」に移り入るには、遊牧民の実力者テムージンも、もっとも信頼する側近の将軍を使者として派遣し、丁寧に挨拶して許しを得なければならなかったのである。

クリルタイの天幕

第一夫人の黄金オルドに帰着してから、テムージンはモンゴル高原の各地に遊牧するテュルク系やモンゴル系の遊牧民の指導者たちに使いの者を出して、ギョクノール湖畔で開かれるクリルタイへの参集を呼びかけた。

季節はもう春となり、若草が芽を出し、何万頭もの馬やヒツジ、それに牛が腹いっぱい食べるだけの草は充分足りる。指導者たちが集まってくると、連日昼夜にわたって宴会は続く。昼は天幕の外で円形に坐って話しあい、夜は巨大な天幕内に移る。いちばん若いホラン妃の「虎の天幕」を含め、四人の夫人たちの天幕《オルドス》も近くに参集している。

遊牧民の天幕は女のものである。女がふだんから天幕内で乳製品を作り、子どもと夫に食事を提供する。天幕の材料フェルトは羊毛からなる。女たちは羊毛に水をかけて引き伸ばし、「娘のフェルト」と呼ぶ小さなカーペットを作る。続いてその「娘のフェルト」をベースに次から次へと羊毛を足していって大きなフェルトが完成する。要するに、天幕そのものが娘、母親というふうに呼ばれるくらい、女性的な存在である。

天幕には頂上に天窓《トーナ》があり、最高神はそこから入って女を妊娠させた。生まれてきたのはほかでもない、テムージンことチンギス・ハーンの祖先だった、とモンゴル神話では語られる。色を好むゼウスが天上から降りて、あちらこちらで処女たちに子を生ませたギリシア神話と似ている。

クリルタイは草原の政治的な集会、国会である。どんなに実力と人気があっても、選挙の手続きを経ないとハーンと名乗れない。宴会と政治工作、戦略と利益分配のビジョンがくわしく示されたので、テムージンは大ハーンに選ばれ、チンギス・ハーンと冠された。

チンギス・ハーンの即位を描いたラシード＝アッディーンの年代記『集史』内の細密画。左側に立っているのは息子のジョチとオゴダイら（『モンゴル帝国の戦い』より）

一二〇六年春のことである。

チンギスとは、テュルク・モンゴル語で「海」や「広大」、「強力」の意味である。『モンゴル秘史』は天に通じる大シャーマンがテムージンにチンギスとの称号を与えたとするが、後世の年代記は即位式に飛来した鳥の鳴き声に因《ちな》んだと書いている。鳥も天からの使いの者であるので、天命を受けて誕生したハーンだとの信仰である。

　新たにモンゴルと総称されるようになった全遊牧民たちは白と黒、二本の纛《はた》を建てた。白いのは、チャガン・スゥルデで、モンゴル国《ウルス》の国旗である。黒いほうはハラ・スゥルデで、軍神である。

四つの宮帳

　四人の妃たちの四つの宮帳《オルド》にはそれぞれ名前があり、異なる地域に領地《ウルス》を擁していた。
第一夫人ボルテ：黄金オルド、または「遍き《グルド》オルド」で、ケルレン河流域で遊牧。
第二夫人ホラン：虹の如き虎《ソロンゴスン・バラス》のオルドで、セレンゲ河流域で遊牧。
第三夫人イェスウイ：黄色き《シラガチ》オルドで、トゥール河流域で遊牧。
第四夫人イェスガン：堅牢なる《ハムトガル》オルドで、ハンガイ山中のイディル河流域で遊牧。
　遍く遊牧民の大ハーンとなったチンギスも毎回、ムハライのような重鎮か側近を使者として先に派遣してはじめて妃たちのオルドを巡行し訪問できた。もちろん、それまで暮らしていた妃に対しても、丁重に挨拶しなければならない。遠征に出かけるとか、狩猟に行くとか、口実はいくらでも可能であっただろうが、それでも、少なくとも同時に二人の女のご機嫌を損なわないよう気を配らなければならなかった。

系譜図1　モンゴル帝国のハーンとガトン（妃）たち

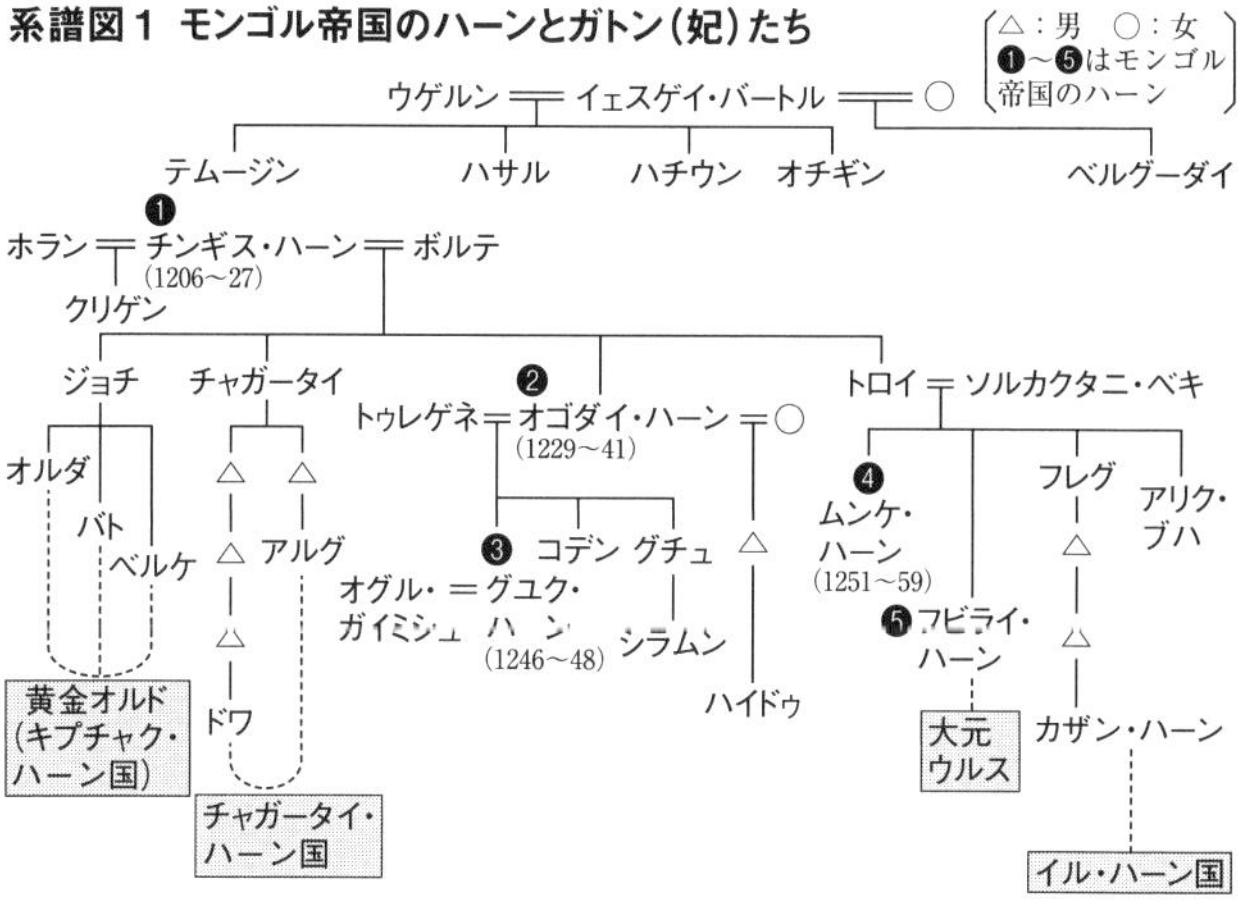

四人の妃たちにはそれぞれ独自の親衛軍団と領民がいるが、中華風の都市部に住む皇后たちのような宦官《かんがん》や女官はいなかった。互いに遠く離れているので、至近距離ゆえの嫉妬心を燃やすような熾《し》烈《れつ》な政治闘争もなかった。のちにチンギス・ハーンの子孫たちが長城以南やイランの地に自立し、都市部の宮殿《サライ》に暮らすようになると、女たちのあいだにも苛烈な闘争がくりひろげられるように変質する。近いと、相手の暮らしぶりが見えるし、嫉妬の情念も簡単に醸成される。

四十代のチンギス・ハーンと出会い、寵愛されたホラン妃は一二一九年から発動された中央アジア遠征に同行した。他の夫人たちはみな、モンゴル高原に居残っていた。およそ七年間に及ぶ長い遠征中に、チンギス・ハーンの身辺にいたのは、ホラン妃だけである。ホランとチンギス・ハーンとの間にクリゲンという息子が生まれ、フビライ・ハーン（一二一五～一二九四）の治世までモンゴル高原の中心地帯を流れるセレンゲ河流域に広大な領地《ウルス》を所有していた、とペルシャの『集史』は伝えている。大元ウルス期も、クリゲンの後裔は代々、北平王や北安王との爵位を保持しつづけた（系譜図1）。

カルピニは記す

十三世紀にモンゴル帝国が創建されたときの女たちの生きかたは当然、ヨーロッパのキリスト教世界からの使者兼スパイたちの眼にも新鮮な姿として映った。一一八二年に中部イタリアに生まれ、フランチェスコ修道会の重要なメンバーとなったプラノ・デ・カルピニはとくに幸運だった。一二四六年七月二十二日に帝国の首都ハラ・ホリムの手前、「黄金オルド」に到着した彼は、折から開催されていたクリルタイを観察する機会に恵まれ、三代目の大ハーン、グユク（在位一二四六～一二四八）の即位の礼を見た。グユクとは、「獅子《アルスラン》の仔」を指すテュルク・モンゴル語である。

カルピニは十一月に新しい大ハーンのグユクに謁見し、教皇インノケンティウス四世あての書簡を手にしてフランスはリヨンへと帰っていった。カルピニはこう伝えている。

彼ら（引用者註：モンゴル人）の女たちは貞淑で、彼女らの淫蕩についての話は彼らの間で何も聞かれない。しかし冗談では、ある者たちは十分恥ずべき淫らな言葉をもっている。不和は、彼らの間で滅多にあるいは決して見られない。……

……妾と正妻の子の間に分け隔ては一切ないが、父親はそれぞれに自分の望むものを与える。もし首長の裔だと、妾の子も正妻の子と同じように首長である。一人に多くの妻があると、妻のそれぞれが自分の幕舎と世帯を持ち、夫はある日は一人と、別の日は別の妻と飲み食べ寝る。しかし一人が他より重きをなし、夫は他よりその女性とより頻繁に過ごす。しかし、たとえたくさんいても、彼女らは自分たちの間で軽々しく争うことは決してしない。

男は弓のこと以外は何も仕事しないが、家畜の群の世話はいくらかする。しかし狩をし、弓の訓練をする。子供から大人まで弓に長《た》け、2歳か3歳の子供の時からすぐ馬に乗り始め、馬を操り、乗って走り、年齢に応じた弓を与えられ、矢を射ることを学ぶからである。実際、とても敏捷でしかも勇敢である。

娘も女も馬に乗り、男のように易々と馬を駆る。女たちが箙《えびら》と弓を携えているのを見たことがある。……女たちは皆、毛皮・服・靴・脛当て、それに皮から作るあらゆる物の仕事をする。さらにまた車を曳き、修理し、駱駝に荷を積み、どんな仕事においてもとても機敏で働き者である。どの女性もズボンを履き、男のように矢を射る者もいる。

（高田英樹二〇一九、四五、四七頁）

カルピニは、教皇インノケンティウスが派遣した敵情観察者である。その前の一二四一年、ジョチの長男バト（一二〇七～一二五五）の率いたモンゴル軍は当時ヨーロッパ最強といわれていたハンガリー軍を粉砕し、さらに西欧へ進攻する勢いを見せていた。しかし、バトはハンガリー平野から突然に撤兵した。二代目の大ハーン、オゴダイ（在位一二二九～一二四一）の訃報が届いたからである。それでも、モンゴル襲来の危険性は去らなかったので、カルピニら一行が東方へと偵察の旅に立ったのである。

老練なカルピニはじつに精確に、率直に記述している。彼は詳細な観察をとおして、敵側モンゴルの脅威の原点を探ろうとしていたのではないか。脅威の源も文化にある、との見解であろう。

新帝グユクからの返書はモンゴル語で記され、ウイグル人の大臣チンカイ（鎮海）がペルシャ語に訳し、カルピニ自身がさらにラテン語に写したものである。そのオリジナルは現在、バチカンの公文書館に保管されている。

ルブルクが目にした光景

もうひとつの記録を紹介しよう。

インノケンティウス四世とフランス王ルイ九世の親書を携え、一二五三年から五四年にかけて、モンゴルを旅したギョーム・ド・ルブルクである。ルブルク一行は厳冬の十二月二十七日に帝都ハラ・ホリム南郊にたどり着いた。モンゴルの冬はマイナス四〇度にまで下がることもけっして珍しくない。彼らはグユクの次に大ハーンとなったムンケ・ハーン（在位一二五一～一二五九）に謁見し、帝都に建つネストリウス派の教会やイスラームのモスク、それに仏教寺院を見学し、仏僧たちと討論し合った。ムンケ・ハーンと皇族らはヨーロッパからの客人を厚遇した。ルブルクは言う。

彼らが寝る住まいは、……それを白いフェルトで被い、より白く輝くようよくそのフェルトを石灰や白い土と骨粉で塗る。時には黒く塗ることもある。またそのフェルトを、上の首のところまで様々な絵で奇麗に飾る。戸口の前にも様々な刺繡を施したフェルトを垂らす。……

……バアトゥ（引用者註：バト）は妻が24人いるが、そのそれぞれが大きな家を一つ持ち、その他に小さいのがあって大きいのの後ろに置く。それらは部屋のようで、その中に（召使いの）娘たちが住んでいる。そうした住まいのそれぞれに、2百もの車が所属している。また、家を下す時は、第一夫人が自分の帳幕を西の端に置き、次いで他の夫人たちがその序列にしたがって置き、かくして最後の夫人は東の端にいることになる。妃たちの帳幕と帳幕の間は、石1射程の空間がある。かくして、裕福なモアル（引用者註：モンゴル）の幕営は、一人でもまるで一つの大きい町のようだが、その中には男たちはごく少ししかいないだろう。……

……妻が何人もいる場合には、夜一緒に寝る妻がその日彼の傍に座り、残りは皆その日彼女の家に飲みに来なければならない。その日そこで宴が持たれ、その日主人に持ってこられた贈り物は、その女主人の財宝に加えられる。入口の所に、乳か他の飲み物を入れた革袋と杯を置いた長椅子がある。

（高田英樹二〇一九、一八二―一八四頁）

バトには大勢の妻がいたが、正夫人はタタール人のボルクチン・ガトンである。ルブルクが目にした屯営の光景と天幕内の配置は、基本的に現在も変わらない。もちろん、現在は基本的に一夫一妻制であるが、一部の地域では、一九七〇年代まで事実上の一夫多妻婚もまだ残っていたのを私は把握している。子どもと財産をめぐる夫婦喧嘩はなかった、と当事者たちは私に語っていた。それぐらい、伝統の生命力は社会主義によって強制的に禁止されるまで根強く残っていたものである。

祭殿に昇格した宮帳

四大宮帳はチンギス・ハーンの逝去後に彼を祀る祭殿群に変わった。宮帳が祭殿に変わっても、天幕のままで、固定建築ではない。四人の妃を祀る祭祀者たちから発展し、形成された祭祀・軍事組織である万戸（万人隊とも）が後のオルドス万戸である。

私が属するオルドス万戸はずっと四人の妃たちの天幕とその祭祀を維持してきた。ボルテ后の祭殿オルドはオルドス高原中央の郡王旗に、ホラン妃の祭殿はジャサク旗に、イェスウイとイェスガン姉妹の祭殿オルドはジュンガル旗にあった。私たちはボルテ后をイケ・ガトン、すなわち「大いなる妃」と、ホラン妃をバガ・ガトン、すなわち「ヤング・クイン」と、イェスウイとイェスガン姉妹を「左翼軍団の主君《ジュンガル・エジン》」と敬愛の気持ちを込めて呼んできた。

では、恐妻家であるチンギス・ハーンの第一夫人ボルテ后は、どんな女性であったのか。その出自と貢献を理解するには、さかのぼってチンギス・ハーンの母親から語らねばならない。次章からはチンギス・ハーンの女系祖先たちとボルテ后たちが主人公となる。

第3章

国母ウゲルンとボルテ后

テムージンこと、のちのチンギス・ハーンの誕生を描いたモンゴル絵画。狼の子孫とされる神話に即している
（モンゴル国立中央図書館蔵）

小便の跡――大地母神からの贈り物

「この女はよい子を産むにちがいない」

と、イェスゲイ・バートルは馬上で弟二人にそう話した。一一六一年春のある日のことである。バートルとは、テュルク・モンゴル系の言葉で「英雄」の意である。彼はモンゴルという、小さな遊牧民集団のリーダーで、バートルは称号だった。祖先にはハーンになった者もいたが、イェスゲイの代になると、没落していた。

モンゴル高原北部の冬は長く、寒い。乾燥地特有の粉雪が降った後、春先まで草原は白銀の世界に変わる。極寒のステップでは多くの野生動物が生きている。その野生動物を狙って、男たちは猟をする。猟は男の遊びであり、軍事訓練でもある。

モンゴルの男はたいてい、七歳くらいから猟に加わる。天幕の前で馬糞を燃やして人間の匂いを消し、馬の腹帯をしっかりと締めてから出発する。いざ、出発したら簡単に馬から降りない。動物に察知されないためだ。誰かの馬が小便をしたら、騎手は鞭か弓で鉄の鐙《あぶみ》をトントンと叩いて仲間に知らせる。行軍に遅れないよう無言のメッセージを送る行為である。

標的の動物が見つかると、馬上で軍配を振る。すると、狩人たちは瞬時に二手にわかれて包囲網を敷き、矢を放ちながら襲いかかる。こうした狩猟の技を日常的に錬磨しているので、敵に遭遇したときも慌てないで、冷静に応戦できるようになる。

ヘンティ山脈の奥深い懐に東へと流れるオノン河と南へ下るケルレン河、それに西へと延びていくトゥール河、という三つの河の水源がある。この三つの河はモンゴル高原に暮らすあらゆる生き物の命の水であるので、モンゴル人は敬意をこめて、「三つの河《グルバン・ゴール》」と呼ぶ。

三つの河の水源近くの白い雪原をイェスゲイ・バートルは二人の弟を連れてウサギを追っていた。凍った河は雪の下にあり、見えない。河辺の雑木林にウサギやシカなどが生息している。しばらくすると、雪原に車輪の跡が見つかった。轍《わだち》のまわりの雪はきらきらと光っているので、馬車が通った直後だとわかった。追跡していくと、女の小便の跡がくっきりと見えた。用を足すときの女と男の立ち姿は異なるので、小便の跡もちがう。勢いよく雪に向かって奔流したらしく、深く、大きな黄色い穴ができていた。

陰部《ウテュケン》の強い女は小便を勢いよく放出するので、力のある子が生まれるとの信仰がある。ウテュケンにはまた大地母神との意味もあり、あらゆるシャーマニズムのテキストにあらわれる。古代の匈奴《フンヌ》も、モンゴルの先輩たる突厥《テュルク》も皆、ウテュケンから生まれたとの神話を有している、とオルホン突厥碑文や漢籍などは記している。

漢文ではウテュケンを「宇都軍」と表記していたので、日本や中国の偉大な東洋史学者たちはとても熱心に「宇都軍」の居場所を突き止めようと多くの労を費やし、多数の学術論文を発表してきた。それらの論文の一部がモンゴル語に翻訳されたとき、「日本人と中国人の大学者は女の秘部《ウテュケン》を知らないんだ。人間は皆、御仏《みほとけ》から生まれてくるのではないか」と揶揄されたことがある。

イェスゲイ・バートルはその鮮やかな小便の跡を見て、「よい子を産む女だ」と判断したのである。

馬車に乗っていたのはウゲルンというオルホヌート部の娘だった。オルホヌートはフルンボイル草原を拠点とするコンギラート部内の一氏族である。フルンボイルからはるか北西、シベリアへ流れるセレンゲ河流域のメルケト部のイケ・チリトに嫁いでいく途中だった。族外婚の制度を実施する遊牧民はなるべく遠くから嫁をもらう習慣を古代から現代まで維持していた。

以上は十七世紀に書かれた『蒙古源流』や無名氏の『黄金史』などの記述である。一部は一二四〇年ごろに書かれたと見られている『モンゴル秘史』ではイェスゲイ・バートルは鷹狩りをしていたと伝えている。

略奪婚

イェスゲイ・バートルら三人は馬の腹を鐙で強く蹴り、馬車を追った。馬の蹄《ひづめ》から火花が散り、騎手の体から天に届く青い光を放ちながら、雪の上を疾駆した、と年代記はここでも叙事詩のように描く。獰猛《どうもう》な騎士三人が馬を駆って追ってきたのを車中のウゲルンが見たときに、彼女は馬車に付き添って走る新婚の夫、イケ・チリトに自分の肌着シャツを脱いで渡した。

あの三人衆に気づかないか、あなたは。
ふつうの人の表情とはちがう、あなたの命を奪おうとする顔だ。
命あるかぎり、馬車の前室に乙女たちは乗るよ。
黒い布幕の垂れた馬車の後室にも、娘たちは入ってくる。
命さえあれば、娘や女はいくらでも見つかる。
もし他に女を見つけたら、私と同じ、ウゲルンと名づけてください。
自分の命を大切にし、
私の匂いを嗅いで行きなさい。

（『モンゴル秘史』九三頁）

イケ・チリトはウゲルンから渡されたシャツを思い出の品として懐に入れ、三つの河に沿って起伏する山々を越えて、北西へと落ちて行った。

遊牧民のモンゴル人は匂い《ウネル》を大切にする。愛する人を戦陣や旅に送り出すときと、帰ってきたときは頻にキスしながら、まず匂いを確認する。現代ではハグやキスを表現する挨拶行為《ウネスフ》の語源も「匂いを確かめること」にある。ウゲルンはそのために、肌着をメルケトのイケ・チリトに別れの形見として渡したのである。

ウゲルンは、ウサギ狩りをしていたイェスゲイ・バートルに見つかり、奪われて結婚した。やがて二人からテムージンこと後のチンギス・ハーンは生まれた、という大地母神に因んだ物語である。ウサギと略奪された女、この因縁の物語は三百年後にもう一度、モンゴル高原に戻ってくる（第11章参照）。

ウゲルンが経験したのは、ユーラシアの遊牧民世界で近代まで維持されてきた略奪婚である。略奪婚には二つのタイプがある。合意の上での略奪と、一方的な力行使による略奪である。青年男女が草原で出会い、恋に落ちて結婚しようと二人で決めても、両親の許可が下りなければ、男側は奪いにくる。事前に約束した場所で娘が待機し、男とその友人たちは馬に乗ってキャンプ地に襲いかかり、タカが雛を攫《さら》うように連れていく。しばらく森のなかか友人の天幕で暮らしてから、使いの者を派遣し、結納金を納めて正式に結婚する。無理矢理の略奪でも、数日後には同じように正式の手続きを進めなければならない。

今日、略奪はおこなわれていないが、結婚式は略奪婚時代のしきたりに従って挙げられる。言い換えれば、略奪は儀礼と化して残っているのである。

アラン・ゴア

コンギラート部のウゲルンが嫁いだイェスゲイ・バートルはモンゴルという小さな部族内のボルジギンという氏族の者である。ペルシャの年代記『集史』によると、ボルジギンとは、テュルク・モンゴル語で「青い目をした人びと」の意だという。眼の虹彩が黒ではなく、青かったのである。実際、私の属するオルドス万戸（万人隊）の貴族、ボルジギンの人たちも青か褐色の眼の人が相対的に多い。

『モンゴル秘史』や『蒙古源流』（一六六二年完成）などはアラン・ゴアという女性をモンゴルの聖なる母と見なす。アラン・ゴアは、夫の死後に「日月の精」を受けて三人の子を産んだ、と年代記は伝えている。上の二人兄弟が母を疑ったとき、アラン・ゴアはヒツジの肉を炊いて五人の子どもに食べさせてから、五本の矢を渡した。一本ずつだと簡単に折られたが、束ねて五本となると、誰も折れなかった。この「五本の矢」物語はもともとユーラシアのテュルク系の遊牧民社会で広く伝わっていたのがモンゴルにも入った。おそらくは漢籍にくわしかった毛利元就《もうりもとなり》もまたそれを実践してわが子に見せたのではないか。

『集史』によると、アラン・ゴアはゴルロス部の出身で、ゴルロス部もコンギラート部内の一氏族である。アラン・ゴアもウゲルンも、広い意味でコンギラートの一員だったことがわかる。一方、『モンゴル秘史』では、アラン・ゴアはシベリアのバイカル湖の東に広がる巨大な盆地バルグージンの出身だとしている。バルグージンとは、「バルガ的」、「バルガ出自」との意味である。アラン・ゴアはブリヤート・モンゴルに近い、バルガ部の出身だった可能性もある。

アラン・ゴアをみずからの弟と結婚させたのは、ドワー・ソホルという「一つ目」の英傑だった。ドワー・ソホルの存在はどうしてもギリシャ神話のキュクロプスを彷彿とさせるが、陸続きのユーラシア世界において、太古の時代から文化の交流が盛んにおこなわれていたので、なんら不思議はない。このアラン・ゴアから数えて十二代目の子孫が、ウゲルンから生まれたテムージンである。

洗練の度合い

アラン・ゴアが嫁いだ青い目のボルジギン部は、狩猟の色彩を濃厚に帯びた暮らしをいとなんでいた。歴史学者が推定するには、おそらく契丹《キタイ》帝国が勃興した十世紀初期のことだろうという。シベリア南部のバルグージン盆地から大興安嶺の東、今日のフルンボイル東部の森林地帯にかけての地域で、狩猟を少しずつ止めて西のステップへの進出をうかがっていた人びとである。彼らはスキーに乗って半野生のトナカイの群れを追い、円錐形の天幕に住んでいた。スキー発祥の地とも言われている地域である。

　狩猟民は、森から離れて草原に行って遊牧する集団を堕落した人びとと見なす。野生ではなく、おとなしい家畜の群れに頼って生活しているからだ。同様に遊牧民もまた農耕民を小馬鹿にする。ずっと同じところで下を向いて土をいじっている、堕落した人びとだと理解している。テムージンがチンギス・ハーンになった時代でも、「森の民」ウリヤンハイ部の人びとは娘に対し怒る際に、「お前を羊飼いの遊牧民の嫁にやる」と罵っていた。誇り高き森の狩

モンゴル高原北部に立つ鹿石とされる遺跡。後期青銅器時代のものとされるが、トナカイや鹿を神聖視していた信仰の遺物であろう
(2019年夏、著者撮影)

人ウリヤンハイ部はのちにチンギス・ハーン一族の墓地と祭殿を守る番人になった。

このように、ボルジギン部と通婚関係にあったコンギラート部はユーラシアの東部の森林からステップへと接譲していく地帯の民であった。遊牧民となった歴史は、まだ浅かった。中国の史書が匈奴や鮮卑《せんぴ》、それに突厥と表記するテュルク・モンゴル系の遊牧民はいわばモンゴルの先輩だった。

先輩と後輩の遊牧文化の洗練度は異なる。今日においても、テュルク系のカザフやキルギス、それに中央アジアのノガイやテュルクメンなどの天幕《ユルタ》は精巧に作られているのに対し、モンゴルの天幕《ゲル》は相対的に簡素である。テュルク系の遊牧民社会には紡績と刺繍の文化が発達しているが、モンゴル系にはそれが欠如している。相対的に簡素な遊牧生活、それもさらに簡素を重視する狩猟文化を多分に維持していたモンゴルは、のちに世界帝国の支配者となってから一気に都市化、貴族化していったので、一般の遊牧民社会での文化の洗練度はどうしてもテュルク系の人びとに及ばないところがある。

「目に火、顔に光のある少年だ」

チンギス・ハーンの本名テムージンは、「鉄の如き強い男」との意味である。彼を生んだボルジギン部は鉄との縁を特別に強調していた。大晦日の夜、一族は鞴《ふいご》を用いて鉄を熱し、金床《かなどこ》で鉄を叩くという鍛鉄の風習をずっと維持していた。

しかし、大興安嶺の山中から北のシベリアにかけての地帯では鉄鉱脈はさほど豊富ではない。若きテムージンが遊牧社会で頭角を現すようになると、西へ、南へと勢力を拡大していった。彼が征服し、帰順させた西のアルタイ山中のナイマン部や陰山《ムナン》南北のオングート部はいずれも鉄鉱脈を押さえ、すぐれた精錬鍛造の技術を有する集団だった。鉄を手に入れれば鋭利な武器が作れるし、そこからさらに交易の要衝を押さえて経済圏を牛耳ることができる。鉄の男テムージンのモンゴル高原の制覇はまず、鉄鋼の掌握という戦略から始まっていた、と考古学者の白石典之はみずからの発掘経験に即して唱えている。考古学的調査の結果は『モンゴル秘史』が記録するテムージンの軌跡と一致する。

アラン・ゴアの時代から始まり、大元ウルス期をとおして、代々ボルジギン部と通婚関係にあったコンギラート部は女性が美しいことで知られていた。もともと大興安嶺の西で遊牧し、のちにモンゴル高原南部のシャルムレン河流域や今日のシリーンゴル草原東部までの広い地域を勢力範囲とする集団であった。

『モンゴル秘史』はイェスゲイ・バートルが息子テムージンのために嫁をもらう物語を記している。当時テムージンは九歳、弟のハサルは七歳、ハチウンは五歳、末弟オチギンは三歳、娘のテムールンは揺り籠のなかにいた。テムールンはテムージンの女性形である。

イェスゲイ・バートルはテムージンの嫁の候補をその母のウゲルンや祖先アラン・ゴアと同じく、美女の多いコンギラート部から探そうと決めて旅に出た。大興安嶺の西に広がる、どこまでも続く草原でイェスゲイ・バートルはコンギラート部のダイ・セチェンという男に会った。セチェンとは賢者の意である。
「目に火、顔に光のある少年だ」とダイ・セチェンはテムージンをそのように褒め称えた。ユーラシアの遊牧民は草原で出会うと、相手に最大限の賛辞を贈って挨拶を交わす。そして、白いハヤブサが日月の二つを摑みながら自分の手に止まった、との夢を見た、とダイ・セチェンは語る。馬上のダイ・セチェンは続ける。

われわれコンギラート部は古より
麗しき娘を大勢輩出した部族で
他国《ウルス》とは争わない。
容姿端麗な娘たちを車に乗せ
黒い雄の駱駝に牽《ひ》かせて走らせて
他のウルスの妃《ガトン》の座につかせてきた。
われわれは戦うのを嫌い

育て上げた美しい娘たちが
われわれの楯となる。
男の子は故郷を守るためにあり
女の子は他人にみずからの美貌を見せるためにいる。（『モンゴル秘史』一二〇―一二四頁）

東西の文献が口を揃えて賛辞を贈る遊牧民女性の美貌はおそらく、頰を赤く化粧したことを指すのではないか。じつは匈奴の時代から遊牧民の女性たちはムナン山（陰山）から祁連山《テングル》にかけて取れるサフラワー（紅花）の花をチークとして使っていた。漢王朝の攻撃でこれらの地が奪われると、「わが婦女たちをして顔色なし」との悲歌が流行ったほどである。その後、近代的な化粧品が定着するまでのモンゴルの女たちはウバジャルタイという野生の果物の汁を顔に塗って赤く見せていた。コンギラート部の娘たちもそうした知識を活用していただろう。

犬が怖い「鉄の男」

ダイ・セチェンに誘われて、彼の屯営地を訪れてみると、テムージンより一歳年上の女の子、ボルテがいた。誉れ高きコンギラート部の娘らしく、気品ある美少女だったので、イェスゲイ・バートルは婚姻関係を結ぶことを申し出た。婿の候補となる少年をしばらく姻戚家《ホダ》に残し、働きながら馴染ませる伝統に従い、イェスゲイ・バートルは息子をコンギラート部に残した。

「息子は犬が怖い性格だ」と言い残してイェスゲイ・バートルはオノン河の上流へと帰っていった。モンゴルの在来種の犬《バンハル》は狼から家畜を守る「戦士」で、体格は大きく、獰猛である。じつは私も犬が苦手だが、民族の開祖も犬が怖かったので、親しみを感じる。

コンギラート部は女の子が上品で美しいとの評判を後世のモンゴル語やペルシャ語の年代記は例外なく書いた。ただ、『モンゴル秘史』の記録はできすぎた美談であって、真実はややちがっていたとの記録もある。それによればダイ・セチェンは最初、イェスゲイ・バートルのボルジギン家との縁談にさほど熱心ではなかったのだという。どちらかというとボルテ后の弟アルチ・ノヤンがテムージンと懇意で、この縁談に熱心だったらしい。アルチ・ノヤンはのちに二代目オゴダイ・ハーンのときに万戸長（忠武王）に任命され、その子孫たちに世襲された。

コンギラートの後裔

その後、アルチ・ノヤンの娘オギはチンギス・ハーンの長男ジョチと結婚する。もうひとりの娘チャムブイはフビライ・ハーンの正夫人となる。息子のチグはチンギス・ハーンの娘テムールンを夫人とするなど、両家の間に複数の双方向の通婚関係が確立される。オギとジョチの次男はバトで、キプチャク草原と南ロシア方面を根拠地とするジョチ・ウルスの当主となる。

バトの強力な支持で帝国の四代目と五代目のハーン位にムンケとフビライ兄弟がつく。それもバト・ハーンの母親とフビライ・ハーンの妃が姉妹だったから、獲得できた支持である。おじと甥が姉妹を嫁としてもらうことは、遊牧民社会では奨励されるパターンでもある。姻戚関係がハーン位を左右していた実例のひとつである。ユーラシア草原の西方に移った後のジョチ家も、とくにその長男オルダは東方のコンギラート部から娘を娶っていた。

東の大元ウルスはほぼそのまま「コンギラート王朝」だとも言われるほど、歴代の大ハーンも積極的にコンギラート部から娘を妃として迎えていた。

今日、中央アジアのウズベキスタン共和国のアム河《ダリア》沿いに多数のコンギラート人の村落が点在している。二〇一八年から現地で調査を続けている私がモンゴル人だとわかると、コンギラートの人びとは必ず、「われわれは麗しき娘たちをモンゴルのハーン家に嫁がせてきた」と、笑いながら語る。また、アルタイ山中で遊牧するカザフ人のなかにもコンギラートという強大な氏族がいる。モンゴルのコンギラート部は西に移動してテュルク化した。ウズベク人とカザフ人にはジョチ・ハーンの後裔だとの民族意識がある。

兄弟殺し

　コンギラート部からボルジギン部に嫁いできたウゲルンは一一六二年四月十六日にデリューン・ボルダクという春営地で右手に血の塊を握った赤ん坊を産んだ（本章トビラ参照）。他に十一月という説もある。デリューン・ボルダクとは「脾臓の如き丘」との意で、首都ウランバートルから南東へ半日ほど行ったところにあり、私も何回か訪れたことがある。

　血の塊を手に握っていたという伝説を読んだ西洋の物書きたちは、赤ん坊がチンギス・ハーンに成長した後の征服や「虐殺」と結びつけようとする。年代記の記述を丹念に読むと、母親のウゲルンもそれを気にしていたらしい。

　コンギラート部のダイ・セチェンの娘と婚約してまもなく、父親イェスゲイ・バートルはタタール人に毒殺された。リーダーを失ったモンゴルの諸集団は冷酷にもウゲルンと五人の子どもたち、それに別の側室から生まれた二人の兄弟からなる一族を捨てて他所へ移動していった。ウゲルン夫人は馬に乗り、一族のシンボルである纛《はた》を手にして、背いていく親族を阻止しようとしたものの、従う者はいなかった。広大な草原で、一族に見捨てられるのは、死を意味する。

じつはこのような経験は私にもあった。一九六六年に勃発した文化大革命のとき、モンゴル人たちは片っ端から中国政府によって粛清されていった。わが家の親戚たちもほぼ全員共産党政府側に立ち、私たち親子との縁を切ると宣言した。唯一の生活の手段である家畜の群れも没収された（拙著『墓標なき草原』上・下・続、岩波書店）。

親族に見捨てられても、母ウゲルンは子どもたちを苦労しながら育て上げた。オノン河の魚を捕り、雑木林に棲む雀を捕獲し、河辺のニラなども採取して口に入れた。どれもふつうの遊牧民がけっして口にしないものばかりだ。兄弟喧嘩も増えた。亡き父の側室から生まれたベクデルは年上だったので、テムージンと弟のハサルの雲雀《ホルジョモル》を奪っていじめた。ついに耐えられなくなったテムージンはハサルと組んでベクデルを射殺した。兄弟殺しである。

たいへんなことをしでかした二人の少年がみすぼらしい黒い天幕に戻ってきた瞬間、母ウゲルンは彼らの顔色を見てわかった。母は烈火の如く怒った。

このたわけ者！
私のあたたかい胎内から生まれた際に

あなたは黒い血の塊を握っていた。
己の胎盤を食いちぎる猛犬《ハサル》のように
岩山に向かう雪豹みたいに
自身の怒りを抑えられない獅子のように
生き物を呑みこむ大蛇のように
自分の影に向かって襲いかかる隼のように
自分の卵を食らう魚《チュルハ》のように
仔駱駝の足に嚙みつく雄駱駝のように
吹雪に乗じて家畜群を襲う狼のように
なんという愚か者だ！
自分の影のほかに友がおらず
自分の乗っている馬の尻尾のほかに鞭もないような時勢に
敵どもに虎視眈々と狙われている折に
いかにして仇を討とうかと思案している間に
なんということをしでかしたのだ！

（『モンゴル秘史』一六六―一六七頁）

家庭教育《ゲリン・ソルガール》をなによりも重視するモンゴルならではの、厳しい叱責である。その家庭教育の担い手は、母親である。モンゴルの父親は沈黙を美徳とするし、テムージンの場合だと、父は毒殺されて、もういない。だから、母ウゲルンの肩にのしかかっている責任はまことに重いのだ。

恩返し

その後も、すっかり敵対勢力と化した親戚の集団は事あるごとに母ウゲルンとその子どもたちの屯営地をくりかえし襲い、略奪した。少年たちが成長した暁には報復されるとわかっているので、根絶やしにしようと何回もやってきてはテムージンを殺害しようとした。テムージンとハサルらの兄弟たちは弓矢で応戦しながら、オノン河の西岸にある聖なるブルハン山に逃げこみ、何昼夜も隠れるしかなかった。

ときには捕まることもあった。首に重い木製の枷《かせ》を付けられ、奴隷の天幕内で監禁された。その奴隷の老婆は首枷の擦り傷に綿を当て、酸乳をテムージンに飲ませた。枷を付けられてもテムージンは逃げた。追っ手が迫って来るとオノン河の激流に身を沈め、鼻の孔だけ外に出して息をした。ある男はそのような彼を発見したが、敵に通報しなかった。

また、真夏の昼に天幕の近くに山積みになっていた羊毛のなかに隠れたこともあった。

敵兵たちは刀で羊毛を刺して探した。それを見たひとりの少女は言った。

「炎天下の羊毛に潜りこむような人間なんていないよ」

モンゴル高原の夏の昼は気温が四〇度近くまで上がる。ただでさえ息苦しくなるのに、羊毛のなかなんて論外だというのである。

テムージンは運よく生き残った。のちにチンギス・ハーンとなった彼は奴隷の老婆と見逃してくれた男、そして少女たちの功績を忘れなかった。男にはダルハンの称号を、老婆と少女にはそれぞれふさわしい褒美を与えた。ダルハンは税を納付せず、九回までの犯罪は処罰されない特権階級である。

遊牧民世界では、部下の功績に対し公平に賞与を与え、戦利品を平等に分配することがなによりも重要である。リーダーとしてのテムージンには母親から教わったその才能が備わっていた。「黒い血の塊を握って生まれた子」は母ウゲルンの厳しい家庭教育で立派に成長し、想像を絶する艱難辛苦をすべて乗りきったのである。

孤児を自分の子のように

孤独な母ウゲルンは極貧のなかで子どもたちを立派な青少年に育て上げた。それだけではない。彼女はまた多くの孤児たちを拾っては自分の天幕に受け入れて、自分の子のように愛し、テムージンたちといっしょに生活させた。『モンゴル秘史』の記録だけでも、母ウゲルンが拾って育てた有名な孤児は四人いる。

四人の孤児は、メルケト部を征服した際に拾ったグチュ、ベスト部を押さえたときに屯営地に残っていたククチュ、タタール部を帰順させた折に連れてきたシキ・ホトク、ジュルキン部が滅んだときに残されたボルホルである。

「私は昼には彼らの眼に、夜には彼らの耳になる」と母ウゲルンは分け隔てなく孤児たちに深い愛情を注いだ。彼らはのちにモンゴル軍の将軍となってユーラシア各地に出かけていき、帝国の建立に貢献した。宮廷ではハーン一族と並んで坐る権利を有し、テムージンを兄《アハ》、ウゲルンを母《エージ》と呼んだ。

いま、モンゴル国にはシキ・ホトクという法科大学院がある。母ウゲルンが拾って育てたシキ・ホトクは草原の慣習法と長城以南の契丹や金王朝の法律にくわしかったので、帝国の法律を策定するのに大きな役割を果たした。それを讃えての校名である。草原の慣習法は遊牧民の価値観に基づいて運用されてきた。シキ・ホトクが身につけた遊牧民の価値観はまちがいなく母ウゲルンから教わったものであろう。彼については後述する。

モンゴル帝国が建設されてから、チンギス・ハーンは母ウゲルンと末弟のオチギンに併せて一万戸を統括させた。遊牧社会では長男から順次独立していき、独自の放牧地を持つようになる。最後に残った末弟は両親と暮らし、一族の財産と伝統的な放牧地を受け継ぐ。末弟にはまた歴代の祖先を祀る義務がある。家と祖先は火《オチ》を以て象徴されるので、家督たる末子はオチギンと呼ばれる。母ウゲルンの末子は、オチギン殿《ノヤン》と呼ばれていた。末弟オチギン・ノヤンは後に、二代目の大ハーン、オゴダイの逝去後に帝国の政界に一瞬、華々しく登場してくる（第7章参照）。

　母ウゲルンは一万戸という領民《ウルス》に不満だった、とペルシャの年代記は伝えている。イェスゲイ・バートルの死後は女手ひとつでテムージンを頭とする息子たちや多くの孤児たちを育てた人である。そのテムージンが今やモンゴル高原全土のハーンとなり、息子たちも国家の重鎮となった以上、母親にはもっと大勢の領民を分け与えてもよい、とウゲルンはそう認識していただろう。テムージンひとりの母ではなく、戦争のたびに草原で拾った多くの孤児たちを育てた、モンゴル国《ウルス》の母親だからである。

　テムージンからすれば、母親とはいえ、自分の一族ばかりを優遇するわけにいかない。ユーラシア草原の古い慣習、それも血統のよい者、いわゆる「ステップ貴族」の特権を打破して、真新しい遊牧国家を創るのが、テムージンの夢だった。そのため、彼は母ウゲルンが分け隔てなく育てた戦争孤児たちにダルハンや将軍、大臣の地位を与え、あまねく遊牧の民を統一したのである。モンゴル系もあれば、テュルク系もいた。

あなたたちが吸っていた乳だ

帝国の建設後には、政治闘争もまた激しくなる。遊牧民の精神世界を牛耳る、シャーマンたちとの戦いである。そもそもテムージンにチンギス・ハーンの称号を与えたのも、天に通ずるという神通力を持つ大シャーマン、テブ・テンゲルである。ホンハタンという氏族に属する彼には六人の兄弟がおり、成立したばかりのハーンの宮帳でしだいに幅を利かすようになっていた。

「天からのお告げだ。テムージンが一回、国家を司《つかさど》る。その後はハサルだ」

とテブ・テンゲルはある日このような託宣を受けたと言いふらした。弟ハサルに国家簒《さん》奪《だつ》の野心があるとの告げ口である。チンギス・ハーンはハサルに千四百戸の領民しか与えなかったので、母ウゲルンも息子たちの不和に悩んでいた。

シャーマンに唆《そそのか》されたチンギス・ハーンはハサルを逮捕し、みずから尋問に臨んだ。それを聞いた母ウゲルンはただちに白いラクダが牽く車に乗って深夜に出発し、チンギス・ハーンのオルドにやってきた。宮帳に入ってきた母ウゲルンはみずからハサルを縛っていた縄を解き、帽子をかぶせ、服を着せた。そして、絨毯の上に坐り、片膝を立て、両の乳房を息子たちに見せて話した。

見てごらん！　あなたたちが吸っていた乳だ。
己の胎盤を食い、自分のへその緒を咬み砕いた人たち。ハサルがどうしたというんだ。テムージンはいつもひとりで私の片方の乳から出るミルクを飲み干していた。もう片方はハチウンとオチギンの二人で飲み干していた。ハサルはひとりで二つの乳のミルクをひとりで飲み干していた。だから、テムージンは智慧豊かな男に成長したし、ハサルは名射手になったのではないか。ハサルの矢でもって裏切り者を倒した。ハサルの人徳で逃げた者も帰ってきたのではないか。敵を滅ぼしたからといって、ハサルはもう無用か。

（『モンゴル秘史』七八三―七八四頁）

さすがのチンギス・ハーンも「まったく面目もありません。母上の言うとおりです」とただ謝るしかなかった。
乳房は母性愛のシンボルである。同じ血統の女性から生まれた子孫たちを団結させる力の源泉である。母ウゲルンは乳房を見せることで、五人の息子たちの結束を強固なものにしようとした。全モンゴルの大ハーンの母は、国母でもある。五人の息子たちは国家の棟梁である。母ウゲルンは乳房を露わにすることで、できたてのモンゴル帝国を救ったのである。

シャーマンの排除――ボルテ后の戒め

六人の兄弟を持つ大シャーマンのテブ・テンゲルはますます跋扈《ばっこ》するようになった。彼らは新生のハーン国を宗教国家にしたかった。「九つの種類の言葉を話す遊牧民」たちはすべてテブ・テンゲルの天幕周辺に集まるようになり、チンギス・ハーンの屯営地から人びとはめっきり減った、と『モンゴル秘史』にはある。あらゆる方言を話すモンゴル・テュルク系の遊牧民の動揺の表現である。

ある日、一族の家督である末弟オチギン・ノヤンの領民もテブ・テンゲルに奪われた。領民を取り戻そうとしたオチギン・ノヤンの使者も殴打されたうえ、鞍を背負わせて返された。遊牧民において馬を奪い、鞍を背負わせる行為は、その全財産と地位の剥奪を意味している。オチギン・ノヤンみずからの交渉に、シャーマンは侮辱をもって答えたのである。

シャーマンに追い返されたオチギン・ノヤンは、黎明時に兄チンギス・ハーンの天幕に入って涙を流した。チンギス・ハーンは第一夫人のボルテ后とまだ寝ていた。ボルテ后はチンギス・ハーンがまだ黙っていたときにさっと起き上がり、布団の端で胸を隠しながら、義弟と泣き合った。

見てください。
檜や松の幹のような兄弟たちが虐められているではないか。
あなたがいずれ古木のように倒れたら、
誰がこの国の遊牧民を管理するのか。
あなたの兄弟たちまでこんなに虐められているので、
あなたがもし倒れたら、
私たちの四人のか弱い子どもたちは大きくなれるのだろうか。

（『モンゴル秘史』七九一―七九二頁。『黄金史』九七―九八頁）

ここで重要なのは、ボルテ后が布団の端で胸を隠していた、という細かいシーンである。レヴィ＝レート婚の伝統があるユーラシア草原では、弟には亡くなった兄の妻を受け継ぎ、結婚する権利がある。そのため、兄嫁と弟は互いに慎み深く行動する。

もし、シャーマン一族の横行に対し有効な手を打たずに放置し、チンギス・ハーンの身になにかがあったら、ボルテ后と結婚する権利はオチギン・ノヤンにある。チンギス・ハーンが「古木のように倒れたら、この国の遊牧民を管理する」のも弟たちになる。先日の母ウゲルンほど厳しくないが、政治的危機の可能性に関するボルテ后の言葉遣い、先を見る目は一流である。

ボルテ后にこう言われたチンギス・ハーンは目覚めた。母親に続く第一夫人からの戒めである。このままシャーマンたちがのさばりつづければ、新しいハーン国はまた古い体制に戻ってしまう。彼は決断した。

「テブ・テンゲルたちはまもなく来るはずだ。好きなようにやりなさい」

チンギス・ハーンはボルテ后の意見を受け入れた上で決断したのである。兄嫁と兄の承認を得て、オチギン・ノヤンは三人のモンゴル相撲の力士を待機させた。いつものように威張った顔をした七人兄弟はチンギス・ハーンの宮帳に入り、右側の男の席に坐った。女の席は左側にある。そこへオチギン・ノヤンが入ってきてテブ・テンゲルを外へ引っ張りだした。外で待機していた力士たちはテブ・テンゲルの腰をへし折り、そのまま天幕近くの馬車の傍に捨てた。大シャーマンは死に、モンゴル国に覆いかぶさっていた古い宗教勢力の翳《かげ》は消えた。国難は去った。

「息子の不徳の責任は、その父親にある」とテブ・テンゲルの父と兄弟たちをチンギス・ハーンは天幕内で叱った。テムージン一族の苦難の時代に、テブ・テンゲルの父だけはやさしく助けてくれていた。しかし、過去の功績を笠にきて分別を失っていた。シャーマンの度を越した行為を、ボルテ后にうながされたチンギス・ハーンは排除し、周囲の人びとに警告を発したのである。

ホワクチン婆さんとベルグーダイの母

帝国を打ち立てる前のボルテ后についてもう少し。

私の故郷、オルドス高原にチンギス・ハーンの祭殿がある。チンギス・ハーンの四大オルドから発展してきたオルドス万戸は四人の妃とその聖なる遺品などを祀っている。毎年、太陰暦三月二十日の夜にボルジギン部、すなわち「黄金家族《アルタン・ウルク》」の家族祭がある。神話上の祖先から始まり、歴代の大ハーンや近代までの有力な政治家たちに供物を燃やして捧げるのは、チンギス・ハーンの末子のトロイの系統を汲む祭祀者たちである。

その際、神聖な供物を享受する祖先たちのなかに、ボルジギン部以外の人物がひとりだけいる。『モンゴル秘史』に登場するホワクチンという老婆《エムゲン》である。

ユーラシアの遊牧民世界では、貴族にして「黄金家族」のボルジギン部は高貴な「白い骨」集団と称される。これに対し、平民は「黒い骨」の身分とされる。「黒い骨」のホワクチン婆は明らかに特別な存在として、黄金家族の祖先たちの系統内に加わっている。なぜか？

コンギラート部のダイ・セチェンの娘ボルテをテムージンがようやく、嫁として迎えてきた後、一族はオノン河の源流付近の草原で暮らしていた。ハネムーンを楽しんでいたさなかのある払暁《ふつぎょう》、大地を轟かせる振動が遠くから伝わってきた。敵の襲来である。モンゴルの草原では、こうした馬蹄の響きは数キロ先から波のように寄せて来る。新婚の夫婦はぐっすりと熟睡していたので、当然、その音には気づかない。

二人の近くで寝ていたホワクチン婆さんはいちはやく、馬蹄音の接近で目が覚めた。急いで二人を揺り起こしたものの、すでに遅かった。天幕の外に出て逃げようとしたが、馬が足りない。テムージンと兄弟や親友たちは裸馬に跨って散り散りに逃亡できたが、妊娠中のボルテは馬に乗れないので、斑牛の牽く車に乗って急ぎ山へ避難した。

襲ってきたのはモンゴル高原北部、セレンゲ河流域で遊牧するメルケト部の男たちだった。二十数年も前にイェスゲイ・バートルがメルケト部のイケ・チリトの嫁ウゲルンを横取りしたことへの復讐だった。

狙いは言うまでもなくボルテである。牛車では遠くへ逃げられない。けっきょくボルテ后とホワクチン婆さんはメルケト部の捕虜として北へと連れていかれた。あくまでボルテに尽くしたこの老婆の功績を後世の者は讃えているのである。

亡きイェスゲイの側室（ベクデルとベルグーダイの母）など一族の女たちも連れ去られた。

ベクデルは少年時代にテムージンに射殺された、と前に述べた。彼は弓矢を手にして近づいてくるテムージンを見たときに自分の運命を悟り、弟ベルグーダイを頼む、と言って堂々と矢を受けた。負い目を感じたテムージンもベルグーダイをずっとかわいがり、常に軍陣に帯同した。このベルグーダイを祀った祭殿もまた、オルドス高原にある。

シキ・ホトク、ブレイ、チャガーン

　ボルテは子どもをほしがっていた。ある日、テムージンは道端に捨てられた赤ん坊を拾って来て、彼女に渡した。

「子どもがほしいといつも話していたから、この子を育てよう」

　その赤ん坊はタタール部が捨てた子だった。シキ・ホトクである。ボルテはその赤ん坊を自分の子のように育てた。十五歳になった冬、シキ・ホトクとベスト部のクチュクールらが野生山羊《ヤンギル》を狩るのに出かけた。雪の降った草原にヤンギルの足跡がくっきりと見えたとき、シキ・ホトクは「おれが倒してくる」と言い残して馬を駆った。クチュクールは先に帰った。

　夜になってもシキ・ホトクが帰って来ないので、チンギス・ハーンは尋ねた。

「ヤンギルを追って行った」とクチュクールは答えた。

「こんな雪の夜、あの子は凍死してしまうんじゃないか」と激怒したチンギス・ハーンはクチュクールを叩いた。深夜、「三十四のヤンギルを仕留めた」とシキ・ホトクは意気揚々と帰ってきた。

翌朝、チンギス・ハーンたちが確かめにいくと、まさにそのとおりだった。それ以来、ボルテとテムージンはいっそう、シキ・ホトクを大事にするようになった。ボルテ后が亡くなった後、「愛する母さん《サイン・エケ》よ」とシキ・ホトクは墓地に坐って泣きつづけた。

以上はペルシャの年代記内の記述である。モンゴル語の年代記ではテムージンの母ウゲルンの話として伝えている。おそらくは嫁ボルテと母ウゲルンがいっしょにシキ・ホトクを育てたのであろう。ボルテは常に義母ウゲルンについて、ボルジギン家の伝統とステップのしきたりを守ろうと努めていたのである。

ボルテ后の宮帳《オルド》内にも大勢の孤児たちがいて、みんな彼女の「息子《クウード》」と呼ばれていた。一二〇五年の夏から翌年の初秋にかけてテムージンが黄河以西の西夏《タングート》王国を征服しに行った際に、ブレイという少年が捕虜のなかにいた。ある日、狩猟に行くテムージンが草原を走っていると、ブレイは自分の帽子を棒の上に挿して立っていた。

不思議に思ったテムージンに対し、少年は韻を踏んでこう答えた。

「僕はタングート人です。あなたに連れて来られた大勢の孤児たちのひとりだ。孤独で悲しい僕たちですが、棒の先に載っている帽子は僕よりも高いので、僕のボスだ」

少年の聡明さに感動したテムージンは少年をボルテ后に渡した。彼女は彼をかわいがった。まもなく百戸長に昇進し、オゴダイ・ハーンの時代になると、ブレイは千戸長として北部中国の旧契丹領を統括した。もうひとり、十一歳のタングートの孤児がいた。チンギス・ハーンは彼にチャガーンという名を与え、ボルテ后の宮帳内で育てた。チャガーンはのちにボルテ后の五男としてかわいがられるようになる（ボルテ后は四人の男の子を産んでいた）。

ボルテ后の天幕は親を失った子どもたちの幼稚園だった。これらの孤児たちはボルテ后と母ウゲルンの家庭教育を受けて例外なく百戸長、千戸長へと昇進していったので、一種のモンゴル軍幼年学校、青年将校養成機関の役を果たしていた。

じつはシキ・ホトクを心配したテムージンに叩かれたクチュクールも孤児だった。クチュクールの養母バイドールは孤児たちの成長ぶりと帝国への多大な貢献を見て、チンギス・ハーンに進言した。戦乱のたびに発生する孤児たちを例外なく保護し、有能な者にはダルハンの称号を与えるように、と。こうして孤児保護法が生まれる。

従来のステップの古い慣習法では、ダルハンは貴族だけが保持する権利だった、と前に述べた。ボルテ后と母ウゲルンの育てた孤児たちが、チンギス・ハーンの時代に新しいダルハンになり、遠くはペルシャ方面やコーカサス、東では北部中国へ赴任していったのである。戦陣に立ちつづけ、ほとんど本拠地にいなかったチンギス・ハーンの代わりに無数の人材を育成したのは、ボルテ后のような女たちなのである。

黒貂のコート

ボルテが実家のコンギラート部からボルジギン家に嫁いできた際に、豪華な黒貂《くろてん》のコートを持参していた。昼間にはコートに、夜にはかけ布団になる立派なものである。テンは大興安嶺の東部山中とシベリアの森林に棲み、誇り高き森の民との交易で手に入る貴重品である。大きなコート兼かけ布団は無数のテンの皮を縫い合わせたものである。それほど、コンギラート部も麗しき美女たちを名家に婚出する際に投資していたのである。

メルケト部に妻が攫われた後、テムージンはあの手この手で救出策を講じた。弱小勢力のモンゴル部だけでボルテを連れ戻すのは、至難の業だ、とテムージンは誰よりもわかっていた。高原の各地で割拠する勢力と同盟を組み、ボルテ救出を嘆願するには、手土産が欠かせない。愛する妻の持参品とはいえ、当時のテムージンにはあの貴重なコートしかなかったので、彼はそれを手土産にケレイト王国のワン・ハーンの宮帳を訪ねた。

ネストリウス教徒の多いケレイト王国はモンゴル高原の覇者であり、ワン・ハーンは父イェスゲイと義兄弟《アンダ》の契りを交わしていた。ワン・ハーンが王国の内紛に巻きこまれ、ケレイトの領民たちが散り散りだったころに、助け舟を出してくれたのはイェスゲイ・バートルだった。義理と人情の面でも、ワン・ハーンはテムージンを助けねばならなかった。テムージンは弟と親友たちを連れて、トゥール河沿いの森林内にあるワン・ハーンの屯営地を訪ね、コートを捧げ、丁寧に若輩として挨拶した。

「わしの嫁を取り戻そう」とワン・ハーンは快く答えた。

じつはメルケト部もボルテの扱いに困り、ワン・ハーンに献上しようとしていた。ワン・ハーンの側近たちのなかにも、テムージンの妻を側室として迎えるよう進言する者もいた。ワン・ハーンとイェスゲイ・バートルは義兄弟の関係にあり、テムージンは義理の息子だから、「わしの嫁」と呼んだのである。息子の嫁に手を出すのは、遊牧社会のレヴィ＝レート婚の掟を破ることになる。

テムージンとワン・ハーンはさらにモンゴル高原のもうひとりの猛者、ジャムハにも出陣を求めた。ジャムハの遠い祖先はテムージンの祖先と親しい関係にあったし、二人は少年時代に大鹿《おおじか》の踝《くるぶし》の骨を交換しあい、義兄弟となっていた。ジャムハも当然、快諾した。

女性の矜持——救出作戦の陰に

一一九七年秋、ワン・ハーンとジャムハの軍勢はケルレン河の北側、ヘンティ山脈のブルハン山の南を北へと演習を重ねながら展開していく。テムージンのモンゴル軍はブルハン山の北麓、オノン河に沿って北西へと進む。左右両翼と中軍、という遊牧民の典型的な作戦計画である。南と東という二つの方向から包囲されたメルケト部は抵抗らしい抵抗もできずに、殲滅《せんめつ》された。

ワン・ハーン軍とジャムハ軍、それにモンゴル軍が刀を振り、矢を飛ばしている最中でも、テムージンだけは声高く妻の名を叫びつづけた、と東西の年代記は記す。それほど、彼は妊娠中の妻を探すのに夢中だった。ホワクチン婆とともにいたボルテも乱軍のなかで夫の叫び声に気づき、二人は抱き合った。

このとき、矜持《きょうじ》を保った女性がひとりいた。亡きイェスゲイ・バートルの側室である。その息子ベルグーダイも兄のテムージンについて戦いながら、大きな声で母親の名を叫んでいた。かつてテムージンとハサルはベルグーダイの兄ベクデルを射殺した。その反省からベルグーダイをテムージンはベクデルの遺言どおりに生涯にわたってかわいがった（だから、死後も、四大オルドから発展したオルドス万戸は今も、ベルグーダイを祀っている）。

母の耳にも息子の声は届いていた。遊牧民の天幕の入り口にはフェルト製の暖簾《ハーラガ》がある。入る際には暖簾の左側を開けるのに対し、なかの人間が出るときはその右側を開く。ベルグーダイが暖簾の左から入ったのと同時に、彼女は右から出て行って森のなかに姿をくらました。メルケト部に略奪されてきて、奴隷のように酷使されつづけた。来ている服もみすぼらしく、容姿も醜くなったことを自覚し、立派になった息子の地位にふさわしくない、とみずから判断したからである。

「息子はもう立派な貴人になっているようだ。私なんか会う面目もない」と彼女は泣いたという。

メルケト部からテムージンのところに帰ってくる途中、ボルテは男の子を産んだ。のちにユーラシア西部のキプチャク草原の盟主となるジョチである。ジョチとは、「賓客」との意である。

妻を取り戻したテムージンは、援軍を出してくれたワン・ハーンと義兄弟のジャムハとともに越冬の準備に入った。

次章では、テムージンを覇者へと導く女たちに登場してもらおう。

第４章

キリスト教徒の姫君と遊牧社会

オングート人の支配地から見つかったキリスト教ネストリウス派信者の墓碑。ウイグル文字テュルク語で1253年あるいは1241年に書かれたもので、城壁や防塁（「王の溝」すなわちオングー）の完成を担当した人物の墓碑
（内モンゴル博物院蔵）

空気が読める女

「ジャムハ兄さんはもう、われわれのことを嫌がっているのよ。いっしょに屯営するのではなく、別々に放牧地《ヌタク》を探そう」とボルテ后はテムージンにそう話した。隣に坐っていた母ウゲルンも頷いた。

妻と再会し、長男ジョチが生まれたテムージンは幸せを満喫していた。モンゴル部の軍隊とワン・ハーンのケレイト軍、それに義兄弟ジャムハの軍勢はモンゴル高原の中央を北のバイカル湖へ流れるセレンゲ河とその大小の支流沿いに冬営し、春を迎えた。テムージンとジャムハはメルケト部から捕獲した戦利品である黄金の帯と白い駿馬を交換しあい、ふたたび義兄弟《アンダ》の契りを交わし、同じ天幕内で夜明けまで語らいあった。

翌一一九八年五月十六日に、一同は春営地から夏営地へと移動を始めた。遊牧民はたいてい、満月の次の日、十六日に移動したり、作戦を発動したりする。そのとき、ジャムハはテムージンと並んで馬を走らせながら話した。

山の麓に沿って夏営しよう
われわれの馬の放牧者が天幕に入りやすいように。
河に沿って天幕を張ろう
仔羊を見る者が簡単に私たちに料理を作れるように。

（『モンゴル秘史』三〇七頁）

人のよいテムージンはジャムハの言っていることの意味がわからなかったので、母ウゲルンとボルテ后に聞いた。

モンゴルなど遊牧民は狭いところが苦手である。狭小な空間内に大勢で暮らすことは我慢ならない。そのため、遊牧民の君主は都市を攻略しても、市街のなかで暮らすことは絶対にしない。もっとも、セレンゲ河流域は広大な草原である。それでも、何万人もの大軍が集まっていては、誰もが狭いと感じる。大草原のど真ん中で天幕を張り、半径数キロ以内に誰もいなくても、しばらくしたら、屯営地を変える。空気が淀んでいる、と感じるからである。テムージンはひたすらワン・ハーンとジャムハに恩義を感じていたので、空気が読めなかったのである。

ボルテ后の意見に母ウゲルンも賛成した。

ボルテ后の賢明なアドバイスに従い、モンゴル部はケレイトとジャムハ軍から離れて東のオノン河とフルンボイル方面へ向かった。途中、タイチュート部の屯営地を通ったら、ひとりの子どもが残されていた。前に述べたククチュである。ボルテ后がククチュを連れて帰り、長男のジョチとともに育てた。

断られた通婚

一二〇二年の冬。

ボルテ后はテムージンに従い、実家の冬営地だったフルンボイル草原のアラルという地で大軍を休ませていた。大興安嶺の北東部に位置し、偏西風から身を守るのに適した地だ。同盟を組んでいたワン・ハーンのケレイト部もその西隣にいた。いっしょに対ナイマン部の作戦を進めていたからである。ナイマン部の本拠地は西のアルタイ山脈で、彼らはモンゴルを攻撃しようとして東へ移動してきたのである。テムージンの義兄弟ジャムハはこのとき、ナイマン側に立っていた。

作戦の合間に、テムージンはワン・ハーンの天幕を訪れ、通婚を申しこんだ。テムージン自身はワン・ハーンの孫娘のひとりをもらい、長男ジョチのためにワン・ハーンの娘チャウル・ベキを求め、自身の娘ホワチン・ベキをワン・ハーンの孫トス・ブハの嫁にやるとの提案だった。複数組の双方向婚である。ベキとは、ペルシャ語からテュルク・モンゴル語に入った言葉で、姫の意である。ベキの男性形はベクで、金持や有力者との意味を持つ。

しかし、ワン・ハーンの息子サンクムの強固な反対で通婚はひとつも成立しなかった。

「うちの娘が向こうに行けば、天幕内で北に向かって立つ。向こうの娘がうちにくれば、南に向かって坐る」

と、サンクムは反対した。

遊牧民の天幕は太陽の方向に門が開くよう設営される。家の主人は天幕の北側《ホイモル》に南面して坐る。主人の右側は男のエリアで、左は女の世界だ。主人の左に陣取る夫人たちも南に向かって坐り、侍女たちは北に向かって食事を用意したりして働く。ケレイト部の高貴な姫たちがモンゴルのボルジギン部の嫁になれば、侍女の身分に落とされるようになる。逆にボルジギン部の娘たちが来たら、大きな顔をして、主人の左隣に坐ろうとするだろう、というのがサンクムの危惧であった。

ケレイト部は十二世紀末までモンゴル高原で強大な王国を形成していた。ワンとは、金王朝から与えられた称号で、王を意味する。ケレイト王国の「王《ワン》たるハーン」であった。テムージンはワン・ハーンの部下としてケレイト王国の宮廷に出入りするようになってから、西アジアから伝播してきたキリスト教ネストリウス派文化に接し、文明化した儀礼と洗練された女性たちの存在に憧憬していただろう。テムージンからの求婚の目的はそこにあった（宇野伸浩二〇二三）。

けっきょく、息子の意見に押されたワン・ハーンは通婚に踏みきれなかった。娘たちを交互に嫁がせあって同盟を強めようとした思惑がうまくゆかなかったことも一因となり、一二〇三年春にモンゴルとケレイトはケルレン河の下流地帯の草原で激突した。

モンゴル軍は敗れ、テムージンはわずか数人の側近たちとともに金王朝に近いバルジューナという小さな湖にまで落ちてくる。食べ物も底をついたので、汚い水たまりの泥水を飲んでしのいだ。付き従ったモンゴル人は少数で、むしろテュルク系やイラン系などムスリムが多かった。彼らはのちに「バルジューナ湖の男たち《バルジューナ・ト》」として結束を強め、文字どおり股肱《ここう》の功臣となっていく。

ケレイト王国の滅亡

テムージンは敗れた軍隊をふたたび結集させ、一夏かけて念入りに戦備を整えた。ゴビ草原の南、金王朝のために長大な塹壕《ざんごう》に沿って駐屯していたオングート部の支援も得た。

オングートとは、「王《オン》の溝《グー》」の複数形である。テュルク系の民族で、金王朝のために、モンゴル高原から南侵してくる遊牧民を見張る集団だった。そしてなによりネストリウス派のキリスト教徒だった（本章トビラ参照）。

世界宗教はいずれも古い時代に長城以南の世界に伝わったが、中国の歴代王朝は例外なく苛烈な弾圧を加える。弾圧から逃れた信徒たちは長城を北へと越えて定着する。遊牧民の世界は他人の信仰に干渉しない伝統を持っているからである。

そのため、ネストリウス教徒のオングート部内で商売する西方からのムスリム商人が多数いた。彼らは唐の時代から住み着き、しきりにトルキスタンまで往来していた。シルクロードの草原の道を牛耳り、東西の国際情勢にも明るかったし、誰をいつ、どう支持すべきかの判断力を備えていた。

「蜃気楼のかなたからハッサンは白いラクダに乗ってあらわれ、肥えたヒツジの群れを餓狼のようなテムージン軍に献上した」とモンゴルの年代記は奇跡について述べる。ハッサンとはその名のとおり、ムスリムである。オングート部からキャラバン隊を率いてきた彼は豊富な物資を惜しみなくテムージンとそのムスリムの側近たちが指揮するモンゴル軍に提供した。勢力を蓄え、とくに弟のハサルの軍勢も加わったことで、テムージンのモンゴル軍は一気に強くなった。

一二〇三年秋、ジジル・ウンドゥルという高い山の麓に展開していたワン・ハーンのケレイト部にテムージン軍は奇襲をしかけた。

ケレイトは敗れた。年老いたワン・ハーンはひとりで荒野をさまよい、アルタイ山脈のナイマン部に投降しようとしたところ、逆にナイマン人の国境警備隊に殺害された。ナイマン部のタヤン・ハーンはその頭蓋骨を祀った。

「二百年の伝統を誇ったケレイト王家は亡び、かわってテムジンのモンゴル王国が誕生した」と歴史家の岡田英弘（二〇〇二）は書いている。

アビガ・ベキの話

ワン・ハーンの弟にジャハー・ハンブという者がいた。ケレイトはネストリウス教徒が多いのだが、彼はチベット仏教国の西夏に捕虜にされたことがあり、そのためジャハー・ハンブという名をつけられた。ハンブとは、僧侶の尊称である。

このジャハー・ハンブに娘が三人いた。長女はアビガ・ベキという。

一二〇三年晩秋。フルンボイル草原を北へと流れるハルハ河の畔に建つ宮帳のなかで、アビガ・ベキは傍に寝ているテムージンを揺り起こした。

明らかに悪夢を見ているようで、怒号を連発するように唸っている。それも不思議ではない。少年時代から敵と戦いつづけ、いつ、誰に殺されるか不安定な人生を送ってきたからだ。

テムージンは例によって夫人たちの天幕を転々とし、アビガ・ベキのオルドにやってきてまだ、さほど日にちが経っていない。アビガ・ベキはケレイトの王女らしく、ネストリウス教徒が愛する西アジア的なシルクで天幕の内部を飾り、ロウソクを灯して優雅な雰囲気を醸し出して、戦士テムージンの疲れを癒し、二人は眠りについたはずであった。

アビガ・ベキに揺すられて目を覚ましたテムージンは冷や汗をびっしょりとかいていた。じっと彼女を見つめてくる。アビガ・ベキは布団の端で胸を隠しながら、ロウソクに火をつけた。ネストリウス教徒のケレイト人にとって、ロウソクはふつうだったが、モンゴル人はまだバターを灯油とした質素なランプを愛用していた。

「外に誰かいるか」とテムージンは大きな声で叫んだ。ヒツジの毛でできているフェルトを木製の蛇腹に被せた天幕であるので、内部の声は「壁に耳あり」といわれるほど外に伝わりやすい。天幕内の人も常に家畜が草をはむ音を聞きながら寝る。

「キタイがここで夜番《ケブトゥール》の当直をしております」との声がした。キタイ（『モンゴル秘史』ではジュルチダイとも）は左翼の親衛軍《ゲシク》を率いる将軍である。ゲシクの成員はモンゴルに統一された遊牧民のリーダーたちの子弟、ステップ貴族の子弟からなる。しばらく親衛軍として護衛や作戦に参加してから、帝国の軍団の将校として各地に赴任していく。

「入れ。妃《ガトン》アビガ・ベキを貴殿に授ける。大事にしなさい」

テムージンはキタイを天幕内に呼びこみ、そう命じた。ロウソクの光の向こうの入り口付近で、全身武装した将軍は明らかに躊躇し、動揺している。兜《かぶと》と鎧《よろい》に光る夜露が彼の忠実ぶりを物語っている。
「気にすることはない。真面目な話だ」とテムージンはキタイを慰めた。テムージンはまたアビガ・ベキにやさしい言葉をかけた。

あなたとずっと同じ布団のなかで寝て愛しあってきた。
あなたに才能がない、と嫌っているのではない。
あなたの容姿が他人に及ばない、と気が変わったのではない。
あなたに邪念がないのもわかっている。
ただ、悪夢を見ただけだ。
あなたがたを他人にやれ、と最高神《テンゲル》が私にそう命じている。
あなたに付き添ってきた食事係のひとりと、
あなたが私に馬乳酒を出してくれたときの金椀を記念に残してくれないか。

かくして、アビガ・ベキは自分の宮帳と百名もの家臣たち、それに家畜群と膨大なシルクと金箔押しの装飾品などを持参して、キタイ将軍と暮らすようになった。

現代まで、モンゴルの男は旅するときに自分専用の椀と食事用のナイフ類を持参する。誰かの天幕に入り、主人が茶や馬乳酒でもてなしてくれる際も、「お椀《アヤガ》をお願いします」とまず声をかける。すると、男はモンゴル服の懐から椀を取り出して差し出し、注いでくれる茶と馬乳酒を丁寧に受け入れる。じつに衛生的な習慣である。テムージンがアビガ・ベキの金椀を記念品としてもらうのは、それ以降も彼女への思いを大切にするためであった。

アビガ・ベキはキタイ将軍とのあいだに男の子をひとり儲けた。その子は長じて二代目の大ハーン、オゴダイの酒の係に任命されたという。

モンゴル帝国の「国母」はネストリウス教徒だった

ジャハー・ハンブの次女ビクトトミシはテムージンの長男ジョチの第一夫人になった。そして末娘のソルカクタニ・ベキはテムージンの四男トロイと結婚した。トロイとソルカクタニ・ベキからはムンケとフビライ、フレグとアリク・ブハという四人の息子が生まれ、世界帝国モンゴルの各分封国のハーンとなった。

ムンケは帝国の四代目ハーン、フビライは五代目のハーン兼大元ウルスのハーン、フレグはイランの地に成立したイル・ハーンの創設者である。そして、フビライが正式にハーン位につく前に、一時的とはいえアリク・ブハが実際に帝国のハーンになっている。そういう意味で、ケレイト王国の姫にしてネストリウス派の信者であったソルカクタニ・ベキは文字どおり、モンゴル帝国の国母である、というのが東西の歴史家たちの共通認識である。

なお、頑なにテムージンのボルジギン家との通婚を嫌がっていたワン・ハーンの息子サンクムであるが、彼の娘トゴスもじつはトロイの妻となっている。トロイの死後、息子のフレグはレヴィ＝レート婚の規則に従いトゴスを妻とした。イランのフレグ・ハーンのオルドで彼女は大皇后《ガトン》として尊敬され、高い政治的地位を保持した。

結果的にケレイト王家の教養高き姫君たちは、王国の滅亡と引き換えに、新たに生まれたモンゴル帝国の政治運営に関わり、時代を創成する主人公となっていくのである。

その後、テュルク系のケレイト人の一部は、オイラート・モンゴルのなかのトルグートという集団に発展していった。別の一部は四大オルドの祭祀に携わる集団、すなわちオルドス万戸に溶けこんでゆく。

個人的なことで恐縮であるが、私もじつはケレイト部の一員である。私の一族は、「ケレイトを骨とする、オーノス氏族」である。ユーラシアの遊牧民社会において、人間は父方から骨を、母方から肉を受け継ぐ、と認識されている。貴族は「白い骨」で、庶民は「黒い骨」だと分類される。

グルベス・ガトン

一二〇四年陰暦四月十六日、テムージンのモンゴル軍は軍神スゥルデに馬乳酒を振りかけ、生贄《いけにえ》を捧げてから、西へ出発した。モンゴル高原の最後の難敵で、アルタイ山脈を拠点とするテュルク系のナイマン部を征服するためである。

ナイマンのタヤン・ハーンは勇猛に戦ったが、母親のグルベス・ガトンと作戦をめぐって対立した。ナイマン部も女性が実権を掌握していたのだ。グルベス・ガトンもネストリウス教徒であった。

ナイマン軍はアルタイ山脈から降りて東へと進み、清らかなタミル河に沿って走り、オルホン河を東へと渡り、ナウホンという山々の麓でテムージン軍にまみえた。テムージンの義兄弟、猛将ジャムハはナイマン軍とともにいたが、途中で参戦をあきらめたので、モンゴル軍の圧勝となった。

グルベス・ガトンもテムージンの軍門に降った。テムージンは彼女を夫人のひとりとして迎え、そのときこう言った。

「モンゴル人は臭い、とおっしゃっていたのではないか」

ダマスカスやトルキスタンの香料で天幕を清め、サフラワーを材料とした頰《チーク》を使い、タシケント産シルクと柔らかい綿でベッドを飾っていたグルベス・ガトンからすれば、毛皮をまとっていたオノン河流域のモンゴル人はにおいがきつかっただろう。

オノン河流域の住民はその地理的な制約もあり、わずかに東方マンチュリア（満洲）南部の金王朝と交易するしかなかったので、物資の面では断然窮乏していた。オノン河流域の古墳を発掘してきた、考古学者の白石典之（二〇〇二）の見解が当時の実態を説明している。その富裕ではなかった生活の実態は『モンゴル秘史』の記録と一致する。

姉を推薦する妹

ところで、第2章で「チンギス・ハーンの四大オルド」を紹介した際、第一夫人ボルテと第二夫人のホランのほかに、第三、第四オルドを主宰していたイェスウイとイェスガンの姉妹について触れた。この二人の宮帳から発展した祭殿オルドもまたオルドス高原にある。具体的にはオルドス万戸の左翼集団に祀られてきたので、私たちは昔から「左翼《ジュンガル》の主君《エジン》」と呼んでいる。

イェスウイとイェスガン姉妹はタタール部の貴族の出身である。

一二〇二年晩秋、テムージンはケルレン河の下流、ダラン・ネムルゲスという地でタタール部に対する最終作戦を敢行した。ダラン・ネムルゲスとは、「七十の蔽《おお》い」との意味で、タタール部の冬営地だったことがわかる。そろそろ冬営しようと準備に入ったところにテムージンが襲ってきたのである。父イェスゲイ・バートルがタタール部に毒殺されたことと、常に金王朝に協力し、モンゴルを裏切ったことへの復讐であった。タタール部は敗れ、その君長イケ・ツェリンの娘イェスガンがテムージンに嫁いだ。

タタール部は金王朝と交易し、物資の面で豊かな生活を営んでいた。テムージンはこのとき、はじめて金糸のベッドカバーや銀製の揺り籠を目にした。

血の復讐の伝統を重んじるテムージンからは、「車輪より背の高い男を全員、処刑しろ」との厳命が下されていた。しかし、テムージンの弟ハサルとベルグーダイは兄の命令に従わずに、あの手この手でタタール人を匿った。そのようすを見ていたイェスガン妃はテムージンに言った。

「私をもらってくれて、将棋盤の上の王将のように大事にしてくれてありがとうございます。私には姉がいます。彼女は私よりも美しく、貴殿にふさわしい人だと思います。この前に結婚したばかりで、いま、混戦のなかでどこへ逃げたかもわかりません。

「お姉さんがほんとうにあなたよりも美人だったら、探そう。もし、見つかったら、自分の妃《ガトン》としての地位をお姉さんに譲れるか」と試すテムージンに即座に「譲ります」と答えたイェスガン妃であった。

部下たちはイェスウイを連れてきた。イェスガンは約束どおりに立ち上がって席を姉に譲った。イェスガンの言うとおりの絶世の美女だったので、イェスウイは第三夫人となり、妹のイェスガンは四番目の席に変わった。イェスガンの行為は、姉だけでなくタタール部の人たち全員を助けるためだったし、テムージンもそれをわかっていた。

姉妹を同時に妻として迎える習慣を人類学では姉妹同時婚と呼ぶ。ユーラシアの遊牧民世界では近代まで見られた。じつは、私の母方の祖父もある姉妹を妻にしていた。もっとも、祖父の場合だと、最初の妻が病死した後に乳飲み子を残していたので、他人よりも妹の方が亡き姉の子をかわいがると見られたので、妹をもらったのである。その乳飲み子は私の母親である。

ハーンのお体がもしも壊れたら……

イェスウイ妃はその妹の言うとおりの美女だっただけでなく、帝国の政治のなりゆきにも敏感だった。

一二一九年、チンギス・ハーンは全軍に中央アジア遠征を命じた。金王朝は北部中国の領土を失い、南京汴梁《なんけいべんりょう》（開封《かいほう》）とその周辺に盤踞《ばんきょ》して生き残りを図っていた。西夏王朝も弱体化し、税金と物資を納入してモンゴルの権威を認めていた時代である。
数年間も長い時間をかけて情報を集め、敵兵の配置をすべて把握してからモンゴル軍は満月の次の日に出ようと準備を整えた。そのとき、イェスウイ妃はチンギス・ハーンの左側、ボルテ后の隣に坐って発言した。

ハーンはこれから
高い峰々を越え
長い河をいくつも渡って遠征にお出かけになり
数多《あまた》の国々を平定するだろう。
命ある者は永久には存在しない。
ハーンの体も万が一、巨木の如く倒れたら
統合されたばかりの民を誰が管理するのか。
建物の柱のような
ハーンのお体がもしも壊れたら
集まった鳥の如き民を誰が見るのか。

駿馬の如き四人の息子のなかから
ひとりを指名したら
いかがでしょうか。

(『モンゴル秘史』八二九―八三〇頁)

『モンゴル秘史』はこの件について、イェスウイ妃が突然、言い出したかのように記している。たしかにモンゴル帝国の宮廷では遠征や後継者選びといった重大な局面ではハーンの母親や后妃たちも列席して、それぞれ意見や見解を述べる伝統がある。ただ、この中央アジア遠征を前にしてのイェスウイ妃の後継者選びに関する発言はけっして彼女ひとりの意思ではないはずである。

私は、これは四人の夫人たちが一致して「談合しあった」後の行動だと理解している。少なくとも、第一夫人のボルテ后とイェスウイ妃は話しあったにちがいない。四人の息子ともボルテ后から生まれたので、生母のほうから切り出すには憚られることが多いからである。だから、あえて、義母にあたるイェスウイ妃がボルテ后の意見を代弁したのであろう。「イェスウイ妃《ガトン》は女の立場でも、言うことは正しい。将軍ボウルチュとムハライ国王もいるのに、いままでにその件について話してくれなかったではないか」

チンギス・ハーンはイェスウイ妃の発言を称賛した(なお、ムハライはチンギス・ハーンの

「ボルジギン家の家臣《オトク・ボゴル》」で、側近中の側近として北部中国を管轄する国王《グイ・ワン》の称号を与えられていた人物である)。しかし、後継者に誰がふさわしいかについて、チンギス・ハーンはこのときにはあえて指名しなかった。

七年の征途に寄り添う

大ハーンは四人の妃たちのうち、もっとも若いホラン妃を連れて、あしかけ七年に及ぶ中央アジア遠征に出かけた。戦陣のなかで、息子たちの戦いぶりを見ようと、内心ではそう思ったかもしれない。

チンギス・ハーンは天山北麓の東トルキスタンをゆっくりと西へ進み、息子たちにシル河《ダリア》沿いの都市を攻略させた。シル河の西、アム河下流を首都とするホラズムもまたトルカン・ガトンという女性が実権を握る帝国だった。テュルク系の遊牧民軍団はホラズム帝国の王《シャー》よりも、女性の支配者に忠誠を尽くした。それほど、中央アジアでも女性が強かったのである。

シル・ダリアを越えてから、チンギス・ハーンはさらに西へ進み、アム・ダリアまで戦馬を駆った。その間、彼は中央ユーラシアでもっとも美しいといわれる都市、サマルカンド郊外で長く滞在した。ホラズム帝国の王子ジャラル・ウッ・ディーンは猛烈に抵抗

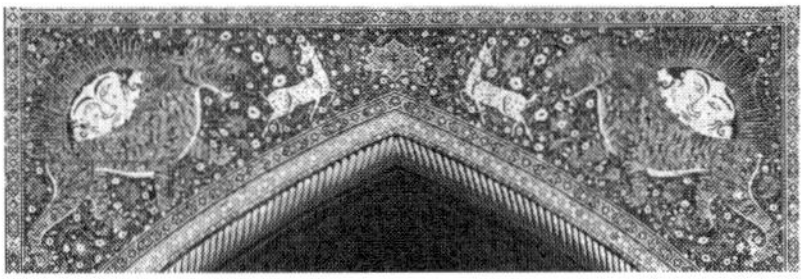

中央アジアのウズベキスタンのサマルカンド市内に建つシェルドル・メドレセ。ライオンが小鹿を追い、人面の日輪（アーチ上部左右）が輝くデザインは1636年に完成されたといわれている
（2018年夏、著者撮影）

しつづけた。追い詰められたジャラル・ウッ・ディーンは一二二一年十一月にインダス河でモンゴル軍と戦った。彼は最後まで投降しようとせずに、戦馬とともに急峻な崖の上からインダス河に飛びこんだ。

「息子を生むなら、ジャラル・ウッ・ディーンのような者がいい」

　とチンギス・ハーンは敵将を褒め称えた。そこには父としての苦悩がかいま見えた。

チンギス・ハーンの四人の息子にはそれぞれ多数の側近と家臣たちがいて、多民族からなる数万単位の大軍を指揮していた。攻略した都市の戦利品と軍功をめぐって、彼らはしばしばもめごとを起こした。もはや自立したと考えた息子たちとその取り巻きたちは、さらに大きな、自分たち専用の国家《ウルス》をほしがっていた。

チンギス・ハーンは息子たちよりも、自分に昔から付き従ってきた武将たちを信頼した。胸襟を開いて苦悩と困難について語らいあえるからである。ホラン妃はそうしたチンギス・ハーンの心の痛みと戦陣のなかの疲労を癒した。この七年もの長い征途に、寵愛を一身に受け、同時に身辺の世話をしていたのは、ホラン妃であった。

巨星墜つ

一二二五年陰暦二月、チンギス・ハーンはモンゴル高原の中央、トゥール河の畔にある大オルドに帰った。

翌年、チンギス・ハーンは最後の敵、西夏《タングート》の完全征服に着手した。このときはホラン妃は休養し、イェスウイ妃が同行した。チンギス・ハーンはトゥール河からゴビ草原を越えて南西へと進軍し、ムナン山の西端で黄河を南へ渡ってオルドス高原に入った。オルドス北部のアルブハ山中で野生馬《ホラン》を狩るときに、乗っていた馬から落ちたりしたが、それでも元気に西夏の都、興慶まで進み、包囲作戦を指揮した。作戦は長くかかり、一二二七年陰暦八月十五日、西夏が滅んだ直後に長逝した。

イェスウイ妃はチンギス・ハーンに後継者を指名するよう進言したし、最後まで身辺にいた。西夏の民はほとんどイェスウイ妃に下賜された。今日でも、オルドス西部とモンゴル国南西部にタングートを氏族名とする集団が多い。彼らはイェスウイ妃が管理していたモンゴル軍の軍用ラッパを祀っている。
チンギス・ハーンの遺体は故郷に持ち帰られ、オノン河の西に聳え立つブルハン山の頂上、万年雪を戴く峰々のなかに埋葬された。モンゴル帝国の歴世の大ハーン、大元ウルスの歴代の皇帝もまたここに眠る。狩猟民の伝統を最後まで保持していたウリヤンハイ部の人たちがひとつの特殊な万戸（万人隊）を形成し、その墓地を守った。四人の妃たちの四大宮帳《オルド》はそのまま四つの祭殿に変身し、各種の神聖な遺品を祀った。その祭祀者集団がのちのオルドス万戸となる。

ほんとうの駿馬は……

ここまで、テムージンことチンギス・ハーンのまわりにいた女たちについて述べてきた。では、チンギス・ハーンはどのような女性観をもっていたのだろうか。
彼は日常生活のなかでも、軍陣のなかにいるときも、部下たちや統合された遊牧民のリーダーたちに向かって自身の人生観や慣習法について語っていた。それらは、後世において法令《ヤサ》としてユーラシアのテュルク・モンゴル系社会で現代まで守られてきた。一冊にまとめられた書物のかたちでは残らなかったものの、『モンゴル秘史』や『集史』など東西のさまざまな年代記のなかに散見されるので、その一部を少し紹介しておこう（『集史』第一巻第二分冊、三五三―三六二頁）。

チンギス・ハーン曰く、

一つの民族において、もし、子どもが親の教えを無視し、弟が兄の言うことを聞かずに、妻が夫の意思に従わなければ、嫁が義父母を尊敬しなければ、敵を利することになる。このような民族は滅ぶ。

彼は続ける。

ほんとうの駿馬は肥えているときに走れるだけでなく、痩せたときも走れる。男と女も同じだ。男は太陽のようにずっと大地を照らしつづけることができないので、女の面倒を見きれないときもある。だから、女は男たちが狩りや戦に行っているあいだに、家の仕事をきちんと運営しなければならない。客人や使者が訪れた際には食事を提供し、彼らの需要を満たそう。このような女がいてはじめて、男は出世し、大勢のなかでも山のようにそそり立つ人物になれる。人びとはみな、女の美徳をとおして、その夫と息子の人徳を見る。妻が無知にして放蕩な生活を送っていたら、その夫も駄目な人間だろう。

バルグージン盆地とオノン河、ケルレン河沿いで生まれた男の子は説教しなくても勇敢で、賢い。女の子は化粧しなくても、頰が赤く美しい。

このように、チンギス・ハーンは偉大な女の祖先たちの実家であるシベリア南部のバルグージン盆地と、自身の故郷オノン河、母と正夫人ボルテ后たちが生まれ育ったケルレン河流域の人たちを特別視している。具体的には「麗しき娘」を生んで育てたコンギラート部である。

ある日、チンギス・ハーンはアルタイ山に登り、天の果てまで延びる草原を見渡しながら次のように話した。

私の后と妃たち、娘と嫁たちは頰が陽のように輝き、健康で甘美な生活を送るだろう。彼らは頭のてっぺんから足の爪先まで高級な織物と金糸でできた服を着こなし、側対歩《ジョロー》の駿馬に乗り、きれいな水を飲むだろう。私から与えられた草原には無数の家畜が草を食《は》み、道は清掃されてゴミがなく、泥棒もいなくなる。私たち「黄金家族《アルタン・ウルク》」のメンバーがもし法令を犯せば、遠くか近くかを問わず、必ずやすべての親族が集まって審議した上で、処分を下そう。

私の夢ははっきりしている。われわれの子孫たちがずっと金糸《ハバ》を飾った服をまとい、新鮮な食材からなる料理を食べ、駿馬に跨り、美しい女を抱くようになるだろう。しかし、こうした幸せは祖先からもらった、と彼らは言うのではなく、自分の力で獲得しなければならない。

このように、チンギス・ハーンが強調しているのは、女の美徳が男の行動に反映される、ということである。「黄金家族」の成員が処分されることになっても、必ず全員で審議しようと指示しているのは、法律の公平性を保つためである。そして、幸せは他人に頼るのではなく、自分の努力で獲得しようと話している。

女性差別は、ない！

もう少し、さかのぼって見てみよう。このことは、先に例示した、男としてのテムージンの女性観が形成された点を理解するのに有効である。

テムージンは遊牧民モンゴル人の男であり、他のすべてのモンゴル人男性と同じ、徹底的な「マザコン」であった。母親のウゲルン夫人には反抗できないし、反抗の気持ちすら湧いてこないはずである。第一夫人のボルテ后とは幼馴染みで、九歳か遅くとも十三歳までは彼女の実家、コンギラート部のダイ・セチェン家に長期滞在していっしょに育った。ボルテのほうが年上なので、テムージンは素直に従う。これが、遊牧社会の男の生きかたである。

チンギス・ハーン一族と暮らしをともにしていた女たちも賢明な判断ができる人が多かった、とペルシャの年代記は強調している。

チンギス・ハーンの弟ハサルにはひとりの美しい女の奴隷がいた。ある日、ハサルは彼女を草原で見かけ、情を交わした。彼女が妊娠したのを知ると、ハサルは妃のアルタンに渡していっしょに住まわせた。その奴隷から生まれた子は、のちに中央アジア東部を拠点とするチャガータイ・ハーン国に赴く。母親とアルタン妃が彼に同行した。このように、身分は奴隷であっても、生まれた子はなんら差別されずに、帝国の重要なポストに就く。

もっとも、奴隷という表現もペルシャの年代記内の言いかたで、モンゴル語では「天幕内の子ども《クート》たち」や「息子たち」という。こうした言いかた自体が、戦闘の渦中で生じた孤児たちを奴隷とせずに、息子同然に育成していた事実をあらわしている。モンゴルの場合だと、チンギス・ハーンの母親や后たちがその役割を果たしていたのである。

もっとも功績があるのは

天幕で働く女たちの功績をチンギス・ハーンは忘れなかった。一二〇六年にハーン位についてから、将軍や功臣たちにそれぞれ功績に基づいてふさわしい地位と領民を与えた。チンギス・ハーンはこう語りはじめた。

「母ウゲルンはシキ・ホトクとボルホル、グチュとククチュの四人の孤児を育て上げ、私の兄弟とした」

ボルホルは大きくなってからアルタニという女と結婚し、母ウゲルンの天幕近くで暮らしていた。ある日、滅ぼされたタタール部の男が復讐のために母ウゲルンの屯営地にやってきた。母ウゲルンはそれと知らずにお茶を出してもてなした。男は突然、五歳になったばかりのチンギス・ハーンの四男トロイを捕まえ、ナイフを振り下ろそうとした。そこへ、アルタニが大きな声で助けを求めながら、男の手を摑んだ。天幕の裏で黒い牛を屠《ほふ》ろうとしていた家臣二人が声を聞いて駆けつけ、男を倒した。二人が自分たちこそトロイを救ったと自慢していたのを見て、チンギス・ハーンは言った。

「もっとも功績があるのは、ボルホルの妻アルタニだよ」

女たちの勇敢な行為があったからこそ、トロイの命が救われた。トロイからのちにムンケとフビライ、フレグとアリク・ブハという四人の大ハーンとなる息子が生まれるのだから、アルタニこそ帝国の恩人であるというのである。

また、チンギス・ハーンはハダハンという女性を呼んで、自分の隣に坐らせた。

少年時代、敵から迫害されて逃げていたチンギス・ハーン（テムージン）は、ソルハン・シャラという人の天幕に逃げこんだ。ソルハン・シャラ夫妻と娘のハダハンは少年の首枷をはずし、新しい服を与えて匿った。一二〇一年秋、ハダハンの夫が乱軍に殺されたとき、テムージンはハダハンを助けた。大ハーンになってから、ふたたびハダハンとその父親の過去を全大臣の前で語って、女性たちの功績を表彰したのである。

男の楽しみとは？

ある日、側近のボウルチュ将軍とチンギス・ハーンは男の楽しみについて語らい合った。

「冬まで残っていた古い毛が抜け落ち、新しい羽が出てきた灰色のタカを腕に乗せ、豪華な服を着て、肥えた馬に跨り、春先の草原に狩りに出かけるのが、人生最大の楽しみです」とボウルチュ将軍は答えた。モンゴルの男らしい答えである。まわりにいたボルホル将軍も同調した。

しかし、チンギス・ハーンは以下のように語った。

あなたたちの言っていることは、物足りない。裏切り者を鎮圧し、敵に勝ち、彼らを根こそぎ殲滅し、そのすべてを奪わなければならない。彼らの妻や娘たちは泣き、涙を流しながら背中の平らな馬に乗ってわれわれについてくる。彼らの美しい后や妃たちの柔らかいお腹の上に乗り、その薔薇色の頬に接吻し、乳首と甘い唇を吸うことこそ、男の人生の最大の楽しみではないか。

いかにも幼少のときから苦労して育ち、世界帝国を一代で打ち立てた人物らしい価値観である。単なる個人として、男としての観点もあれば、生涯にわたって戦った人物としての目標も示されている。

結論からいうと、チンギス・ハーンの理想的な世は実現し、その理念もユーラシアを跨ぐモンゴル帝国内で一部は実現した。しかし、ほかでもない彼の子孫や後裔たちが法令《ヤサ》をないがしろにしたことで、帝国は内部から分裂し、崩壊していったのである。

次章では、チンギス・ハーンの愛娘たちが帝国の各地で活躍する。

第５章

帝国のために、名誉のために

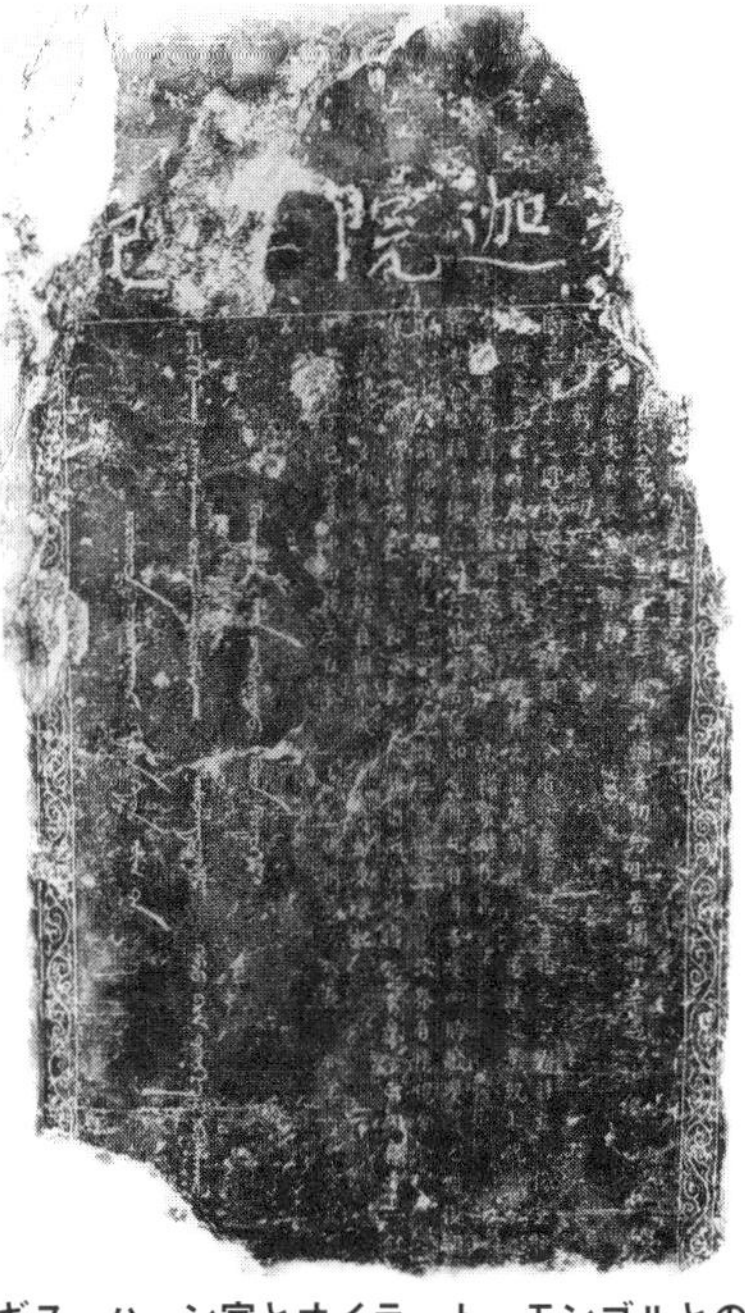

チンギス・ハーン家とオイラート・モンゴルとの通婚を物語るモンゴル高原に立っていた釈迦院碑記拓本
（『モンゴル国現存モンゴル帝国・元朝碑文の研究』より）

姫君たちは四方へ嫁ぐ

「あの娘はガマガエルみたいな顔をしているので、もらわない」

ハルへという男はテムージンからの通婚を断った。激怒したテムージンはハルへをただちに切った。年代記にテムージンのこの娘の名はないが、彼が自分の娘のひとりをコンギラート部の有力者に嫁がせることで、モンゴル部との連繫を強めようと図っていた時期のできごとである。

テムージンは非常に早い時期からフルンボイル草原から北のシベリア南部にかけての地域を自身の勢力圏に入れようとして、複数の通婚を進めた。コンギラート部のダルハイという男には妹のテムールンを嫁がせ、シベリア南部のトゥマティ部の支配者とした。トゥマティ部はアラン・ゴア母の実家、バルグージン盆地の遊牧民である。テムールンはテムージンの妹であるが、甥にあたる四男トロイよりは少し年上という若さであった。

テムールンはその後、コンギラート部のシクと結婚し、夫とともに四千戸もの遊牧民を率いてチベットの統治に当たった、と同じペルシャの年代記は伝えている。ひょっとしたら、もっと結婚しているかもしれないのだが、帝国の統治に直接当たっていたのは事実であろう。

息子たちが父親チンギス・ハーンとともに軍陣に立ったのに対し、王女たちは征服した土地の行政上の支配者となっていた。具体的には現地の統治者の妻として君臨するかたちである。南のオングート部へ、西のトルキスタンへと、チンギス・ハーンのボルジギン家の姫たちは次々と嫁いでいき、男たちが切り拓いた領土を後から固めていった。彼女たちは特定の男と結婚したというよりも、帝国のために、名誉のために軍隊以上の政治力を発揮していくのである。

チンギス・ハーンの長女ホワチン

チンギス・ハーンの長女はホワチンという。彼女は一二〇三年、つまりテムージンがケレイト王国との戦いに敗れ、バルジューナ湖の泥水を飲んだ時期に、コンギラート部のサブ・グループ、ゴルロス部のボトと結婚している。明らかに母と第一夫人ボルテの実家であるコンギラート部とのつながりを強めるための政略通婚である。

ホワチンとボトにはダルキという息子が生まれた。のちにダルキもまたチンギス・ハーンのもうひとりの娘と結婚している。ペルシャの年代記はその娘の名前を言わずに単に妃《ガトン》としているが、おそらく数多い妃たちから誕生した姫のひとりであろう。

『元史・列伝』では、ゴルロス部のボトは最初、テムージンの妹テムールンを妻としていたが（とすればテムールンは三度嫁いでいることになる）、彼女が亡くなったのちに、ホワチンと再婚していたと記録している。事実であるならば、チンギス・ハーンがいかにコンギラート部を重視していたかを示す材料となる。妹と長女を相次いで妻として嫁がせているほどなのである。

アルハイ・ベキ

記録を見るかぎり、アルハイ・ベキはたぶん、一一九一年、ボルテ后が三十歳前後のときに生まれた娘である。オゴダイの妹、トロイの姉にあたる。彼女は十六歳のときにモンゴル高原から南下し、テュルク系のオングート部の王家に嫁いでいた。

オングート部はテムージンがバルジューナ湖の泥水を飲み、再起を誓っていたころにムスリムの商人をとおして連繋を強めた集団である。その後、アルタイ山脈のナイマン部からモンゴル部と戦おうと誘われた際も、オングート部はその謀略をいちはやくテムージンに知らせていた。

テムージンの身辺にいた中央アジアのブハラ出身のアリー・ホジャーやオングート部か

ら来たハッサンなどのムスリムの側近がモンゴルとオングートのつながりを強固にした。これで南の中国と西の中央アジアの情報にくわしくなったテムージンは理性的な判断ができるようになった。そこで娘のアルハイ・ベキをオングート部の王家に嫁がせたのである。はじめてのテュルク系集団との通婚である。かくしてテムージンは南進して金王朝を攻略する足場を獲得した。

ネストリウス教徒で、南は中国、東は女真族の金王朝、西はチベット系の西夏《タングート》王朝との交流を盛んに進めてきたオングート王家はまさに多文化主義の実践者だった。そこに嫁いだアルハイ・ベキはその天賦の才を十二分に発揮した。

同時代の中国の記録では、アルハイ・ベキは「毎日経典に親しみ、常に婦女数千人が付き従う。征伐斬殺、みな自己より出る」とある。彼女は独自の女性軍団を身辺に置き、戦争と経済活動の双方を指揮していた。そして、読み書きのできる、知的な女性だったのである。別の記録によると、彼女はとりわけ中央アジアの医学に関心があり、それを東方に翻訳して広めるのに熱心だったという。実際、モンゴル統治下の元朝になると、アラビア医学の典籍が多数、漢文に翻訳されている。

アルハイ・ベキの近くにはムハライ国王が派遣されていた（第4章参照）。チンギス・ハーンは彼に以下の部隊を委ね、アルハイ・ベキの領地を守らせた。

・オングート部の一万人の部隊と四千人のウルート人部隊
・ホワチン姫の夫であるボト駙馬（駙馬とは皇女の配偶者のこと）が率いる二千人のエケレース人部隊
・アルチ・ノヤン（ボルテ后の弟）の指揮下にある三千人のコンギラート人部隊
これはモンゴルと契丹、女真など多民族の混成軍団で、いかにアルハイ・ベキの存在が重要かを示す布陣である。

王号と懿旨、公主の降嫁

アルハイ・ベキの最初の夫はオングート部の族長アラクシ・テギン・ホリである。

オングート部の所領は趙国《ちょうこく》とも呼ばれ、アラクシとは、テュルク系の言葉で「まだらの鳥」を意味し、テギンは貴人を指す。要するにテュルク系のステップ貴族であることを示す名前である。もともとは東部天山一帯で遊牧していたが、唐代後半にモンゴル高原南部に移動し、金王朝のために北辺の警備に当たっていた部族であった。

アルハイ・ベキとアラクシ・テギン・ホリのあいだにはボヤハという男の子が生まれ、十歳のときにチンギス・ハーンが連れて中央アジア遠征に出かけている。少年時代から軍陣に立たせ、次世代のリーダーとして育てる方法である。

最初の夫の死後、アルハイ・ベキはレヴィ＝レート婚の原則に従い、甥の鎮国《ちんこく》と再婚した。鎮国とのあいだに儲けたネクダイという男子はのちにトロイの娘トムハン公主と結婚している。

チンギス・ハーンはアラクシ・テギン・ホリに高唐王、娘に高唐王妃、監国公主の称号を与えている。のちの大元ウルスのハーンたちも、この高唐王の称号を再度オングート部の駙馬たちに与えている（『元史・成宗本紀』）。また、再婚の相手鎮国は北平王と称され、アルハイ・ベキはさらに死後に斉国大長公主《せいこくだいちょうこうしゅ》の爵号を追封された。

オングート部（趙国）の姫たちは元朝時代には全員が公主と称され、モンゴル帝国治下の各地の有力者と結婚した。北平王、趙王といった称号を持つ王国は十六代も続き、大元ウルスの帝室からじつに十六人もの公主がオングート部の当主に嫁いでいる。

今日の内モンゴル中央部から北京までの地域がアルハイ・ベキの領土《ウルス》であった。歴代の中国の皇帝が出す勅令は聖旨《せいし》と呼ばれるが、后妃の発令は懿旨《いし》と称された。女性主導のモンゴル支配下にある北部中国では当然、懿旨のほうが聖旨よりも効力があった。アルハイ・ベキが作った懿旨の前例は、のちに大元ウルス期の有力な皇后たちに受け継がれていく。

一九二九年、「さまよえる湖《ロプ・ノール》」の発見で知られるスウェン・ヘディンの探検隊が廃墟と化していたオングート部の旧領を通った際に、一体の石碑を発見した。

「王傅徳風堂記《おうふとくふうどうき》」という一三四七年に建立されたこの石碑は、アルハイ・ベキが築き上げた栄華を後世に伝えている。王傅とは、「王の師」のこと、徳風堂は「学問と書物を保管する館」を意味する。

廃墟はモンゴル人からオロン・スメ、すなわち「多くの寺」と呼ばれていた。大元ウルスが亡び、モンゴル化したネストリウス教徒たちが各地へ分散していったのち、王宮の跡にチベット仏教の寺院が再興したからである。

仏塔の下から多数のモンゴル語やチベット語の写本が発見され、ドイツや日本の研究者たちの知的興奮を誘った。私の出身地オルドスにはごく少数のネストリウス教徒が暮らしているが、オングート部の後裔ではないか、と見る歴史学者もいる。

夜遅く寝て、朝早く起きなさい

モンゴル高原を統一し、大ハーンになった翌一二〇七年に、チンギス・ハーンの長男ジョチが北西方面へ進軍した。「森のなかの民」と呼ばれていたシベリアの諸民族を帰順させるためである。ジョチの作戦により、シベリアのオビ河とアンガラ河のあいだで遊牧していたオイラート部がモンゴルに合流した。

以前から通婚関係にあったオイラート部との同盟をさらに強固なものにしようとして、

チンギス・ハーンは娘のチチケンをその族長の息子イナルチに嫁がせ、孫であるホライハン姫（ジョチの娘）をイナルチの兄トルルチの嫁にした。ちなみに、チチケンとは、テュルク・モンゴル語で「花の如き」との意である。

モンゴルでは娘を遠くへ嫁がせる際に、吟遊詩人《ホンジン》が縁起のよい詩文を述べる。チチケン姫の場合だと、チンギス・ハーンの側近のひとり、ボウルチュがそれを担当した。

チチケン姫よ、聞きなさい！
父なるハーンの娘として生まれたあなたに
オイラート部の放牧地を与えよう。
夜遅く寝て、朝早く起きなさい。
義父母を尊敬し、己を信じよう。
夜も昼も一心一意に働き
智慧と才気で国を治めよう。
学ばなかったものを実家に残して行きなさい。
学んだ智慧だけを婚家に持って行きなさい。
オイラートの人々を慈しみなさい。

（『黄金史』八七頁）

ボウルチュはチンギス・ハーンの側近であり、功臣でもあるので、「聞きなさい！」と始まっている。ボウルチュはチンギス・ハーンに代わって、チチケン姫に「オイラート部の放牧地を与えよう」と語りかけ、彼女が真の支配者であることをおごそかに宣言している。支配者になったとはいえ、「夜遅く寝て、朝早く起きなさい。義父母を尊敬し、己を信じよう。夜も昼も一心一意に働き（なさい）」との贈り言葉は、典型的なモンゴルの家庭教育である。

チチケン姫のオイラート・モンゴルはその後、帝国の北辺、北極圏までの経略に当たった。換言すれば、チンギス・ハーン家の婿となったオイラート・モンゴル部は膨大な領地を手に入れたのである。

一九五九年、モンゴル国の碩学リンチンはひとつの石碑の存在を世界に伝えた。一九五三年に発見され、二年後に首都ウランバートルに運ばれていた石碑である。一二五七年八月六日に建てられたその石碑は「釈迦《しゃか》院碑《いんひ》記《き》」と題され、オイラート部の駙馬と公主が仏教を尊崇していたことがわかる（本章トビラ参照）。

石碑はモンゴル国西北部のフブスグル県を流れるデルゲル・ムレンという河の近くに建っていた。その場所はまさにオイラート部の本拠地であった。時代は四代目の大ハーン、ムンケ治世期のもので、チチケン姫の息子バルス・トゲと夫人イシギ公主が建立したものである。オイラート部とチンギス・ハーン家との通婚はさらに拡大していた。オングート部と同じく、元朝の帝室からじつに十六名もの姫たちがオイラート部に嫁いでいる、とカナダの歴史学者ジョージ・ジャオ（Zhao 2008）は整理している。

ハーンと名乗っていいのは「黄金家族」の出身者だけ

「ハーンと名乗ってはいけない。サルタクタイとの名を与えよう」

一二一〇年夏か翌一二一一年春、チンギス・ハーンはケルレン河の畔にある屯営地で中央アジアのテュルク系の遊牧民カルルク部の若き王子アルスランに命じて、娘のひとりを彼と結婚させた。

アルスランとは、アラビア語でライオンを意味し、テュルク・モンゴル系諸言語もそれを借用した。いわば、「ライオンの如きハーン」だったのである。それをチンギス・ハーンは禁じ、ハーンと名乗るのは唯一、「黄金家族」のボルジギン家の出身者だけだと定めたのである。以来、この「チンギス統原理」は二十世紀にユーラシア各地が社会主義の嵐に席巻されるまで守られてきた。

チンギス・ハーン家の娘たちは父親とモンゴル帝国のために、西のトルキスタンへの道を切り拓いた。一二〇九年から一二一一年までの二年間に、チンギス・ハーンは少なくとも二人の王女を東部天山の北麓から西のシル河《ダリア》流域に展開する二つのテュルク系の集団に嫁がせた。あたかもその王女たちが統治する草原の道を旅するかのように、その後のモンゴル軍の西進は実現した。

まず、カルルク部である。テュルク・モンゴルの共通の祖先であるオグス・ハーンの子孫とされる大集団内で、「大雪で遅れた人びと」、「雪を持つ者」との意だ、とペルシャの年代記は伝えている。

チンギス・ハーンの婿となったアルスランの新しい名、サルタクタイは「サルタグール部の愛息」との意である。モンゴル人は中央アジアの住民をサルタグールやサルトールと呼んでいた。

サルタクタイとなったアルスランは婿殿《クリゲン》という地位を得た。クリゲンはテュルク・モンゴル語において准貴族の地位をあらわす言葉として、ずっと使われつづける。また、大元ウルス側では、アルスランを郡王と呼んでいた。

カルルク部はバルハシ湖東岸からシル河までの草原の覇者であるので、その指導者がチンギス・ハーンの婿殿になったことで、モンゴルはトルキスタンへの橋頭堡を確保した。サルタクタイはその後、勇猛なカルルク兵を率いてアフガン攻略の軍陣に加わることになる。

勃興するハーン国の守護神たれ

モンゴル語の年代記『黄金史』は、チンギス・ハーンが娘をサルタクタイに嫁がせた際に述べた言葉《ヤサ》をくわしく記録している。姫たちの存在がいかに大きかったかを物語る格好の事例である。

娘よ！
勃興するハーン国の守護神たれ。
滑りそうな馬の蹄鉄となれ。
いずれは朽ちるわが身でも名誉を大切にせよ。
己の智慧のほかに友はなく
怒りと嫉妬のほかに敵はない。
大勢を親友としながらも
最終的には自分自身を信じよう。
多くの友を信用し
最終的な決断は自分で下そう。

大勢の人びとを愛しながらも
もっとも大切なのは自分の命だ。
高潔に生きれば
名誉に有利だ。
警戒心を抱いて暮らせば
長生きする。
強い意志を持てば
負けることはない。

（『黄金史』八五―八六頁）

娘たちは遊牧戦士にとって戦馬の命である蹄鉄のような存在であり、国家の守護神であると明確に位置づけられているのである。
カルルク部の多くはホラン妃の宮帳《オルド》の属民に編入された。約百年後に大元ウルスの最後のハーンとなるトゴーンテムールの母親は、アルスランの後裔である。

アル・アルタン・ベキとウイグルの帰順

テュルク系のカルルク部の王子がチンギス・ハーンの婿になったことは、東部天山の北麓の要衝ベシュバリクを拠点とするウイグルのイドグーの態度を変えた。彼の勢力圏はカルルク部の東に位置し、モンゴル高原とはアルタイ山脈を隔てて隣接していた。

イドグーの使者は一二一一年春にケルレン河の大オルドに到着し、チンギス・ハーンに面会を求めた。

チンギス・ハーンとの名を聞いて、
まるで雲は消えて太陽が昇ったようである。
あなたの黄金の帯に付けてある金の飾りのひとかけらをいただき、
五番目の息子として力を捧げたい。

このようにウイグルの使者は懇願した。婿になりたい、との意思表示である。

「娘をやる。五番目の息子となれ。金と銀、宝珠《ソブト》とシルクを携え、イドグー自身が来るように」

イドグーはまもなくそのとおりに来訪し、チンギス・ハーンの娘、アル・アルタン・ベキをもらった。「アル・アルタン」とは、「純金」との意である。

ウイグルにとって、モンゴル高原は故地である。彼らの遠い祖先はモンゴル高原北部、

モンゴル高原の中央部を北へ流れるオルホン河の西側に建つオルド・バリク（＝「宮殿の都市」との意）。モンゴル人からハラ・バラガスンと呼ばれている。廃墟の西に残る石碑は古代ウイグル人のマニ教信仰を物語る（2019年夏、著者撮影）

セレンゲ河とトゥール河が合流する地点に立つ一本の樹から生まれた、という樹生神話を持つ民族である。七四四年に東突厥帝国が滅ぶと、ウイグル人は高原の覇者となり、モンゴル高原の中央、オルホン河の西岸にバイ・バリク（富貴城）やオルド・バリクといった巨大な都市を建設した。都市建設には中央アジア出身のソグド人と唐人《タブガチ》を動員し、トルキスタンとの交易の主導権を握っていた。

　栄華は約百年続いたが、八四〇年にシベリア南部から突如として出現した紅毛碧眼のキルギス人に滅ぼされてしまう。亡国の民となったウイグル人たちは西の天山や南の甘州へと離散していった。イドグーのベシュバリク政権はその生き残りのひとつであった。

　当時、小さなベシュバリク王国を支配していたのは、東からやってきた契丹人、すなわちカラ・キタイの西遼王朝だった。モンゴルの後ろ盾を得たイドグーらは契丹人の官僚を殺して正式に帰順した。

　当時のモンゴル高原の中央部と西部には、契丹人部隊が駐屯していた鎮州府やその西のオルホン河に沿って、ウイグル人のコロニがまだ点々と残っていた。彼らはバイ・バリクからオルド・バリクに至る廃墟同然と化した都市の近くに住み、半農耕半牧畜の生活を営み、西の隣人ナイマン部と交易していた。ナイマン人もテュルク系であり、言葉はそのまま通じる。イドグーがベシュバリクとケルレンの間を行き来する際に、こうしたウイグル人コロニを通過したと推測できる。

　のちに二代目の大ハーン、オゴダイが帝国の首都ハラ・ホリムを建設したとき、場所としてオルド・バリクの南の地を選んだ。ウイグル人の都市からすれば、オルホン河に沿って南下し、草原へ開けた地点に国際都市を建てたのである。チンギス・ハーンは当然、高原の覇者の交替史についても、知っていたはずである。ケレイト王国との長いつきあいの過去から見れば、簡単に通じ合うテュルク系の言葉をテムージンも操っていたと考えたほうが合理的である。

后となる娘には三人の夫がいる

アル・アルタン・ベキをイドグーと結婚させたときも、チンギス・ハーンは娘と婿に言葉を贈った。このときの言葉ほど彼の娘たちに託した大きな理念をあらわすものはない。

后《ガトス》となる娘には三人の夫がいる。
どんな三人かというと、
まずは国家たる夫である。
その次は名誉たる夫だ。
そして三番目の夫は、結婚した男になる。
三人の夫とは、これらを指す。
国家たる夫を守らない限り、
名誉たる夫も成り立たない。
名誉たる夫を守らなければ
嫁いだ夫も遠ざかる。
遠くに嫁いで、妃となっても無意味だろう。

（『黄金史』八六頁）

モンゴル語の年代記『黄金史』はこのときの言葉を法令《ジャルリク》と表現している。妃という言葉も単数形のガトンではなく、複数形のガトスとなっている。それはチンギス・ハーンの娘たちばかりでなく、他所から嫁いできた嫁たち、自身の妻たち、いや、全モンゴルの女たちに向かって話していることを意味しているだろう。

チンギス・ハーンは娘たちの結婚を、法令をもって位置づけたのである。王女たちは単に男と結婚したのではなく、国家と名誉、そして異姓の部族という三つの重く、大きな希望と責務を背負わされて嫁いでいったのである。

婿となった諸集団は最後まで帝国に忠誠を尽くしつづけた

長女ホワチンから始まり、アルハイとチチケン、それにアル・アルタン、さらには名前が記録されていないもののカルルク部のアルスラン夫人……。姫《ベキ》たちに託したチンギス・ハーンの期待がいかに大きかったことか。

ホワチン・ベキとアルハイ・ベキが出発した際に、チンギス・ハーンがどんな言葉を贈ったかは記録がない。しかし、わかっている範囲において、最初は側近のボウルチュ将軍が贈る言葉を述べているのに対し、ついにはチンギス・ハーン本人が法令とまでされる言葉を娘たちに語りかけている事実から見れば、帝国の拡大にともなって、姫たちの役割がその重要性を増していったことは明らかであろう。

チンギス・ハーン家の婿となった諸集団は最後まで帝国に忠誠を尽くしつづけた。ある意味では、ボルジギン家（チンギス・ハーン家）の者、つまり「黄金家族」の王子たちよりも忠実に働いた。

一九四九年、アメリカの著名なモンゴル学者クリーブス師がひとつの蒙漢合璧の碑文を公開した。甘粛省永昌県から発見された「西寧王忻都《せいねいおうきんと》公神道碑《こうしんとうひ》」である。一三六二年に建立されたこの碑は、大元ウルスがたびたび叛乱に巻きこまれた際も、イドグーの後裔が統率するウイグル人部隊は常に国家と名誉を守ろうとして戦った事績を後世に伝えている。

一説では、チンギス・ハーンの娘アル・アルタン姫は二代目の大ハーン、オゴダイが亡くなる前後に殺害されたという。その後、オゴダイ・ハーンの娘アラージン・ベキがイドグーの長男と結婚している。チンギス・ハーンの愛娘をその兄の関係者が殺害したのが事実であるならば、新生のモンゴル帝国内の政治闘争が激しくなったことを意味している。

次章では、世界帝国の首都、ハラ・ホリム（カラコルム）が女たちの舞台となってくる。

第６章

ハラ・ホリムと
オゴダイ・ハーンの宮廷

モンゴル帝国２代目のオゴダイ・ハーンの即位式
（『大モンゴルの時代』より）

性に率直な女性

「タジク人はどう？　彼の愛を存分に楽しんでいるか」

オゴダイ・ハーンはあるモンゴル人の若い女性に尋ねた。

「まだでございます。私たちは寝室が別々でございます、陛下」

「あのタジク人を呼んでこい」

と大ハーンは命じた。

これは、世界の中心となったモンゴル高原のハラ・ホリムにあるオゴダイ・ハーンの宮帳《オルド》内でのある日の会話である。ユーラシア大陸ではタジク人がいちばん性欲が強いとの評判が広まっていたので、大ハーンも気軽に身辺の女性に聞いたわけである。

オゴダイ・ハーンは相撲を観戦するのが好きだった。彼は大勢のモンゴル人やキプチャク人、それにキタイ人の力士を抱え、暇さえあれば、戦わせていた。古代ローマの皇帝が勇士同士や、場合によっては猛獣とも戦わせていたのを想起させる趣味である。

あるとき、中央アジアのホラズム帝国が征服された後に、イラン（ペルシャ）人やイラク人の力士たちがハラ・ホリムに送られてきた。そのなかにパラワン・フィラーというタジク人（すなわちイラン人）がいた。

ハンサムでずば抜けた体軀のフィラーは無敵だった。大ハーンは彼をかわいがり、金銀の報奨のほかに、美しく、歌の上手なモンゴル人女性を与えた。冒頭の会話はしばらくしてから、その女性に結婚生活について尋ねたときのものであった。

「申し上げます。陛下のために戦うエネルギーを保ちたいので、精力を消耗したくなかったのでございます」

大ハーンに呼ばれたフィラーは素直に答えた。

「あなたのような強い者の子孫がほしい。これからは相撲を取らなくていい」

大ハーンはモンゴル人女性のためにそう命じた。

以上はジュヴァイニ（一二二六～一二八三）というイラン人が残した同時代の記録、『世界征服者の歴史』にあるエピソードである。いかにモンゴル人女性が性について率直な認識を持っていたかを示すものである。ジュヴァイニの描写がうまかったこともあり、この話は相当広く知られていたようで、ラシード＝アッディーンの『集史』もほぼ同じ物語を書き写している。

ケルレン河の畔で

チンギス・ハーンが逝去した後、大ハーンの座は約二年間、空位のままだった。次の大ハーンを選ぶまでにさまざまな政治集団の利益を調整し、リーダー同士の根まわしと政治工作が必要だったからであろう。

偉大な父親が一代で築き上げた帝国をさらに発展させるために、次の大ハーンを選ぶ政治集会（クリルタイ）は一二二九年三月十九日からモンゴル高原東部のケルレン河の畔で開催された。

ケルレン河沿いの草原は、「大主君《イケ・ノヤン》」と尊称されていた末子トロイの本拠地であった。末子相続制を採るユーラシアの遊牧民世界において、トロイの地位は突出していた。彼は父母（チンギス・ハーンとボルテ后）の財産を管理していた。

しかもトロイには子どものころから予知能力がある、と見られていた。

父親のテムージンが宿敵に狙われて逃亡、湖のなかに身を沈めて隠れるなどして難を逃れていた時期のことである。ひとりで遊んでいたトロイは「父さんはまもなく馬に乗って帰って来る。タルバガンを二匹、捕えて帰る」と言うのだった。タルバガンとは、草原に棲息する齧歯《げっし》類の一種で、モンゴル人はその肉を珍味として食べる。母親のボルテはじめ、女たちが不思議に思っていたら、ほんとうに馬にタルバガンをぶら下げて帰ってきたという。

イェスウイ妃らの「談合」により、西夏征服に着手した時点で後継者を選ぶよう提案したにもかかわらず、チンギス・ハーンはあえて明白な態度を示さなかった（第4章）。ある程度の示唆、内々の指名はありえても、選挙という手続きが欠かせなかった。それが、遊牧民社会内の伝統である。

西のダシト・イ・キプチャクすなわちキプチャク草原からは孫のオルダ（長男ジョチの長子）とその弟バトたちが旅塵をかぶりながら馳せ参じた。ジョチは父のチンギス・ハーンよりも少し前に他界していた。

中央アジアからは次男チャガータイが孫たちを連れてやってきた。チャガータイの領地はアルタイ山脈の西からアム河《ダリア》まで広がり、間にシル河《ダリア》があった。アム・ダリアとシル・ダリアの間の地を西からのアラブ人たちはマーワラ・アンナフル、すなわち「河向こうの地」と呼んでいた。チャガータイは天山北麓からバルハシ湖に注ぐイリ河の畔に建つアルマリクに本拠を置き、サマルカンドまで移動を繰り返していた（Gulati 2010）。

三男オゴダイは東トルキスタン北西部のエメール（エミリとも。モンゴル語で鞍の意）からやってきた。東方の大興安嶺やマンチュリア方面からは王子たちの叔父にあたるオチギン・ノヤンとベルグーダイ・ノヤンらがそれぞれ家臣たちを連れて移動してきた。

ナーダムとジスン宴

主催者の末子トロイは客人たちのためにあらゆる必需品を用意しなければならない。豪奢な宴会用のヒツジを毎日、数百頭屠る。数万人もの軍団が乗ってきた馬が草を食む広大な草原も欠かせない。そして、互いに挨拶する際の贈答品。

軍団の列は東西南北から延々と続き、そのなかには馬車も交じっており、なかには真珠と金銀、それに珊瑚《さんご》からなる頭飾りをつけ、ペルシャやサマルカンド産のシルクに身を包んだ女性たちが乗っていた。表舞台に立つ男たちの礼儀正しい会話や挨拶と同時に、妃や貴婦人たちによる裏工作と情報収集も並行して進められるのがクリルタイである。

各地から参集した王子たちや叔父《アバガナル》ら黄金家族の成員らはまず三昼夜にわたって宴会《トイ》に参加し、ナーダムを楽しむ。ナーダムとは、祭《まつり》であると同時に、政《まつりごと》である。弓矢と競馬、そして相撲という「男の三項目」の競技がくりひろげられる競技大会でもある。宴会がスタートすると、数時間ごとに参会者たちは礼服を着替える。宴席ごとに礼服の色《ジスン》が一変するので、このような大規模な宴会はまた「ジスン宴《ホリム》」とも呼ばれていた。女たちは色鮮やかな礼服でそれぞれの身分を誇示していた。

新ハーンにオゴダイ

三日後、王子たちと叔父の諸王たちは一致してオゴダイを新しいハーンとして推戴《すいたい》した。

「永久《とこしえ》の天の力により、聖なるチンギス・ハーンのご意志により、あなたこそ次の大ハーンにふさわしい。テュルク人もタジク人もみな、あなたの命令に従うようわれわれは尽力します」と一同は堅く誓いあった。

オゴダイはすぐには受諾しない。

「聖なるチンギス・ハーンのご意志があっても、弟のトロイのほうが私よりもふさわしい。彼はモンゴル人の火とユルト（天幕）を守る末子である。彼は父の宮帳とすべての財産を管理する人である。父がご存命の間も常に身辺にいて、法令《ヤサ》と礼儀《ヨソ》を誰よりも知っている。彼こそ、大ハーンに適した人物である」

オゴダイは断りつづける。それでも、一同は聖なるチンギス・ハーンのご意志を受け入れるよう説得しつづけ、その結果、オゴダイはついに受け容れた。

一二二九年春、大ハーンの即位式は始まった。一同は帽子を取り、帯を肩にかける。チャガータイがオゴダイの右手を、トロイが左手を握り、叔父のオチギン・ノヤンは後ろから抱きかかえるようにして玉座に坐らせた。トロイが音頭を取り、一同は九回、新しいハーンに向かって跪拝《きはい》の礼をした（本章トビラ参照）。続いて宮帳の外に出て太陽に向かって三回、跪《ひざまず》いた。こちらは匈奴の時代から続く儀礼である。宴会はさらに続き、オゴダイ・ハーンはすべての参会者に金銀とシルク類を土産として配った。気前のよさは、最初から最後まで彼の名声を世界中に広げる要素のひとつであった。

トロイの不可解な急死

すべてはなごやかな雰囲気のなかで進められたように見えるオゴダイの即位式であるが、実際はチャガータイ派とトロイ派との激しい駆け引きが水面下でくりひろげられていた。東西の史料に書かれた「麗しき国譲り」の話は後世の操作である。「オゴデイは、おとなしいことが取柄《とりえ》のような人物であった」と歴史学者の杉山正明は指摘する（一九九六上）。

チャガータイがオゴダイを擁立したのは、末弟のトロイに権力を移譲したくなかったからである。自身はハーンになれなくとも、凡庸なオゴダイがハーンになれば、自分がモンゴル高原の陰の実力者になれるとの思惑と思われた。

そうしたしこりが表面化しないよう、新帝オゴダイ・ハーンはすぐに金王朝の征服に着手し、伝統的な作戦を発動した。自身が中軍を率いて山西から南下し、トロイは右翼軍を連れて陝西《せんせい》から金の首都開封《かいほう》に迫り、叔父のオチギン・ノヤンは東方の左翼軍団をともなって河北から山東方面に臨む。中央アジアを背後の拠点とするチャガータイは後方支援にまわった。

大ハーンの命令に忠実に動き、過酷な作戦を続けたのはトロイだけであった。年代記によると、彼はジャダが使えたそうである。ジャダとは牛など大型家畜の胃袋のなかにある石で、それを盆のなかにおいて、水を注ぎ、呪文を唱えると風雨が発生する。その風雨を敵の方向へ導き、騎兵で突撃する戦術であるという。

オゴダイ・ハーンもオチギン・ノヤンもほとんど実戦に臨むことはなく、弱りきっていた金王朝の領土を自身の封領に組みこむのに熱心だった。しかもあろうことか、オゴダイ・ハーンは軍事作戦中、妹アルハイ・ベキの領地である旧オングート家にも触手を伸ばしつつあった。

一二三四年陰暦一月、金王朝はついに滅亡した。江南の南宋だけを残して、中原はモンゴル高原と一体化する。

しかし、大軍がモンゴル高原へ凱旋する途上、大功労者のトロイは不可解きわまる急死を遂げた。おそらくは新帝側による暗殺だろう、とは東西の歴史家の一致した見解であるが、この件についてはまた、後述する。いずれにせよ、オゴダイにとっての最大の政敵は消えた。

帝都ハラ・ホリムの建設

オゴダイ・ハーンは一二三五年春に帝都ハラ・ホリム（カラコルム）の建設開始を命じる。オルホン河の西岸上流のこの地は、北へ行けばウイグル時代のオルド・バリクの廃墟《ハラ・バラガスン》が見えるし、さらに北のほうには匈奴の単于《ぜんう》の王庭の跡地も残っている。河の東岸には突厥帝国を再建したキョルテギンとビルゲ・ハーン兄弟の墓地があり、立派な石碑も建っていた。

要するに、オルホン河流域はモンゴル高原を本拠地とする歴世の遊牧民が首都を定める地なのである。巨大な流域を押さえれば、東方のオノン河からフルンボイル草原までを左翼として経営できるし、西方アルタイ山脈に右翼軍を配置できる。そうした大局を創出できたら、東方より南下すればマンチュリア方面から河北と山東に行けるし、西からは山西と陝西、そしてトルキスタンへ馬を飛ばせる。

このような歴代の遊牧民の興亡の歴史が凝縮された地に、テュルク系のウイグル人とナイマン人は住みつづけ、細々と半農耕半牧畜の生活をいとなんでいた。契丹帝国が滅んだ後、耶律大石《やりつたいせき》という王子が北のモンゴル高原を経由してトルキスタンに入ってカラ・キタイ王朝（西遼《せいりょう》）を立てた際も、ここを通過していた。そういう意味で、オゴダイ・ハーンが都市建設を始めた選択は正しかったのである。

ハラ・ホリムは膨大な住民を住まわせる商業都市ではなく、帝国政権の中央省庁の機能を置く、コンパクトなメトロポリスだった、と杉山正明は分析している（一九九六上）。東西約一五〇〇メートル、南北およそ二五〇〇メートルという小さな都市である。西をハンガイ山脈が南北に走り、寒い北西風を遮るので、冬も暖かく過ごせる。東と南は、中華世界までつながる、開けた草原である。

新しくできた多人種・多文化が交錯するハイブリッド都市ハラ・ホリムから毎日のように使者たちは東西南北へと馬を飛ばした。西の中央アジア産の新鮮な果物と色彩豊かなシルク、南の中国からは穀物と綿布、北のシベリアからは黒貂、東方からは陶磁器が陸続と運ばれてきた。ハラ・ホリムほど、十三世紀の富と権力、美とロマンの世界を物語る存在はなかった。それは、まったく新しい時代の到来を象徴する夢のような都市だった。世界は初めて統一され、ヨーロッパ人が東方の人びとの顔を知り、東方の知識人たちもまた西方の思想と文化について懸命に吸収しはじめる時代の開幕であった。

イスラーム風の草原都市

ハラ・ホリムは中央アジア風、もっと正確にいえばイスラーム的色彩の強い都市であった。それは、チンギス・ハーンの中央アジア遠征と関係している。

ハラ・ホリムに将来、モンゴル帝国の首都を建設せよ、と命じたのは、遠くマーワラ・

アンナフルにいたころのチンギス・ハーンであった。一二二〇年のことである。

この年の春、チンギス・ハーンはホラン妃とともにブハラを占領し、馬に乗ったままモスクに入った。モスクに地元の有力者たちを集め、イスラームの導師が金曜礼拝時に説教する階段を上り、次のような言葉を発した。

「民よ、知れ。あなたたち、とくに有力者たちは罪を犯した。私はアッラーから派遣され、あなたたちの罪を処罰するための鞭である」

神の鞭。チンギス・ハーン自身が思いついたとはとうてい考えられない言葉である。早くから彼の身辺にいたブハラを中心としたムスリムたちの示唆による表現だとしか思えない。

地元民が犯した罪とは、モンゴルから派遣された、通商を求める使節団が殺害されたことである。多民族からなる混成通商団にはおそらく情報収集の任務も与えられていた可能性があり、ホラズム帝国軍に見破られ、処刑された。それが、モンゴル軍進攻の口実となった。

以来、モンゴル軍のマーワラ・アンナフルでの作戦も、「神の鞭」という旗の下で展開されただろう。少なくとも、地元のイスラームの有力者たちはそういう風にみずからを納得させる以外に方法はなかった。

一二二〇年にサマルカンドを陥落させてから、チンギス・ハーンとホラン妃はその郊外に長らく滞在した。その間にテュルク系のナイマン人から学んだばかりのウイグル文字によるモンゴル語の公文書を配布し、統治を着実にしていった。それと同時に古代から爛《らん》熟《じゅく》した都市文明を築いてきた職人たちを陸続とモンゴル高原へ送った。新しい都市を建設し、西からの文明を導入するための、なかば強制的な移民である。

なにしろ、遊牧民は土をいじろうとしない。馬から降りて、泥まみれになるのは、人間としてもっとも堕落した生きかただとの価値観を有しているのをチンギス・ハーンは知っている。

そういう仕事は、都市民やその周辺の農民に担わせる。そうすれば、モンゴル高原中央部を流れるオルホン河沿いにも都市は誕生し、穀物と果物を作り、柔らかいシルクと温かい綿布も作れるのではないか……。チンギス・ハーンは七年間にわたる中央アジア滞在で観察し、考えたのであろう。

ジュヴァイニ

少し時代は下るが、チンギス・ハーンが発案し、オゴダイ・ハーンが建設した草原の新生メトロポリスをじっくり観察し、長く滞在したペルシャ人青年がいた。本章冒頭に少し触れたジュヴァイニである。

彼は、チンギス・ハーンがマーワラ・アンナフルからモンゴル高原に帰った翌年、一二二六年にペルシャの名門に生を享けた。モンゴル軍が彼の故郷、イランの地を席巻しつつあった時代に三回にわたってハラ・ホリムを訪問している。フランスからはローマ教皇の使節と職人たち、コーカサスからは王子たち、南ロシアからはスラブ系の大公の代表らが草原の帝都に集っていた時代である。

ジュヴァイニはまず一二四八年ごろ、二十二歳を過ぎたときに、主君であるモンゴルのアルグン・エミルに付き従ってハラ・ホリムをめざした。しかし、途中で三代目の大ハーン、グユクの死の報に接し、タラスという地から引き返した。今日のカザフスタン南西部のジャンブル州である。

翌年の夏の終わりごろ、ジュヴァイニはふたたびアルグン・エミルについて東方へ出発した。グユク・ハーンの未亡人、オグル・ガイミシュ后が摂政として帝国の運営に当たっていた時期である。主君とともに中央アジアに帰ったのは一二五〇年の冬である。

三回目は一二五一年八月。新しい大ハーンを選ぶクリルタイにアルグン・エミルが参加するのに同行した。アム・ダリアとシル・ダリアを西から東へと渡り、天山北麓のベシュバリクを経由して、一二五二年五月二日にハラ・ホリムに到着する。そして、翌年の秋までの長期滞在中に、同時代記録たる『世界征服者の歴史』を書きはじめたのである。まさに帝国の心臓部において、ユーラシア史が新たに創造されるなかでの執筆であった。ジュヴァイニは歴史の当事者、創造者たちを間近から観察し、彼ら自身が語る神話伝説と遠征談を細かく記録した。

ハラ・ホリムのあるオルホン河渓谷地帯をジュヴァイニは旅した。彼は九世紀のウイグル人が残したオルド・バリクに建つ多言語からなる石碑を目撃している。ウイグル帝国はすでに崩壊し、その住民たちは中央アジアへ移動していった。モンゴル高原からの住民の移動にともない、ユーラシアの草原部の人びとはしだいにテュルク系の言葉を操るようになった。今日の歴史学者が言うところの「中央アジアのテュルク化」である。遊牧民による歴史創成の原動力、その源をペルシャ人の青年ジュヴァイニは現場で見ていたのである。

ジュヴァイニによると、ハラ・ホリムには最初、中国風の建物が多かったが、中央アジアからの工匠たちに嘲笑されたので、ほとんど取り壊されたという。イスラーム風の都市に改築するよう命じたのは、オゴダイ・ハーンである。

中央アジアからの職人はほとんどがムスリムであり、彼らはイスラームのしきたりに従って、ヒツジの喉を切り裂いて食用の肉とした。モンゴル人とキプチャク人はヒツジの腹部に小さな穴を開け、手を差し込んで動脈を切る方法を採る。ムスリムは家畜の血を大地に流すのに対し、モンゴル人は血液で草原を汚すことを忌避する。こうした屠畜の方法をめぐって対立することもあったが、オゴダイ・ハーンはそれぞれの習慣を尊重するよう仲裁した。イスラームの商人たちは錦織《ザルバフタ》の絨毯と刺繍《ナシシ》された綿布、メロンやブドウの店を構えていた。オゴダイ・ハーンは時折ムスリムの商店に入り、はるか西方から運ばれてきた乾燥ナツメヤシを頬張り、その値段の何倍もの金貨を与えていたという。

中国風の建物も

オゴダイ・ハーンのまわりには明らかに中央アジア出身のムスリムが多かったし、都市ハラ・ホリムも基本的にイスラーム風の都市だったが、契丹《キタイ》風、あるいは北部中国式の楼閣もあった。万安宮《ばんあんきゅう》である。

のちのことだが、ここでは景徳鎮《けいとくちん》で焼かれた青花磁が愛用されていた。中央アジアはアフガニスタン産のラピスラズリ（コバルト）を顔料とし、中国最高の製陶技術で生まれた青花磁である（五一頁図版参照。チンギス・ハーンの即位式を描いた細密画にも青花磁が見られる）。まさに国際都市ならではの贅沢である。一三四六年、大元ウルスの最後の君主であるトゴーンテムール・ハーンによって改修増築がなされ、興元閣《こうげんかく》と名づけられた。文字どおり、大元ウルスを再興するとの意である。楼閣の前には巨大な亀趺《きふ》の上に「勅賜興元閣碑《ちょくしこうげんかくひ》」が立っていた、と考古学者の白石典之は報告している（二〇二二）。

大元ウルスの滅んだ後、ハラ・ホリムは一三八八年ごろに侵攻してきた明軍に破壊されて炎上した。そして、十六世紀になると、モンゴル人僧侶たちはその石碑を建材として再利用してエルデニ・ジョーという伽藍を建てた。石碑は二〇〇三年夏にモンゴルとドイツ合同調査隊によって新たな断片が発見された。

大ハーンは四季の移り変わりに従って移動する

大ハーンのオゴダイは都市のなかよりも、そのまわりの草原を四季の移り変わりに従って移動するのを好んだ。ジュヴァイニによると、「春爛漫となり、草と木が高く伸びた時期に彼は中国人のデザインを否定したムスリムたちが建てた楽園に行く」。楽園と表現された春営地《ハブルジン》はハルシ・サライと呼ばれていた。ハルシ（カルシとも）とは宮帳《オルド》の別称で、櫓《やぐら》の意味もあり、中央アジアの各地にもある。

オゴダイ・ハーンのハルシ・サライの庭には五色の絨毯が敷かれ、入り口には碧玉《へきぎょく》の水《すい》瓶《びょう》と宝石をちりばめた陶磁器が飾ってあった。庭にはまたフルという池があり、多くの水鳥が泳いでいた。フルとはテュルク系の言葉で湖の意である。彼はたいていこのハルシ・サライで四十日間滞在し、浴びるほど酒を飲んだ。

夏営地《ジョスラン》の宮帳はトス湖にあり、シャル・オルドとも呼ばれていた。直訳すれば、「黄色い宮帳」となるが、実際は大ハーンの第一オルド「黄金オルド」が置かれていた。この黄金オルドは冬営地《ウブルジン》と春営地の間にあり、天幕のなかを金糸で装飾し、真っ白いフェルトが敷いてあった。近くに冷泉があり、草の良い放牧地が広がっていた。ムゲン妃（ムカイとも）をともなった大ハーンはいつも馬車に乗ってここを訪れていた。

長年にわたってモンゴル高原各地で精緻な発掘調査を進めてきた白石典之は、その報告書において大要以下のように述べている（二〇二二）。

- オゴダイ・ハーンの春離宮はゲゲーン・チャガン・オルドと呼ばれた。「光り輝く白い宮殿」との意である。そこは、ハラ・ホリムから西北へ約四〇キロ離れた地、現在のアルハンガイ県ウギ・ノール郡ドイティン・バルガス遺跡であろう。沼沢地で、水鳥が多く生息していたとの記録と合致する。青タイルを用いたイスラーム風の建築の址を確認できる。
- 夏営地はハラ・ホリムから西南へ約一〇〇キロ行った地、現在のウブル・ハンガイ県バト・ウルジー郡にある。オルホン河の上流に位置し、夏を過ごすのに適した草原であるが、遺跡らしい遺跡はまだ見つかっていない。
- 冬離宮はハラ・ホリムの南東約一七〇キロのところ、現在のウブル・ハンガイ県バヤンゴル郡のシャーザン・ホト遺跡にあった。シャーザン・ホトとは「陶磁器の砦」との意で、中国製の陶器の破片が大量に散乱している。

ムゲン妃の真珠

世界のメトロポリスの主人となったオゴダイ・ハーンの身辺には大勢の女たちがいたが、トルキスタン出身のムゲン妃が大ハーンの寵愛を一身に受けていた。丸い顔の多いモンゴルのコンギラート部の女や、西のペルシャ出身の彫りの深い娘とも異なり、トルキスタン出身の彼女は東西の美の集大成であった。

ムゲンはトルキスタンの山岳民メキレン（ベキレンとも）部の族長の娘で、父親によってチンギス・ハーンに捧げられ、妻となった。

彼女の美貌に触れたチンギス・ハーンは、メキレン部からさらに大勢の気品ある娘たちを求め、息子や孫たちと結婚させた。たとえばオゴダイ・ハーンの息子ハシがそうである（ハシとメキレン部の女性とのあいだに生まれたハイドゥは、のちに一時、中央アジアの主人公となり、大元ウルスのフビライ・ハーンと対峙する。ハイドゥの美しく、勇敢な娘については第8章で取り上げる）。

チンギス・ハーンがこの世を去った後、次の大ハーンとなったオゴダイは当然のようにムゲン妃を妻とした。レヴィ＝レート婚の伝統に従った継承である。ところが、じつはオゴダイの兄で、チンギス・ハーンの次男であるチャガータイも彼女を密かに愛していた。

「ハーンたる父が残した美しい妃たちのなかで、ムゲンだけをもらいたい」とチャガータイはわざわざ使者をオゴダイ・ハーンに派遣し、そう伝えてきた。

「もう遅い。おれが彼女をもらった。もし、チャガータイ兄貴《アハ》がもっと早くからそうおっしゃっていたら、彼女を譲ったかもしれない。他にもし意中の女がいたら、贈る」

「おれは彼女だけがほしかった」

とチャガータイは嘆くしかなかった。当時、モンゴル人はみな、チャガータイを兄貴《アハ》と尊敬の気持ちをこめて呼んでいた。

ある日、狩りを楽しんでいたオゴダイ・ハーンにムスリムの商人がスイカを三個、献上した。喉が渇いていた大ハーンは喜び、商人に褒美を与えたかったが、手元に金貨はなかった。すると、彼はなんと、身辺に坐る最愛の妃が耳に付けていた真珠を商人に渡そうとした（第1章トビラ、二五九、二六一頁の図版参照）。

「あの男には真珠の価値がわからない。ロバにバラをやるようなことよ」

ムゲン妃は嫌がった。

「貧しい男を待たせるな」

大ハーンは妃の真珠を無理に商人に渡した。そのムスリムは大喜びし、市場に行って高い値段で売ってしまう。ところが、真珠を購入した人物がまた、こんな高価な、珍しい物を手に入れたので、大ハーンに献上しようと宮帳に持ってくる。

「ほら、真珠は戻ってきたではないか。真珠だけでなく、あの貧しい男もわれわれの人間になった」

オゴダイ・ハーンは得意げだったという。これほど、ハラ・ホリムは物質的な豊かさを誇っていたのである。

ただ、ムゲン妃からは子どもが生まれなかった。

チンギス・ハーンは息子たちに問うた

ペルシャ人のジュヴァイニーは、モンゴル人たちのかつての生活について、こんな風に書き残している。

チンギス・ハーンによってユーラシア世界が統一される前の遊牧民は、イヌとネズミの皮で衣服を作り、死んだ動物の肉を食らっていた。甘い物といえば、野生の果物しかなかった。モンゴル人全体が貧乏で、彼らにとって金持ちのシンボルといえば、鉄製の鐙くらいしかなかった。いまや、テュルク系だろうが、モンゴル系だろうが、草原の全遊牧民がチンギス・ハーンという旗印の下で、地獄のような沙漠の民から天国の宮殿《サライ》の主人に変わった……。

あまりに大きな変化にジュヴァイニは驚嘆するわけだが、それにチンギス・ハーンの四人の息子たちはどう向き合っていくのか。父親の悩みは尽きなかった。

ある日、チンギス・ハーンは息子たちとワインを飲みながら、人生観と幸福観について語りあい、問うた、とモンゴル語の年代記『黄金史』は伝えている（一〇四—一〇五頁）。

まずは長男ジョチ、次に次男チャガ―タイに酔いがまわり、そして四男のトロイ、最後はオゴダイが酔っ払った。

ジョチは自身の人生観を以下のように話した。

「無数の馬群を太らせ、そのなかから選んだ駿馬に跨って宮帳《オルド》に到着し、宴会を開くことが幸せな暮らしです」。ジョチの見かたは、もっともモンゴル人らしい。

チャガ―タイはこう言った。

「敵を倒し、その財産を捕獲するのが、男としての楽しみです」

オゴダイ曰く、

「私の幸せは、ハーンたる父の創った偉大な国家が安定し、われわれが足手まといにならら

カザフスタン共和国のカラガンダ州にあるジョチの墓廟近くに建つ「ジョチ・ハーン狩猟像」。カザフ人は今日、チンギス・ハーンの長男ジョチ・ハーンを民族の開祖と見なし、大統領も参拝している
（2023年8月、著者撮影）

ないで、すべての人びとが長く安心して暮らし、政治も安定することです」

　末子トロイは最後に答えた。

「忠実な家臣たちを連れて、訓練されたハヤブサを腕にのせて、深い湖面に止まっている鳥を捕らせる。駿馬に跨り、首輪のついた猟犬を連れて狩りに出かけるのが理想的な暮らしです」

　父はこう言ったという。

「ジョチは小さいときから動物が好きだった。チャガータイは昔から国造りに関心があったし、トロイの気持ちもまた理解できる。オゴダイが正しい」

　どう見ても、三男オゴダイは明らかに優等生を演じている。後世の十七世紀に書かれた『黄金史』はオゴダイの正統性をさかのぼって追認しているわけだ。

政治と軍事、そして女と家族、家臣

それでも、モンゴル社会に代々語り継がれてきた物語はある程度、ひとりの男としてのチンギス・ハーンとその一族の精神性と価値観を示そうとしているのではないか。というのも、ジュヴァイニもほぼ同じような趣旨の話を記録しているからである。チンギス・ハーンは命じたという。

「ジョチは狩りを管理しなさい。狩りはモンゴル人の最大の楽しみだ。チャガータイは法令《ヤサ》にくわしいので、犯罪者を取り締まりなさい。オゴダイは政治を司り、トロイは軍隊を指揮しなさい」

狩りはそのまま軍事演習である。法令は統治に欠かせない。このようにチンギス・ハーンは期待し、それぞれに政治と軍事の役割を分担させたのである。息子たちの性格上の特徴を見た彼はさらにこう言ったとされる。

「法令《ヤサ》にくわしい者はチャガータイに追随しなさい。金持ちになりたければ、オゴダイのところに行きなさい。武功を立てたい人はトロイに従いなさい」

父子五人の会話は続き、話題は女性に及ぶ。父は言う。

二心を抱く男は、男ではなく女だ。一心一意に尽くす男こそほんとうの人間だ。同じように一心一意を持つ女は女ではなく、男だ。二心を抱く女は人間ではなく、イヌだ。息子たちよ、ほんとうの女と家庭を作りなさい。

彼は自分の母親ウゲルンと妻ボルテを見て、息子たちにこう語ったのだろう。そして、それを実現しようとして、コンギラート部とケレイト部、それにオイラート部から「ほんとうの女」たちを迎えていたのである。

「なかよく団結しよう」と父チンギス・ハーンはくりかえした。家庭も国家も、牛車の二つの車輪のようなものだ。どちらか一方が壊れたら、車は動かない。車を曳く牛も酷使してはいけない。草を食べさせないと、痩せこけて動けなくなる。

人間も同じである。罪を犯す者もあれば、裏切る者もあらわれる。そういうことが生じた場合、とくに黄金家族のメンバーを処罰する際には慎重のうえにも慎重を期すよう、とチンギス・ハーンはくりかえし語った。黄金家族の全有力者の参加と合議を経なければ、成員を殺してはいけない、と。

黄金家族の他、長年にわたって追随してきた功臣《ダルハン》たちも簡単に処罰してはいけない。とくに年配の家臣の意見を尊重しなければならない。彼は口を酸っぱくして、そう語って聞かせていた、と東西の年代記は一致して伝えている。

偉大な父の教えを忘れ

しかし、彼の死後、その後継者たちは偉大な父親の教えを少しずつ忘れ、無視するように変質してゆく。それが、モンゴル帝国分裂の最大の原因であろう。

聖なる法令《ヤサ》を破るようになったのは、ほかでもないオゴダイ・ハーンとその子孫たちなのであった。

あるとき、チンギス・ハーン家と通婚関係にあったオイラート部はある娘を婚約させた。それを知ったオゴダイ・ハーンは激怒し、オイラート部のおよそ四千人もの娘たちを全員集め、自身の武将や家臣たちに分配した。こうしたやりかたは、明らかに法令《ヤサ》に違反している。女性を売買し、本人の同意なしに他人に分け与えてはいけない、とはチンギス・ハーンが厳命していたことである。

なにか思うところがあったのか、チンギス・ハーンは早いときからグユクとコデンといったオゴダイ家の孫たちに冷淡だったようである。一二二五年、西夏《タングート》征服に着手していたチンギス・ハーンは中央アジアから帰り、グユクとコデン兄弟と会った。二人は祖父にご褒美をねだったが、逆に不興を買った。

「わしにはなんにもない。ユルトも軍隊も、すべてはトロイのものだ」

孫たちがなにをほしがったかについて、『集史』は触れていない。見かねたトロイは二人の甥に衣服を褒美として与えたという。

その少し前、チンギス・ハーンはエメール附近でトロイの子であるフビライとフレグ兄弟が巻狩りで初めて獲物を捕ったことを祝福し、塗油の儀礼をおこなっていた。それを知ったオゴダイ家が嫉妬したのではなかろうか。

オゴダイの致命的な欠点

政治が好きだ、得意だ、と父親の前でそう話していたオゴダイの致命的な欠点は飲酒だった。チンギス・ハーンは酒を飲むのがそれほど好きではなかった。父イェスゲイ・バートルがタタール人の手で馬乳酒に毒を盛られて暗殺されたのを記憶していたからかもしれない。

自身が成長してからも、チンギス・ハーンは、男たちが酒を飲みすぎて軍事作戦を怠る失敗を多く見てきた。だから、彼は酒に対し嫌悪感さえ示した。あるとき、彼の娘アルハイ・ベキをもらったオングート部の王家が蒸留酒を献上したが、一口味見してから、「強い酒だ。飲みすぎると絶対に駄目になる」と周囲に言ったという。
しかし、それでも、モンゴルの男たちはとにかく酒をやめられなかった。嘆きつつチンギス・ハーンは言った。

どうしてもやめられないならば、月に三回だけ、痛飲しなさい。三回以上飲むと、駄目になる。二回、あるいは一回の痛飲にとどめてくれれば、なおよい。まったく飲まなければ、最高によい人だ。

これほど、飲酒を戒めているにもかかわらず、無類の酒好きが他でもない息子のオゴダイなのであった。大ハーンの過度の飲酒は目に見えて彼の健康を蝕んでいると見た兄のチャガータイは、一日三杯にしなさい、と側近を派遣して監視させた。兄貴《アハ》らしいやさしさである。ところが、オゴダイ・ハーンは三杯にとどめたものの、小さい杯を大きなものに替える対策を講じた、と年代記は伝えている。
次章では、オゴダイ・ハーン没後の女たちの死闘が主題となる。

第7章

二人の孤独な女

モンゴル帝国の宮帳内の風景。大ハーンと妃が並んで座り、机の上には中国風の染付が置いてある（*Činggis Qaγan-u öb* より）

千頭のヒツジ

「この狼を放してやりなさい」

オゴダイ・ハーンはそう命じた。声にハリはなく、元気がなかった。一二四一年十二月初め、寒い日のことである。

このとき、オゴダイ・ハーンは帝都ハラ・ホリム附近のガトー・ホラン山で大規模な巻狩りを実施していた。巻狩りはふつう、数日間にわたっておこなわれる。ガトー・ホランとは、「野生馬のいる硬い岩山」との意である。

モンゴルの冬はマイナス四〇度以下まで下がることもある。騎馬の勢子《せこ》たちは無数の野生動物を四方八方から駆り立てて所定の場所へと追いこんでいく。軍事作戦さながらの風景である。政治が好きだ、と父親チンギス・ハーンの前でもっともらしい言葉を発しても、実際はすべての遊牧民の男と同じく馬を駆って弓を引くのもまた楽しみだったはずである。

夜、大ハーンはオンギン河の西岸、冬離宮に入った。極寒の草原から暖かい宮殿に入り、宴会が始まったものの、心は沈んだままだった。というのは、前の日のあるできごとが彼を不愉快にさせていたからだ。

ハラ・ホリムの近くにミン・ボゴル・ブケという男が住んでいた。ミンはテュルク・モンゴル語で「千」、ボゴルは「奴隷」、ブケは「力士」である。つまり、「千の奴隷の如き力士」である。その男が冬離宮にやってきて、前日の吹雪の夜にオオカミが自分の家畜群を襲い、千頭ものヒツジを咬み殺した、と報告してきた。

その日、偶然にも大ハーンに付き添っていたムスリムの力士たちが、一匹のオオカミを捕まえていた。家畜群を襲った「犯人」ではないか、と見られた。

不発の身代わり

オゴダイ・ハーンは過度の飲酒をずっと続けていたために、健康状態がよくなかった。ユーラシアの遊牧民は病気にかかったら、身代わりを用意する。人間である場合もあれば、動物や着ていた衣服で案山子《かかし》を作る場合もある。オゴダイ・ハーンはこのとき、捕まえたオオカミを自分の身代わりにしようと考えていた。オオカミはモンゴル人が神聖視する動物で、聖性が高いので、回復の効果も見こまれるからである。

「千頭のヒツジは、朕があなたに下賜する。その代わり、オオカミを殺さないように」

オゴダイ・ハーンはミン・ボゴル・ブケの前で側近たちに命じた。ムスリムの側近たちも大ハーンの命令どおりにオオカミを放し、国庫からミン・ボゴル・ブケに千頭のヒツジを支給することになった。

ところが、冬離宮で飼っていたライオンの如き猟犬がその狼を咬み殺してしまったのである。その不幸なシーンを見たオゴダイ・ハーンは嘆いた。

「お腹の調子がよくない。そのため、天の犬を遣わして朕の命を乞いたかったが、無理か」

モンゴル人はオオカミを「天の犬」と呼ぶ。最高神たる天から見放された、とオゴダイ・ハーンは悟ったかもしれない。

陰暦十二月十一日、彼は天に召された。彼をハーン位につかせた兄貴《アハ》のチャガータイはその七ヵ月前にイリ河近くの夏営地で亡くなっていた（大ハーン長逝後の一二四二年に没したとの説もあり）。モンゴル帝国は約四年半にわたる大ハーン空位の時期を迎える。

明哲保身

ところで、じつはオゴダイ・ハーンは以前にも身代わりを使ったとされる。対金王朝の作戦を終えてモンゴル高原に帰る途中、彼は体調を崩した。そこで、弟のトロイは兄の命を助けるためにみずから進んで身代わりになった、と。

「美談」である。しかし、前にも触れたように、トロイのあまりにも都合のよい死は、暗殺以外は考えられなかった。

トロイの妃、ソルカクタニ・ベキはこう言った。

「トロイが死んだら、私が寡婦になるだけで済む。大ハーンの身になにかがあれば、モンゴル国そのものが未亡人になってしまう」

彼女はこのように賢明な態度を示し、オゴダイ・ハーンからの厳しい粛清を逃れた。ソルカクタニ・ベキについては、後でまた述べることにしよう。

このころ、対南宋作戦中の部隊は中国南部の漢水（長江の支流）流域で苦戦していた。一方、ジョチの次男バトに率いられた征西軍はポーランドを席巻し、一部はコーカサス山脈に入り、一部はハンガリー軍を撃破していた。

大ハーンの訃報に接すると、征西軍は潮のように東方へと退いていった。ヨーロッパはオゴダイの逝去により、征服の恐怖から救われたように見えた。

帝国の女性摂政

大ハーン空位という至極困難なときに、中央ユーラシアの各地に根を下ろしつつあった新生の大帝国の政治を誰が運営したか？　それは以下の女性たちである。

トゥレゲネ・ガトン（在摂政位一二四二～四六）

オグル・ガイミシュ（在摂政位一二四八～五一）

ソルカクタニ・ベキ（～一二五一／五二）

オルキナ・ガトン（～一二六六）

トゥレゲネ・ガトンはオゴダイ・ハーンの第六皇后である。オグル・ガイミシュはオゴダイの息子にして三代目の大ハーンであるグユクの妃。

ソルカクタニ・ベキはチンギス・ハーンの末子トロイの妻。四代目の大ハーンであるムンケ、その弟で五代目の大ハーンのフビライ・ハーン、そしてイランのイル・ハーンとなるフレグの母親である。そして中央アジアのチャガータイ・ハーン国を切り盛りしていたのが、オルキナ・ガトンである。

チンギス・ハーンの四人の息子たちの後継者やその側近らは帝国全体の安定的な運営よりもそれぞれの領地の拡張に熱心であり、相互の緊張関係も高まっていた。そして帝都ハラ・ホリムと中央アジアの宮帳内で政治を動かしていたのは女性たちだった。この構図ははっきりしている。

トルキスタン出身のムゲン妃がオゴダイ・ハーンの最愛の妻であったものの、彼女に子どもはいなかったし、大ハーンの死後まもなく、彼女も亡くなった。

トロイの未亡人のソルカクタニ・ベキは他より一枚も二枚も上手で、金銀財宝を惜しまずに有力者たちに配り、人心を籠絡していた。なにより彼女には最大の実力者、ジョチの次男バトという強力な同盟者がいた。ソルカクタニ・ベキとバトの母親は姉妹同士で、ともにケレイト王国の王家の姫であり、これほど強固な関係は他になかった。

しかし、後世に男たちによって書かれた年代記は、どれも女性たちの功績について正面から描こうとしない。いや、極力、彼女たちを無能な人物、悪人に仕立てあげようとする意図すら見え隠れする。

東方ではのちにハーンの系統はほとんどソルカクタニ・ベキの子孫たちに独占されたので、彼女を否定しようとする作品はさすがにない。しかし、トゥレゲネ・ガトンについては、年代記作家たち（著者が中国人であれペルシャ人であれ）の評価は芳しくない。それは彼女が各地で高い税金を課していたからだけではないだろう。こうした不公平な扱いの裏にこそ、歴史の真実が隠されているのではないか……。以下、アメリカのモンゴル史家ロッサービの評価に拠りながら述べていこう（Rossabi 2009:18）。

トゥレゲネ・ガトン

トゥレゲネ・ガトンがどういう出自の人物だったのかについて、東西の記録は意外と一致しない点がある。『モンゴル秘史』は、彼女はもともとメルケト部の有力者トクトガ・ベキの長子クドゥの妃だったとしている。一方、『集史』は彼女のことをメルケト部の族長ダイルウスンの妻だったと記録している。また『元史』の「后妃伝」では彼女を乃馬真《ナイマンジン》氏と記している。ナイマンジンとは、「ナイマンらしき」、「ナイマン的」との意である。『集史』によると、テュルク系のナイマン部は美人が多く、トロイは二人もナイマン部出身の女性を妻に迎えていたし、のちのフビライ・ハーンの乳母もナイマン人だった。ただ、『集史』の著者は「トゥレゲネはあまり美しくなかったが、権力が好きだった」と記している。おそらく彼が得た情報は、反トゥレゲネの立場にあった人物が提供したものであろう。

これらを総合すると、以下のように考えられる。

トゥレゲネはテュルク系のナイマン部内の一サブ・グループの出身で、メルケト部の有力者に嫁ぎ、ステップ貴族の嫁だった。のちにメルケト部がテムージンに征服されたときに、彼女はオゴダイに与えられた。

オゴダイの夫人となる前のトゥレゲネがもし、ダイルウスンの妻だったら、チンギス・ハーンの愛妻ホランの義母になる（第2章参照）。ダイルウスンではなく、別のステップ貴族の妻だったとしても、ホラン妃と知り合いだった可能性は高い。ホランの息子クリゲンは帝都ハラ・ホリム以北に広大な領地を所有し、オゴダイ・ハーンの時代もそれが再編されなかったのは、トゥレゲネ・ガトンとの関係があったからかもしれない。

トゥレゲネ・ガトンとオゴダイ・ハーンのあいだには五人の息子が生まれた。長男グユクはバトの指揮する征西軍中にいたが、いとこである最高司令官と絶えず対立していた。父親の死を知るなり、東方へ戦馬を返したのは当然であるが、その間に、トゥレゲネ・ガトンはすでにハラ・ホリムの全権を掌握していた。「彼女は機智に富み、才気あふれる人物であるが、狡い方法で朝廷の政治を一手に握った」とペルシャからの青年ジュヴァイニは聞かされている。

順調な全権掌握の裏側

トゥレゲネ・ガトンは次のクリルタイが開催されるまで自身が摂政となり、大臣たちをほぼ全員そのポストに残して安心させた。義父チンギス・ハーンと夫のオゴダイ・ハーンの定めた法令《ヤサ》どおりに物事を進めた。彼女がこういう風に全権を順調に掌握できたのは、じつはオゴダイ・ハーンの存命中から政治に関与していたからである。

皇帝が発する勅令は聖旨であるのに対し、皇后と公主の命令は懿旨《いし》と呼ばれることはすでに述べた。いまに残る「済源十方大紫微宮聖旨碑《せいげんじっぽうだいしびきゅうせいしひ》」という一二四〇年の碑文は、彼女が懿旨を公布していた事実を伝えている。「皇帝の聖旨」に次いで、トゥレゲネ・ガトンの懿旨も堂々と帝国の隅々まで広げられていたのである。これは、男尊女卑の中国社会とイスラームの朝廷ではそれまでにあまり見られなかった風潮ではなかろうか。

それだけではない。彼女の賛同と援助により、一二四二年にはまた『孔氏《こうし》祖《そ》庭広記《ていこうき》』という孔子の族譜と事績を記した五冊本が開版印刷された。中国の印刷文化の精粋のひとつとされる漢籍も、彼女の治世中に完成したものである。それ以降、大元ウルス期に入ると、中華知識人たちはそれまでも、それ以降も二度と享受できない出版の自由を謳歌する時代を迎える。

トゥレゲネ・ガトンの摂政就任を支持したのはチャガータイだ、とジュヴァイニは聞いているようだが、チャガータイはオゴダイ・ハーンより先に亡くなっているので、味方となってくれたのは、チャガータイ家のオルキナ・ガトン后であろう。モンゴル高原のハラ・ホリムと中央アジアのイリ河畔、ユーラシアのモンゴル帝国は名実ともに二人の女によって運営されていたのである（第8章参照）。

「嫁と叔父」の倫理道徳

トゥレゲネ・ガトンが女として、帝国最大の政治的危機に直面したのは夫のオゴダイ・

ハーンが他界した直後である。長男グユクはまだキプチャク草原から東へ疾駆していた途中である。

ハラ・ホリムには彼女が使える独自の軍隊もなく、東方には巨大な領地を擁して、一大勢力を築いた叔父《アバガナル》たちがいた。なかでもチンギス・ハーンの末弟、オチギン・ノヤンの動向が問題だった。

早くも一二二三年冬、オチギン・ノヤンはその兄に不満を表明していた。

中央アジア遠征からモンゴル高原に帰ろうとする途次、トルキスタンのエメールで冬営していたチンギス・ハーンは巻狩りを楽しみ、孫のフビライとフレグが初めて獲物を捕ったことを祝福する儀礼の宴を催した。弓を引く親指に油《マイ》を塗る儀式で、塗油《マイラホ》の礼と呼ばれる。このとき少年フビライは祖父の手を力強く握ったことで、「このワルめが」と褒められたそうである。

フビライもフレグも末子トロイの子であり、トロイ一門を特別扱いしている、とオチギン・ノヤンの目には映ったらしい。「黄金家族」の火《オチ》と祖先祭祀を司る家督《テギン》を自負するオチギン・ノヤンは胸中、自分こそが次の大ハーンになるべきだ、との帝位継承の独自のプランを早くから温めていた可能性も否定できない。

オゴダイ・ハーンが亡くなった直後、クリルタイ開催どころか、帝国全体の動揺が激しかったころにオチギン・ノヤンは大軍を連れて東からオルホン河を渡ってハラ・ホリムに向かってきた。武力で抵抗するのはもはや無理である。そのとき、トゥレゲネ・ガトンが採った行動は、礼儀《ヨソ》作法の堅持であった。彼女はなんと、オゴダイ・ハーンの身辺で親衛《ゲシク》軍人となっていたオダイという青年を、迫ってくるオチギン・ノヤンの陣中に派遣した。オダイは、オチギン・ノヤンの息子であり、彼には以下のように伝えさせた。

「私はあなたの甥の嫁でございます。こんなに大勢の軍隊を連れて来られては、国全《ウルス》体が驚いてしまいます」

レヴィ＝レート婚の伝統を重視し、それを道徳倫理の基軸のひとつとするユーラシアの遊牧民世界において、男は自分の息子をはじめとする、自分より下の世代の嫁に接近してはいけない。上の世代が下の世代の女性に接近するのは、地位と力の行使を意味し、不道徳である。逆はよい。下の世代の若い男が、自分の生母以外の父親の夫人たちや兄の未亡人に近づくのは、女性本人と一族の利益を優先していると見られる。チンギス・ハーンの末弟オチギン・ノヤンが、甥にあたるオゴダイ・ハーンの死後にその未亡人のトゥレゲネ・ガトンの宮帳附近まで軍を連れてくるのは、天下のタブーを破ったことになる。

オチギン・ノヤンも大義名分がないことを悟り、瞬時に東方へと馬を返した。帝国最大の難は去った。ヨソという礼儀作法、礼節と道理を示して述べると、権力欲が脳内に充満した男でも、たいがいは引き下がるのが、遊牧民世界の常識である。ヨソは千人、万人からなる軍隊よりもはるかに効き目があるのだ。

クリルタイの開催前に

オチギン・ノヤンが撤退したのと時を同じくして、長男グユクも天山北麓の地、トルキスタンのエメールに到着したとの知らせが届いた。エメールはオゴダイ一族の根拠地である。グユクが征西軍の陣中から戻ってきた後も、トゥレゲネ・ガトンは摂政政治を続けた。

オゴダイ・ハーンは生前に三男グチュを後継者に指名していたが、グチュは大ハーンより先に亡くなった。不憫に思ったオゴダイ・ハーンはグチュの息子で、孫にあたるシラムンをかわいがり、自身の宮帳内で育て、将来の後継者にしようと考えていたらしい。トゥレゲネ・ガトンからすれば、孫のシラムンはまだ幼かったし、彼女はグユクこそがふさわしいと思っていた。しかし、大ハーンは選挙で選ばなければならない。

母親としてのトゥレゲネ・ガトンからすれば、どの息子を次の大ハーンに推せば、クリルタイでの選挙がうまくいくかを計算しなければならない。トゥレゲネ・ガトンの意中はグユクだが、次男のコデンがハーンでもわるくはない。コデンは旧西夏領の甘粛とチベット方面を占領し、強大な封領と軍隊を擁していた。ただ、コデンは体が弱かった。

クリルタイを開催するのには、時間と金がかかる。そして、その間の駆け引きも当然、激しくなる。オゴダイ・ハーン死後に生じた権力の空白期間中に、トゥレゲネ・ガトンは政治を動かしつづけた。

グユクが一日も早く大ハーンの位につきたかったのは当然であろう。しかし、まだ機は熟していないと判断する母親とのあいだに、少しずつ隙間風が吹きはじめる。

トゥレゲネ・ガトンはオゴダイ・ハーン時代の重臣たちをほぼそのまま元のポストに残して重用しつづけると同時に、諸王家には絶えず膨大な贈り物をして誼《よしみ》を強めた。富と名誉を均しく分配する役割を遊牧民の君主は常に心がけねばならない。すべては母親として、自分の息子が順調に次の大ハーンになれるよう進めた政治工作である。

後ろ盾の乏しさ

トゥレゲネ・ガトンにはおそらくふつうの男には想像できないほどの孤独感があっただろう。チンギス・ハーンの母親ウゲルンや第一夫人ボルテ后とはちがい、東方の有力部族コンギラート部のような実家が彼女にはない。

実家、テュルク・モンゴル語でドゥルクムという言葉には「強大な後ろ盾」との意も含まれる。遊牧民が結婚式をおこなう際も、実家側は何回も力を誇示する儀礼がある。うちの娘を大事にしないと復讐するぞ、とのパフォーマンスであるが、儀礼は現実の仮想的再演である。

トゥレゲネ・ガトンはナイマン部の出身で、一度はメルケト部に嫁いでいる。再婚云々よりも、両者とも「黄金家族」のボルジギン家の宿敵であった。再婚かどうかは問題にならないが、ナイマン人もメルケト人もいまやモンゴルとなったとはいえ、代々通婚関係になかったがゆえに、実家《ドゥルクム》として実力を誇示して援護するほどの背景はなかったのである。

トゥレゲネ・ガトンが立っていたのは草原の小さな天幕内ではなく、世界のメトロポリスたるハラ・ホリムである。彼女の一挙手一投足が帝国のすべての神経、あらゆる民族の心に響く。生粋の黄金家族の成員ではないし、代々婚姻関係を結んできたコンギラート部の出身でもないからこそ、彼女は万事慎重に動いた。そのため、よけいに孤独だった。先代大ハーンの妃のひとりとして、黄金家族のチンギス・ハーン家の嫁として、いまやモンゴルとなったあらゆる遊牧民、テュルク系もモンゴル系も、そしてペルシャ人も漢家児《チャイニーズ》も含めた大帝国を平等に扱わなければならなかったのである。

ファティマ

孤独なトゥレゲネ・ガトンはひとりの女性に胸襟を開き、万事相談するようになった。

ファティマである。

ファティマはイスラームのシーア派的背景を持つ女性である、と歴史学者の杉山正明は述べている（一九九六 上）。預言者ムハンマドの娘の名で、その夫はアリーである。アリーの子孫だけをイスラームの正統的な指導者と見なすのが、シーア派である。十二イマーム派やイスマーイール派などである。なかでもとくにイスマーイール派は十世紀にエジプトでファティマ朝を打ち立てた。その名も預言者の娘に因んだ歴史観のあらわれである。

十三世紀にモンゴルが勃興したとき、イランの地にもシーア派は絶大な権力と影響力を保持していた。ハラ・ホリムのファティマはサマルカンド出身で、アリーの後裔を自称していたシャラという人物と親しかったと伝えられていることから、あらためてシーア派的な色彩を帯びた人物だと推測できよう。

ジュヴァイニによると、ファティマはアリ・アル・リザのモスクが陥落した際に捕虜としてハラ・ホリムに連れてこられた、という。『集史』は彼女をホラズム帝国のトスという都市の出身だと伝えている。ある研究者は、チンギス・ハーンが中央アジアのマシュハードを落としたときに捕虜となり、孤り身でハラ・ホリムまで連れてこられた、としている。最初はムスリムたちの市場で生計を立てていたが、トゥレゲネ・ガトンに見初められて側近となり、宮廷オルド内で活躍した人物となった（De Nicola 2017）。

ジュヴァイニがファティマをガトンすなわち妃と呼んでいることから見れば、トゥレゲネ・ガトンの側近中の側近に昇進していたことがわかる。モンゴルでは、ガトンとはもっぱら黄金家族の正夫人にのみ用いられていた尊称だとされていたからである。一方、テュルク系集団内では、ガトンは「貴婦人」の意味でも使われる。したがって、ファティマは独身をとおしたらしいが、ガトンと呼ばれるほど権勢を振るっていたのはまちがいない。彼女はトゥレゲネ・ガトンに助言をし、帝国の人事と税制、それに外交関係に積極的にかかわっていたのである。

では、ファティマとトゥレゲネ・ガトンは何語で意思疎通していたのだろうか。テュルク系のナイマン部出身のトゥレゲネ・ガトンは当然、テュルク語ができたはずである。ファティマはペルシャ人かテュルク系かは不明であるが、中央ユーラシアには古くから多民族が混住しており、たいていの人びとは複数の言語を同時に操る。ファティマも例外ではないはずである。

鎮海の出奔

ファティマの存在に恐怖を感じたひとりが、老臣の鎮海《ちんかい》である。

鎮海はテュルク系のケレイト人でネストリウス派の信者であった。ワン・ハーンの王国が滅ぶ以前からテムージンに付き従い、例の「バルジューナ湖の泥水」をいっしょに飲んだほど、苦労と危険をともにした建国の功臣である。一二一二年にはチンギス・ハーンの勅命を受けてアルタイ山脈の東麓で都市を建設し、屯田を経営して兵糧を備蓄した。この都市には北部中国を拠点とする道教の指導者であった長春《ちょうしゅん》真人《しんじん》一行も訪れ、滅ぼされた金王朝の皇帝（章宗《しょうそう》）とその二人の妃（徒単氏と夾谷氏）、それに漢公王の母である欽聖夫人袁氏と漢家児の職人たちが暮らしていると記録にはある（『長春真人西遊記』）。

　鎮海城とも呼ばれる屯田都市はハラ・ホリムに次ぐ、モンゴル高原第二の都市だった。のちにフビライ・ハーンの時代になると、中央ユーラシアのアスト人とキプチャク人が増えていた。考古学者は、現在のゴビ・アルタイ県内を流れるシャルガ河近くの廃墟を鎮海城に特定している。実際、鎮海も古代の突厥人の都市を再利用したと見られている。要するに、テュルク系の人びとは都市と遊牧、それに農耕と交易の双方に精通していたのである。チンギス・ハーンの他界後も、文書行政にくわしい鎮海は中央政権内でオゴダイ・ハーンを補佐してきたのである。

　危険を察知した老臣鎮海はハラ・ホリムを脱出して南の甘粛チベット方面へ走り、コデン王子のところに避難した。コデンもトゥレゲネ・ガトンの息子である。まもなく、西域人と『元史』が表現するもうひとりの大臣、ヤラワーチもまたコデン王子のところに来て助けを求めた。トゥレゲネ・ガトンとファティマは何回も逮捕の使者を送るものの、「懐に飛びこんできた窮鳥を渡すわけにはいかない」とコデンは母親の命令をはねつけた。

いったいどういうことがきっかけでこのような事態に至ったのかは不明である。ただ、トゥレゲネ・ガトンとファティマを快く思わぬ者たちが多くいたことはまちがいない。

増税で各方面の恨みを買う

有力者たちが征西軍、征南軍としてヨーロッパ方面や対南宋の作戦中だったために、帝国の財政も苦しかった。オゴダイ・ハーンのように豪奢な宴会を毎日のように開き、惜しみなく金銀財宝を配る時代は去ったのである。

人口統計を綿密に作成し、増税しかない、とトゥレゲネ・ガトンは命じた。当然、既得権益を有する諸王家と大臣たちは喜ばない。となると、自身の政治的意向に沿った人物たちを抜擢《ばってき》し、重用するほかに選択肢はない。ファティマは少なくとも二人のシーア派のムスリムを中央アジアのマーザンダラン地域の役人として派遣していた、とジュヴァイニは聞いていた。新しい大ハーンがまだ選出されていない非常時であるとはいえ、孤独な女性二人の行動は当然、各方面の恨みを買った。

敵愾心《てきがいしん》と嫉妬の矢が方々から飛んでくるなかでも、トゥレゲネ・ガトンとファティマは粛々とクリルタイを開催する。

ギョクノール湖畔に

一二四六年の春、全世界に散っていたモンゴル帝国の有力者たちは、ケルレン河の畔にあるギョクノール湖畔に集まった。四十年前にテムージンがチンギス・ハーンとして選ばれた地である。ハラ・ホリムではなく、ギョクノール湖を選んだことから、トゥレゲネ・ガトンとファティマには深い思いが胸中にあったと推察できる。ふたたび新しい大ハーンの下で団結し、帝国の繁栄を維持しようという堅い意志。

トゥレゲネ・ガトンとファティマが待つ宮帳《オルド》に真っ先に馳せ参じたのは、上品な服装に身を包んだチンギス・ハーンの末子トロイの未亡人、ソルカクタニ・ベキの一行である。

東方からはオチギン・ノヤンをはじめとする八十数人もの叔父たちと王子たち。一時は帝位簒奪を企てた過去を忘れたかのようにやってきた。みな、礼儀作法を守っている。

西のチャガータイ家の面々、ペルシャ方面の有力者たち、北部中国の王子たちも列席した。はるか西の南ロシアとキプチャク草原の英主ジョチの次男バトのみは途中で引き返した。「脚の病気が悪化した」との理由であるが、明らかにクリルタイの開催に前向きではなかったからである。この点については、また述べる。

トゥレゲネ・ガトンとファティマは各地からの王や王子たちのために二千張もの天幕を用意し、豪奢な宴会を続けたので、モンゴル高原の物価は飛ぶように上がった。

遊牧民の伝統に反する発言

まずは祭と酒宴の連続である。数日後にようやく政治の話題に及ぶ。

母親のトゥレゲネ・ガトンの根まわしで、グユクが第一候補として推戴されるが、例によって彼は三回にわたって固辞する。それでも一同に懇願されるので、グユクはこう言った。

「肉が腐りきって犬も見向きもしないほど、わが一族が不人気になって友がいなくなっても、代々、大ハーンに推戴されるならば、私は引き受けよう」

ハーン位継承権をこれからは他家に渡さない、世襲制に変えようとの意である。明らかに遊牧民の伝統に反する発言である。

それでも、反対者はいなかった。いや、反対できないほどにトゥレゲネ・ガトンとファティマが事前に手を打っていた。

参会者はハーン位の世襲を認めた。シャーマンの主宰する儀式に従い、一同は帯をはずし、帽子を取ってグユクを担ぎ、玉座に坐らせた。これはペルシャ人の記録である。

ユーラシアのテュルク系遊牧民のハーンの即位式。新しいハーンを白いフェルトに坐らせ、臣下たちが担いで行進する
（カザフスタン国立中央博物館所蔵絵画。2020年春、著者撮影）

カルピニは見た！

別の記録もある。強い母親トゥレゲネ・ガトンと、聡明なファティマが帝国の政治を動かしていたころ、フランスからハラ・ホリムを訪問してきたプラノ・デ・カルピニの一行によるものだ（高田英樹二〇一九、八一―八七頁）。

「到着すると、クユク（引用者註：グユク）は我らに天幕と食糧を宛がってくれた」とカルピニは報告する。五日か六日後に、グユクは彼らヨーロッパからの客人を母親のトゥレゲネ・ガトンのところに送り、そこでは厳粛な雰囲気のなかで、クリルタイが開かれていた。一日目は白、二日目は赤、三日目は青のビロード、そして四日目は上等のバルダキン（引用者註：錦《にしき》緞子《どんす》）を身にまとって参会者たちは大ハーンの天幕に参内した。ジスン宴である。有力者たちが選挙について話し合っているとき、民衆はみな、まわりで見ていた。じつに民主的な手続きである。正午になると、馬乳酒《クミス》を飲みはじめ、夕方まで延々と続く。集まった民衆のなかにはルーシと呼ばれていたロシア人とジョージア（グルジア）の王子たち、そしてキタイ人たちも交じっていた。

選挙は四週間もかかった。「クユクが天幕から外に出る時、彼のために歌が歌われ、外にいる間じゅう先端に深紅の羊の毛の付いた美しい笏が彼に差し掛けられていた」。グユクは、「40歳か45歳かそれ以上かもしれず、背丈は中くらい、とても思慮深く極めて抜け目なく、とても誠実で振る舞いは荘重である」とカルピニの目には映った。

帝都ハラ・ホリムの近く、オルホン河の畔の天下一の草原には別の天幕が建ててあり、そちらは黄金のオルドと呼ばれていた。「その天幕は、金箔を張り金の釘で木材に固定された柱の上に置かれ、上の屋根と壁の内側はバルダキンだが、外側は布だった」。そして、「妃たちは別に白いフェルトの天幕を持ち、十分大きく美しかった」。延べ金付きの絹と貴重な毛皮など、眼を見張るような高価な品々が贈り物として交換されていたのをカルピニは目撃していた。

時はすでに秋になっていた。グユクの即位式を運よく観察できたフランス使節の一行は冬の十一月に返書を携えて西への帰途に就いた。酷寒が訪れる前の判断であろう。

無惨な最期

その年の冬か翌一二四七年の早春に、トゥレゲネ・ガトンは亡くなった。息子が大ハーンに選出され、それ以降も世襲されることになったことで、彼女は安心していたはずである。「彼女がもし、二十歳前後にオゴダイと結婚しているならば、亡くなったときは六十三歳だったのだろう」と中国の歴史学者蔡美彪《さいびひょう》は推算している（一九八九）。トゥレゲネ・ガトンとファティマが世界のハラ・ホリムでどのように政治を動かしていたか、第1章で触れたジョージア出身の貴族の女性タムタも見ていたはずである。

トゥレゲネ・ガトンの死去により、ファティマは後ろ盾を完全に失った。あろうことか、「シーア派の信徒であるシャラという、アルコール依存症の男が彼女を誹謗中傷した」とジュヴァイニは聞いている。ファティマが呪いをかけていたために、王子コデンの病気が悪化した、との流言蜚語である。

復権した鎮海も新帝グユクにファティマへの不満を口にした。どうやらグユクも自身と母親のあいだに立つファティマを快く思っていなかったらしい。グユクはファティマを尋問し、拷問にかけた。

ファティマは最後に目と口を縫われ、フェルトに包まれてから河に沈められた。フェルトに包んで処刑するのは、貴人に対する扱いかたである。

カルピニによると、ファティマにはまた先代の大ハーン、オゴダイに毒を盛ったとの嫌疑もかけられていたという。酒色に深く沈溺して政治に無関心となった夫を見限ったトゥレゲネ・ガトンが侍女のファティマを使って毒を盛ったという悪意の噂が広がっていたらしい。

かわいそうなファティマ。どんな嫌疑をかけられても、彼女は孤立無援だった。

グユク・ハーンの死後、ユメールに住むアリー・ホジャがシャラを誣告《ぶこく》の罪で訴え、受理された。シャラとその一族は処罰を受けた。登場人物たちの名前から判断して、事の真相はシーア派の内紛のように見えてしかたない。それを利用する者たちがいたのである。

モンゴル帝国時代には無数の女性たちが活躍していたが、私はなぜか、ファティマの存在が誰よりも気になる。

男たちの活躍を前面に押し出し、モンゴル人女性たちの登場を必要最小限に抑えようとする東西の年代記作家たちはファティマにはやさしくない。彼女を巫女、悪人、権謀術数家として仕立て上げている。しかし、私からすれば、彼女こそ、激動のユーラシアを生きた、典型的な女性である。

彼女はたしかに権力と人間関係、それに金銭など、利用できるものはすべて利用した。ときに大胆に、ときにはまた冷徹に動いた。ハラ・ホリムを舞台とした無数の男たちのなかで、彼女の謀略までもが美しく、耀いてみえる。

次章においては、末子トロイの未亡人が主役になる。

第8章

ソルカクタニ・ベキと
その息子たち

中央アジアの都市ブハラに建つイスラームの宗教学校アブドゥールアジス・ハーン・メドレセ。モンゴルの妃たちは積極的にここへ寄進していたと伝えられている
（2022年夏、著者撮影）

グユクの急死

その手紙は、まずタルタル語（モンゴル語）で書かれ、それが彼らに通訳された。通訳された手紙を彼らが彼らの文字で入念に書き換えたのだという（高田英樹 二〇一九）。

ヨーロッパからの使者たちは、グユク・ハーンの書簡をこのようなかたちでネストリウス派教徒の鎮海からもらっていた。鎮海は、チンギス・ハーンに付き従っていたころから文書管理にあたり、ウイグル文字表記のモンゴル語を駆使していた。

トゥレゲネ・ガトンの他界後、ヨーロッパからの使者たちはあいついで大ハーンからの親書を携えて帰途に就いた。新しい時代の到来を宣言する手紙は、教皇に渡されるものだった。時を同じくしてモンゴル軍は主力をヨーロッパ方面から西アジアへ展開しはじめていた。

一二四八年春の四月、グユク・ハーンはハラ・ホリムを離れ、オゴダイ家の本拠地エメールをめざした。春とはいえ、モンゴル高原はまだ黄色い枯草に包まれていた時期であるが、緑の若草もあちらこちら、水のあるところに少しあらわれるころである。

エメールはアルタイ山脈の西、東トルキスタン北部にある。ジュンガル盆地や、グルバントングト盆地などと呼ばれる大草原の西にある。盆地といっても、東のアルタイ山脈の麓から西のイリ河まで数百キロはある。エメールは盆地の北西部に位置し、その南はホボクサイルという美しい草原が広がっている地である。

帝都ハラ・ホリムからアルタイ山脈を西へ越えるには、いったん南西方向へ進み、鎮海城をとおって天山北麓のベシュバリクに出たほうが楽なルートである。中央アジア風の織物の街で、ウイグル人が多数暮らすベシュバリクでしばらく休み、そこから天山を南に見ながら西へと馬を駆り、サイラム湖まで到着してから北のホボクサイルとエメールをめざす。古代から現在まで栄える隊商と行軍のルートで、私も何回か往復したことがある。当時はチンギス・ハーンの命令で整備された駅站《えきたん》が数十キロごとに置かれ、清潔な水とワイン、ヒツジの丸煮と果物が常時用意されたユーラシアの街道であった。

しかし、グユク・ハーンはホム・センギルという地に着いてまもなく崩御が発表された。ベシュバリクから七日間歩く距離である。東西の年代記はいずれも彼の突然死の原因について堅く沈黙を守っているが、その沈黙はそのまま不審死であることを示すものである。一説では、ジョチの次男バトの放った刺客によって斃《たお》れたともいわれている。

原因はやはり、オゴダイ家とトロイ家との軋轢《あつれき》にあった。末子トロイが三男オゴダイ・

ハーンの身代わりとなってみずから死を選んだ、という美談が隠しているのは陰謀と暗殺であろう、とは前に述べたところだ。

忍耐に次ぐ忍耐

トロイの死後、オゴダイはその未亡人のソルカクタニ・ベキをいかに自身の陣営に組みこむかと工作を始めた。ケレイト王国の王家出身の彼女をチンギス・ハーンはかねてから評価し、「わが一族の嫁《ベリ》」とかわいがっていた、と年代記『黄金史』は記録している。それゆえ彼女は「嫁なる妃《ベリ・ガトン》」、「柱たる妃《エシ・ガトン》」と称されていた（エシ・ガトンの祭殿は私の属するオルドス万戸によって維持されてきたし、一九五八年までオルドス高原の西部で祀られていた）。

オゴダイはまずソルカクタニ・ベキを、あるムスリムの使用人と結婚させようとした。彼女は泣きながら言った。

「私の愛する夫はどうして犠牲になったのか。彼は誰のために死んだのか」

彼女の不満と抵抗を知ったオゴダイ・ハーンは「彼女はまるで少女のような人だ」と洩らし、この件は沙汰やみにするしかなかった。

次に大ハーンは、こんどはソルカクタニ・ベキを自分の息子グユクと再婚させようと考え、使者を派遣して説得にかかった。レヴィ＝レート婚の伝統には合うやりかたである。

なによりトロイ家が受け継いだチンギス・ハーン家の膨大な領地と軍隊などもすべてオゴダイ家に移る。

「子どもたちがまだ小さいので、彼らを教育しなければなりません」

ソルカクタニ・ベキは固辞した。家庭教育を重視するモンゴルであるから、正当な拒否である。「彼女はチンギス・ハーンの偉大な母親ウゲルンと同じく尊敬されている。いや、むしろそれ以上だ」と、ペルシャの年代記は最大の賛辞を贈っている。

それでも、オゴダイはあきらめない。あるとき、大ハーンは息子のコデン王子にソルカクタニ・ベキの軍隊を与えた。彼女の同意も得ずに、である。スルドス部の戦士からなる二千人は抵抗する。しかし、ソルカクタニ・ベキは同意し、千戸長を説得した。

「軍隊もわれわれも、すべては大ハーンのものであるから、従いなさい」

オゴダイ・ハーンは少しずつ、トロイ家の領地と軍隊を蚕食《さんしょく》し、その権限と財産を呑みこんでいったが、彼女は忍耐した。それどころか、グユクを選出するクリルタイにも彼女とその部下たちはいちはやく参加し、厖大な土産物を献上して恭順の態度を取ったことは、前章で述べた。

実力を温存するための忍耐であることは言うまでもない。

ジョージアをめぐる対立

グユクが大ハーンに選出されたクリルタイに、はるか西はキプチャク草原の最強の王者たるバト（ジョチの次男）は来なかった。新帝は当然、不満である。

グユク・ハーンの即位式にジョージア（グルジア）の王子たちがいた、と前に述べた。じつは大ハーンとバトは、新たにモンゴル帝国の治下に組み込まれたジョージアの統治をめぐっても、対立していた。

ジョージアは女王タマル（在位一一八四～一二一三）の時代に栄華を誇り、次のゲオルギス四世のときにモンゴル軍の進攻を受けた。ゲオルギス四世が一二二二年に死去すると、その妹のルスダン（在位一二二二～一二四五）が後継者として政治に当たった。絶世の美女として知られていたルスダンに征西軍の指揮官バトもアプローチしていたと伝えられている。

ただ、美女との結婚よりも、ジョチ家は当初からコーカサス山脈を越えて、イランの地への野心を抱いていた。イランも兄弟たるモンゴルの支配下にあるとはいえ、すでにそれぞれの家がおのおのの権益を確保するのに熱心な時代になっていた、と杉山正明は指摘している（一九九六 上）。そんなときに起きたのがジョージアでの紛争だった。

先代の王の息子（ダヴィド七世）と叔母のルスダンが反目し合い、グユク・ハーンに仲裁を求めたのである。

一二四七年、グユク・ハーンはジョージアを東西に分け、東部をダヴィド七世に、西部をルスダンの息子にそれぞれ統治させた（ルスダンはその二年前に亡くなっていた）。ところが、バトはコーカサス方面の権益を手放したくなかったので、ルスダンの息子を擁護した（高田英樹二〇一九、六七頁）。大ハーンもそこを直轄下に置きたかったので、両者とも譲ろうとしなかった。モンゴル帝国全体からして、中央ユーラシア方面のコントロールは重要性（危険性）を増していた。

密使とオグル・ガイミシュ妃の摂政就任

「涼しいエディル・ムレンで、この夏を過ごそう」

グユク・ハーンは帝都ハラ・ホリムを出たときに周囲にそう話していた。エディル・ムレンとは中央アジアを流れるボルガ河のテュルク・モンゴル語の呼称である。グユク・ハーンは本拠地のエメールではなく、さらに西のボルガ河まで移動しようとの野心を覗かせていた。そこは、ジョチ一族の本拠地である。

大ハーンはバトを狙っている、と悟ったソルカクタニ・ベキは、急ぎ密使を派遣した。バトの母親とソルカクタニ・ベキは姉妹である。急報を受けたバトは当然、万全な防備態勢を敷いた。ことの真相は永遠にわからないが、若き大ハーンのグユクは、ユーラシア全体の主導権をめぐる争いのなかで、突然と天に召されたのである。

グユク・ハーンの死後、帝国がふたたび動揺に陥ったのはいうまでもない。ただ、グユク陣営の無力ぶりに対し、西のバトと東のソルカクタニ・ベキ側はあくまでも冷静沈着だった。

バトはすでになかば慣例となっていた決定により、グユク・ハーンの未亡人オグル・ガイミシュ妃が老臣鎮海らとともに帝国の国政に当たるよう要請した。バトとソルカクタニ・ベキはモンゴル人の習慣と礼儀に沿い、服装など見舞い品を送り届け、オグル・ガイミシュ妃を慰めた。オグル・ガイミシュ妃は夫の亡骸をエメールまで運び、一連の追悼の行事を主催した。

シャーマンに頼る摂政

オグル・ガイミシュとは、テュルク系の言葉で、「男の子を招く」との意である。想像するに、彼女の両親もしくは祖父母が男子の誕生を希望し、先に生まれた彼女にこのような名前を付けたのだろう。彼女は出身が名門コンギラート部でもオイラート部でもなく、メルケト部だった。それもまた彼女の地位を不利にしてしまっただろう。

ひるがえって、そのライバルのソルカクタニ・ベキはケレイト王国の王家の出身であり、あまりにも強かった。結論を先にいうと、オグル・ガイミシュはおよそ一年半のあいだ摂政したが、ソルカクタニ・ベキの息子ムンケが大ハーンに選ばれると、ファティマと同じく悲惨な最期を遂げる。

オグル・ガイミシュ妃はシャーマンたちと親しく、帝国の政治についても万事、霊能者と相談して決めていた。シャーマンが政治に口を出すのはなにも不思議なことではない。あの偉大な祖先テムージンでさえ、シャーマンからチンギス・ハーンとの称号を与えられている。しかし、大事なのは、チンギス・ハーンになったら、ただちに過剰な干渉をするシャーマンを排除したことである。政治と宗教を分離させたことも、チンギス・ハーンが世界帝国を打ち立てるのに成功した一因である。

「霊能者に頼るのはよくない」

ソルカクタニ・ベキは何回もオグル・ガイミシュ妃とその二人の息子、グチャとナクーを説得したものの、聞く耳をもたなかった、とはペルシャ人の記録である。もちろん、これはソルカクタニ・ベキを神話化するためであろうが、オグル・ガイミシュ妃の孤立が目立っていた事実を物語っている。シャーマンに頼るしかないほど、彼女には味方がいなかったのである。

たとえ失明しても

「ソルカクタニ・ベキは生涯にわたって、一二五一年のクリルタイのために生きつづけた」といわれるくらい、彼女は忍耐に忍耐を重ねて、息子たちをハーン位につかせた。

じつはソルカクタニ・ベキは大きな不幸に見舞われている。一二二五年に失明したのである。夫のトロイは父親のチンギス・ハーンに同道して西夏《タングート》征服に出発しようとし、グユクとコデンが祖父にご褒美と恩賜をねだっていたときである。なお、第6章では「チンギス・ハーンは孫のおねだりをはねつけた」と記したが、ひょっとして嫁たちのなかでもとりわけかわいがっていた末子の妃の失明が、機嫌に影響していたのかもしれない。じつは数日後にはある老臣のひとりをグユクに派遣し、助言者とするなど、やさしい祖父の顔も見せている。

若くして光を失い、やがては最愛の夫まで義理の兄、オゴダイ・ハーンの「身代わり」として奪われたソルカクタニ・ベキ。オゴダイ・ハーンからはなんども再婚を迫られ、領地と軍隊も分割された。それでも、彼女は四人の息子たちに法令《ヤサ》と礼儀《ヨソ》に従って行動し、万事忍耐するよう、との家庭教育を徹底した。

北部中国とモンゴリア本土の領地がオゴダイ・ハーンに蚕食されつつあったとはいえ、北方のエニセイ河流域のケムジュート（謙謙州）とアンガラ河流域はまだ彼女の支配下にあった。この地方から産出する銀を彼女の船が運び、満洲方面の旧金王朝地域と交易していた。

シベリア南部のミヌシンスク盆地は紀元前から青銅文明が栄え、その文明は南に伝わり、中国の殷商文明期の青銅器生産にまで影響を与えるくらい、古くから豊富な鉱物の埋蔵地として知られていた。チンギス・ハーンが勃興する以前は、タタール部やガタギン部、ドゥルベン部とサルジュート部などがシベリア産の金銀と毛皮を南へと運んでいた、とペルシャ人は記録している。モンゴル帝国が成立すると、その利益をほぼ独占していたのが、末子トロイの未亡人ソルカクタニ・ベキであった。

歴史家の評価は……

ソルカクタニ・ベキは、「全てのタルタル人（引用者註：モンゴル人）の中で皇帝の母［トレゲネ］を除いて最も名高く、バティ（引用者註：バト）を除く誰よりも強力である」とヨーロッパから来ていたカルピニは観察していた（高田英樹 二〇一九、五三頁）。

「彼女は世界でもっとも聡明な女性である」とペルシャ人は『集史』で伝えているし、「彼女の叡智は世界中に知られているし、彼女の才気とやさしさがあらゆる人びとを虜にしている」とジュヴァイニは聞いていた。

彼女はキリスト教徒であったが、大金を喜捨《ザカト》として投じ、中央アジアの古都ブハラでイスラーム学校《メスジト》を建てた（本章トビラ参照）。また、イスラームの導師イマームや聖者たちにも常に衣類と喜捨を与えていた、と多くの記録が残っている。もっとも、他の大ハーンの妃たちも積極的にハラ・ホリムで建設されたモスクに寄付しており、その事績を伝える石碑はいまも現地に立っているが。

ソルカクタニ・ベキはただひとり、十三世紀の東西の年代記作家とヨーロッパからの使節や旅行家たちが口を揃えて称賛する女性である、とはアメリカの歴史家ロッサービの評価である（Rossabi 2009）。「彼女がいなければ、ハーン位がオゴダイ家からトロイ家に移ることもなかったにちがいない」というのが大方の歴史家の見解であろう。

クリルタイを制するために

「バトは体の調子が悪く、足が痛いそうなので、見舞いに行きなさい」

母親の指示どおりに、長男ムンケをはじめ、フビライとフレグ、それにアリク・ブハら四人の若き王子たちが東のモンゴル高原からはるばるキプチャク草原に建つバトの宮帳《オルド》にあらわれた瞬間、彼らの政治的地位はもはや永世不動のものとなった。礼儀《ヨ》作法《ソ》をわきまえている、とバトは高く評価したのである。

次の新しい大ハーンを選ぶクリルタイの開催をキプチャク草原の勇者バトは呼びかけていた。いまやジョチの次男バトが全黄金家族内の「兄貴《アハ》」として尊敬される長老となっていたからである。バトは最初、自身の支配地でクリルタイを開こうとしたらしいが、オゴダイ家とチャガータイ家の王子たちは遅々として行こうとしなかった。

ソルカクタニ・ベキとトロイのあいだに生まれた四人の息子は東ヨーロッパを転戦する征西軍のなかで勇敢に戦った。それは、オゴダイ・ハーンの息子グユクらが総帥のバトと衝突しつづけたこととは対照的だった。

遊牧民の指導者は常にみずから先頭に立たなければならない。ソルカクタニ・ベキの息子たちはそれができたのである。バトを見舞った後、ムンケたちはモンゴリア本土に帰ったし、バト兄貴《アハ》も自分の兄弟たちを各地に派遣し、チンギス・ハーンの本拠地、ケルレン河の畔でクリルタイを開くので、参加せよと伝えた。

一二五一年春、クリルタイは予定どおり、ケルレン河の畔で招集された。

東方諸王家と中央アジアのチャガータイ家、はるか西のキプチャク草原のバト家（すなわちジョチ家）の諸王子たちは参集し、例によって祭からスタートした。連日昼夜にわたる宴会で、女性たちはその都度、服の色《ジスン》を変えるのに忙しい。「王子たちは北斗七星のように輝き、姫たちは月のように美しい」と、ジュヴァイニはペルシャ人らしく、美文調の賛辞を惜しまずにクリルタイの参会者たちを描いた。

毎日、馬車二千台で馬乳酒を運び、三百頭の牛と三千頭のヒツジが料理に供された。家畜はすべて、イスラームの習慣に従って屠った。チンギス・ハーンの時代から数えてすでに四半世紀の光陰が過ぎたことで、その直系子孫や家臣たちの多くがムスリムとなっていたからであろう。遠方からの客人をもてなすのをなによりも大切な礼儀とするモンゴルでは、自分たちのしきたりより客人のならわしを優先すべきなのである。

もてなしの準備はすべてソルカクタニ・ベキの意向で進められた。

「牝《イ》ラク《ン》ダ《ゲ》の乳を搾るときにはまず、その仔ラ《ボ》ク《タ》ダ《ガ》をかわいがらなければならない」とソルカクタニ・ベキは息子のムンケと甥のバトに指示した。家畜の乳を搾る際にはまず、その仔を母親の身辺まで連れて来て乳房を吸わせる。家畜は基本的に自分の仔にしか授乳しないので、催乳効果が欠かせない。人間も同じである。ハーン位をどうしても自分の子孫に継承させたいので、誰もが喜んでクリルタイに来るとは限らない。事実、不満を抱くオゴダイ家の王子二人とオグル・ガイミシュ妃の代表だけは遅々として姿を見せようとしなかった。

クリルタイが始まると、政治の話はバトに任せた。バトの母親とソルカクタニ・ベキは姉妹である。モンゴル人は母親の姉妹を母親同然に尊敬するので、バトは彼女の意向に沿って演説した。

祖父チンギス・ハーンの末子で、その本拠地《ユルト》を守りつづけた、私たちの叔父上であるトロイさまのご子息であるムンケ。彼はオゴダイ・ハーンの身辺にいたときから遠征に率先して参加し、勇猛果敢に戦い、キプチャク草原の人びと、コーカサスのアスト人を帰順させた。明晰な頭脳と思想を持ち、法令《ヤサ》と礼儀作法《ヨソ》がわかる方である。ムンケこそ、次の大ハーンにもっともふさわしい。

ムンケは例によって三回、固辞する。それでも推戴されつづけたので、ついにハーンになるのを承諾する。

夏の七月、ムンケは西へ移動し、帝都ハラ・ホリムで正式に即位式をおこなった。

思い残すことなく？

息子のムンケをハーン位につけた半年後の一二五二年二月十二日（三月十一日とも）に、ソルカクタニ・ベキは静かに息を引き取った。

直前までに、彼女はウイグルのイドグー家の名誉回復を進めていた。かつてチンギス・

ハーンの五番目の息子になりたいとやって来て、アル・アルタン・ベキと結婚した家柄である。そのイドグー家もまたオゴダイ・ハーン一門から迫害されていたが、名誉回復の時期がめぐってきたのである。晴れて名誉が回復されたウイグルの名門は当然、ムンケ・ハーンに忠誠を尽くす。この忠誠は、後の大元ウルスをつうじて最後まで守られることになる。

のちにフビライ・ハーンが大元ウルスを建てた後、大都ハーン・バリク（いまの北京）とその近畿に当たる真定府《しんていふ》にソルカクタニ・ベキを記念する石碑が建立された。一三三五年には西の甘州に建つネストリウス教の教会堂にその肖像画が掲げられていた。大元ウルスの滅亡後、彼女を祀る祭殿はチンギス・ハーンの四大オルドと合流し、オルドス万戸の祭祀の対象となった（楊海英 二〇〇四、『モンゴルの親族組織と政治祭祀』）。現代まで、モンゴルの「柱たる妃《エシ・ガトン》」として尊崇され、祀られてきた、とは前に述べたとおりである。

アリストテレスの教え

「法令《ヤサ》に違反した者の首を刎ねよう」

バトはそう新帝のムンケに言い残して西のキプチャク草原に帰っていった。

明らかに自身の即位を喜ばなかったオゴダイ家とチャガータイ家をどう扱うべきかについて、ムンケ・ハーンはある日、大臣のマハムード・ヤラワーチに尋ねた。ヤラワーチについて、『元史』は「西域人」と記している。ヤラワーチはムンケ・ハーンに次のようなイスカンダルの物語を語った。中央アジアのムスリムはアレクサンダー大王をイスカンダル（あるいはゾルカナイ）と表現する。陸続きのユーラシア草原部にアレクサンダー大王の英雄伝は早くから伝わっていたのである。

世界の大半を征服した後、イスカンダルはインドに進軍したかった。しかし、彼の部下たちはみな、それぞれの地で独立しようとしていた。困ったイスカンダルは師のアリストテレスに使者を派遣して教えを乞うた。アリストテレスはなにも言わずにイスカンダルの使者を自分の庭園に連れてゆき、大木を根こそぎ切り倒し、新しい苗を植えた。戻ってきた使者に、「師が教えた良策はなにか」とイスカンダルは聞いた。「とくになかった」と使者は見たことをだけ語った。

（『集史』第二巻、二五頁）

ムンケ・ハーンには、古のアリストテレスの示唆がわかった。彼も「二本の大木」を倒す必要がある、と決心した。オゴダイ家とチャガータイ家に対する怒濤のような粛清が始まる。

両家とも女性が当主としてウルスを運営していた。

「この体は君主であるハーンさま以外には見せない」

オゴダイ家のオグル・ガイミシュ妃は、夫のグユク・ハーンを亡くしてからハラ・ホリムを離れて本拠地の天山北麓（東トルキスタン）に戻り、ホム・センギルに滞在していた。グユク・ハーンが他界した地であり、彼女はそこからどこにも行く気にならなかった。

そこへムンケ・ハーンの派遣した「十万もの勇敢かつ英雄的なテュルク人青年からなる軍隊」がやってきた。「十万」とは明らかにジュヴァイニが誇張しているが、騎馬隊であるのにまちがいない。大ハーンから呼ばれている、とだけ伝えられた。

理由はクーデターに関与した疑いがある、とのことである。オグル・ガイミシュ妃の息子グチャは激怒し、使者に襲いかかろうとしたとき、彼の妻のひとりが止めた。「身分は低いが、智慧と知能は抜群にすぐれていた妃のひとり」はこう言ったという。

「使者を侮辱してはいけない。ハーンに呼ばれた以上、その命令に従い、説明すればいい」

妃の意見をグチャと母親は受け容れた。

ムンケ・ハーンは、さらにその西（中央アジアのマーワラ・アンナフル地域）にいたチャガータイ家の当主イェス・ムンケとその妃のトカシ・ガトンなどの有力者たちにも参内を命じていた。イェス・ムンケはチャガータイの第五子で、かつてグユクの親衛隊《ゲシク》にいた。老臣の鎮海も逃れられなかった。

大ハーンの意向を汲み、黄金家族の女たちを断罪していたのは側近のマンガサルである。ジャライル部の出身で、ムンケの家臣としてヨーロッパ遠征に従軍し、キプチャク草原のテュルク系の遊牧民を東方へ連れてきて親衛軍団《ゲシクテン》を編制した。ジャライル部は代々、黄金家族のボルジギン家の忠実な家臣団だった。

ムンケ・ハーンの部下たちはオグル・ガイミシュ妃を丸裸にして尋問した。妃は激しく抵抗した。

「この体は君主であるハーンさま以外には見せない」

一二五二年八月、オグル・ガイミシュ妃は白いフェルトで包まれ、河に沈められた。中央アジアからの宮女ファティマと同じ扱いである。チャガータイ家の嫁、第五子イェス・ムンケの妃トカシ・ガトンも処刑された。

グユク・ハーンの息子のグチャだけは、その妃のひとりが賢明な人物だったということで、死刑を免じられ、従軍することになった。グチャが出発した後、その賢い妃はハーンから与えられた領地を管理した。その領地はハラ・ホリムの北、メルケト部内のソロンゴスという集団が代々、放牧してきた地である。ソロンゴスからはチンギス・ハーンの愛妃ホランが誕生している。ムンケ・ハーンの温情もおそらく、オグル・ガイミシュ妃もホラン妃もメルケト部出身だという出自への配慮からであろう。
アリストテレス流の「大木を倒す」粛清は、黄金家族の女たちに対する厳罰から始まった。私が思うに、ムンケ・ハーンはそれほど「女の存在」に脅威を感じていたのではなかろうか。

ネストリウス派の栄華

オゴダイ・ハーンのまわりに多数のムスリムの大臣や有力な商人がいたのに対し、ムンケ・ハーン時代のハラ・ホリムにはキリスト教ネストリウス派の雰囲気が濃い。その点について、一二五三年十二月にヨーロッパからハラ・ホリムを訪れたフランチェスコ会修道士のルブルクは次のように記している。

マング（引用者註：ムンケ）はカラカルム（引用者註：ハラ・ホリム）の町の城壁の近くに大きな宮廷を構えていて、それは我々の所の修道士たちの僧院が囲まれるように、煉瓦の壁で囲まれている。そこには大きい宮殿が一つあり、彼はそこで年に2回酒宴を催す。……

大宮殿の中に乳や他の飲み物の皮袋を持ち込むのはみっともないというわけで、その入口にパリジャンのヴィレルムス親方が彼のために一つの大きな銀の樹をこしらえた。その根元には4頭の銀の獅子［虎］がいて、それぞれ管を一本持ち、白い馬乳を吐き出している。……

……カン（引用者註：ハーン）はそこに、一人の神のように昂然と座っている。右つまり西側には男たちが、左側には女たちがいる。宮殿は北側から延びているからである。南側の列柱の傍、右側には露台のように高くなった座席があり、カンの息子と兄弟たちが座っている。左側も同じようになっており、彼の妻と娘たちが座る。夫人が一人だけ彼の隣の高くなったところに座るが、彼のほど高くはない。

（高田英樹 二〇一九、二五一—二五二頁）

ある日、ムンケ・ハーンはルブルクの滞在する宿屋までやってきた。そして、教会に入り、金の床几《しょうぎ》を持ちこんだ。ルブルクは聖書と読誦集を胸に抱えて祭壇まで進み、詩編「精霊よ　来たれ」を歌った。ムンケ・ハーンは聖書と日課書のなかの挿し絵の意味について熱心に尋ねた。しばらくしてから、ハーンは先に帰り、妃だけが残った。ワインと馬乳酒、それにヒツジの肉が配られ、全員で歌い、宴会となった。

その妃と娘はネストリウス派のキリスト教徒であった、とルブルクは気づいた。すでに述べたように、ムンケ・ハーンの母親ソルカクタニ・ベキはネストリウス教徒であったので、この一門はキリスト教に親しみを感じていたのであろう。このころのハラ・ホリムの教会と宮廷では、アルメニア人とフランス人が運んできた西洋の楽器が好まれていた。

ムンケ・ハーンの長子は二人の妻を持ち、父親の近くに屯営していた。長子はネストリウス派の信者で、エルサレムからもたらされた十字架を拝んでいた。夫人のひとりも同様で、もうひとりは仏教徒だった。

復活祭をルブルクはハラ・ホリムのモンゴル人クリスチャンたちやハンガリー人、アラン人とジョージア人、それにアルメニア人たちと一緒に祝った。

一二五四年七月、ルブルクはムンケ・ハーンからルイ九世への返書を携えて帰途に就いた。そこには「フランク人の大社会に、フランク人の主ロドウィクス王ならびに他の全ての君主、司祭たちそしてフランク人の大社会に、我らの言葉を知るべし。チンギスカンによってなされし神の命、チンギスカンによるもその後の他の誰によるも、汝らの許に至らず」と記してあった（高田英樹二〇一九、二七四―二七五頁）。

チンギス・ハーン時代のモンゴル高原の遊牧民ケレイト部とナイマン部にはネストリウス派のキリスト教徒が多かった。ムンケ・ハーン時代以降は帝都にネストリウス派の教会堂が建ち、ヨーロッパからの修道士が訪れるようになった。モンゴル帝国には多様な宗教文化が栄華を誇っていたのである。

骨肉の争い——二人の大ハーン

ムンケの治世は案外に短かった。

一二五九年八月、酷暑の四川釣魚山《ちょうぎょさん》で対南宋作戦中のムンケは伝染病にかかって急逝した。大ハーンであるにもかかわらず親征し、しかもみずからたびたび陣中に立ち、強攻を続けるなど、無理に無理を重ねたことで、招いた悲劇である。弟フビライと東方諸王家の進軍と作戦ぶりに不満だったムンケ・ハーンがやむをえず親征の途に就いた、と杉山正明は論じている（一九九六 上）。

翌年の四月には南モンゴルの開平府《かいへいふ》でフビライがクリルタイを開催して、大ハーンの位についたと宣言する。四十六歳のフビライは華北の漢家児《チャイニーズ》軍閥と東方諸王家の支持を取りつけていた。彼は南モンゴルの中央部、シリーンゴル草原のシャンダ河の畔に中国風の都市を造営し、独自の勢力圏を構築していた。これが開平府である。シャンダとは、湿地帯との意味である。夏になると、天の涯てまで金蓮《シャル・チチク》が咲き乱れる、美しい草原である。

フビライ周辺の契丹人や女真人、それに漢家児《チャイニーズ》からなるブレインたちはのちにシャンダを上都《シャンド》開平府と呼び、西洋ではザナドゥ（Xanadu）として知られるようになる。一二六〇年六月に、フビライはここで中統《ちゅうとう》という中国風の年号を立てた。十一年後には大元ウルスが建てられ、燕京《えんけい》が大都《ハーン・バリク》、中都と改められたのちは、夏の都となる。

一方、フビライの弟で帝都ハラ・ホリムの留守をあずかっていたアリク・ブハは、大ハーンの他界を知るや、彼を支持する姻族《サドン》のオイラート部と中央アジアのチャガータイ家を後ろ盾にクリルタイを開き、兄より一月遅れながら大ハーンに推戴される。

モンゴル帝国で初めて、二人の大ハーンが南北で相対立する局面があらわれた。先帝の葬儀に参加せずに、帝国の南東隅に割拠するフビライのほうが、明らかに「反乱者」である、と杉山正明は評する（一九九六上）。

ムンケ・ハーンが没したとき、征西軍はイラン高原の山岳地帯の険しい山城を拠点とする暗殺者軍団イスマーイール教団を殲滅し、バグダードを陥落させてカリフ政権を倒し、エジプトをうかがおうとしていた。

征西軍を率いるフレグはムンケ・ハーンの訃報に接すると戦馬の手綱を止めた。彼も当然、次の大ハーンの位を狙っていた。しかし、モンゴリア本土に帰還するよりも、西アジア・中東方面に独自の勢力圏を築こうと方針転換する。

ムンケとフビライ、アリク・ブハそしてフレグ。四人ともソルカクタニ・ベキの息子である。ここからフビライとアリク・ブハの骨肉の争いが燎原の火の如く全帝国を巻きこん

中央アジアの都市サマルカンドの城壁。モンゴルの征西軍はここでも幾度も激戦を経験したと伝えられている（2019年夏、著者撮影）

でくりひろげられていく。文字どおり、ユーラシア規模の政争である。

六年間に及ぶ戦争の末、一二六四年陰暦七月にアリク・ブハは部下を率いてフビライに帰順した。南にあたる華北からハラ・ホリムへ運ぶ物資を止めるなど、フビライの経済制裁が奏功したのである。

「初めはわれらが正しかったが、いまや汝らが正しい」とは兄のフビライに面会した弟アリク・ブハの言葉である。フビライとアリク・ブハ兄弟は涙を流して抱きあい、和解を演出した。

二年後、アリク・ブハは他界した。黄金家族の成員を処刑しないとの原則をフビライも建前上は守り、アリク・ブハに追随した庶民出身者だけが罰せられたと伝えられている。

ユーラシアの各地に散ったモンゴル人たちはここから緩やかに、イラン高原とキプチャク草原、中央アジアのマーワラ・アンナフル、そして東方のモンゴル高原・華北をそれぞれの根拠地として固めていく、世界経営の戦略期に入ってゆく。

オルキナ・ガトンとトゴス・ガトン

大ハーンがかわるたびに政争も激しくなる。そのとき、女たちはどうしていたのか。チャガータイ家について見てみよう。

チャガータイの第五子イェス・ムンケの妃トカシ・ガトンが処刑されたのは、その夫がムンケの即位に反対していたからである。「イェス・ムンケは大酒飲みで、政治は夫人のナシが運営していた」とペルシャの年代記は記録している。ナシとトカシ・ガトン、二人の女がチャガータイ家を実質的に管理運営していたことがわかる。

じつはチャガータイは生前から長男をかわいがり、自身の後継者に決めていた。チンギス・ハーンもその選択に賛成していた。ところが、その長男はホラズム帝国との攻防中に流れ矢に当たって戦死した。チンギス・ハーンとチャガータイは亡き長男の息子、すなわちチンギス・ハーンの曽孫にあたるハラ・フレグを不憫に思い、チャガータイ家の当主の座につくよう決定した。

ハラ・フレグの夫人はオルキナ・ガトンで、二人からムバーラク・シャーという息子が生まれている（その名前からチャガータイ家は二世からほとんどイスラームに改宗していたことが読み取れる）。ハラ・フレグはムンケ・ハーン一派だったので、オルキナ・ガトンはトカシ・ガトンが処刑されるやイェス・ムンケを殺害し、ムバーラク・シャーを当主とした。「実際はオルキナ・ガトンがハーンである」とは『集史』の記述である。

オルキナ・ガトンはオイラート部のトラチ駙馬とチチケンのあいだに生まれた娘である。チチケンはチンギス・ハーンの皇女。出自と血統の面で申し分のないオルキナ・ガトンはイェス・ムンケ派を粛清するのに躊躇しなかっただろう。

やがて彼女も、フビライとアリク・ブハ兄弟の紛争から逃れられなくなる。最初はハラ・ホリムのアリク・ブハの側についた。アリク・ブハが敗れた後はフビライに忠誠を尽くす。すべてはチャガータイ家の維持のためである。中央アジアの遊牧戦士はみな、彼女の命令に従っている、とペルシャの年代記は伝えている。

オルキナ・ガトンが最初、アリク・ブハの陣営に立ったのにはわけがある。彼女の姉アリルジミスがアリク・ブハの第一夫人だったからである。アリルジミスは夫に愛され、アリク・ブハ家の実力者だった。思うに姉妹は連携して、帝都ハラ・ホリムと東トルキスタンにあった二つのハーン国《ウルス》を同時に運営したかったのにちがいない。

征西軍を率いるフレグ（ハラ・フレグとは別人）の場合も見てみたい。

フレグの正夫人トゴス・ガトンはケレイト王国のワン・ハーンの孫娘でチンギス・ハーンの四男トロイと結婚していた。トゴスとは、孔雀の意である。

トロイの死後、レヴィ＝レート婚の原則に従い、フレグはトゴスを妻とした。つまり、フレグの母（ソルカクタニ・べキ）も妻（トゴス・ガトン）のどちらもケレイト王家の娘なのである。トゴスはフレグに愛され、その宮帳内でもっとも地位の高い妃とされた。彼女はクリスチャンであった。

このように、黄金家族の男たちがユーラシア規模で政治的内紛に没頭していた時期に、それぞれのウルスの内政を切り盛りしていたのは、女たちだったのである。

ハイドゥ

ところで、ムンケ・ハーンとフビライが長城を南に越えて漢家児《チャイニーズ》の地に入るのを喜ばなかった人たちがいた。オゴダイ・ハーンの第四子ハシの息子ハイドゥ（一二三五／三六〜一三〇五？）とその幕僚たちである。

彼らはモンゴル人はあくまでもユーラシアのステップを離れずに遊牧するのが至福の生活だ、との価値観を抱いていた人びとであった。ハイドゥは大ハーンに反旗を翻し、対立はフビライの死後にまで及ぶ。

南の中華世界と西のトルキスタンのどちらとより深く、親しくつきあうべきかとは、モンゴリアの遊牧民が有史以来ずっと議論しつづけてきたことである。そして、中華世界に接近するのを大方の遊牧民は忌み嫌った。同化した、と見られるからである。

もちろん、草原部に留まろうと主張するオゴダイ・ハーンの後裔たちの思想の根底には、ハーン位はオゴダイ家のみが代々受け継ぐべきだとの見解もあった。現にグユクの即位式では、そう誓いあっていたからである。

ハイドゥ一派はフビライとアリク・ブハの骨肉の争いのときには、後者の側に立った。ハイドゥはチャガータイ家の一部と連携し、東は天山南北の諸オアシスと草原、西はタラス河とバルハシ湖を占拠してオゴダイ家の生き残りを図った。

月の如く美しい女戦士

英傑ハイドゥは、二人の有能な娘を持ったことでも中央アジアで広く知られていた。姉はグトルン・チャガーンで、妹はグルトチン・チャガーンと呼んだ。それぞれテュルク・モンゴル語で直訳すれば、「輝く白」と「柔らかい白」の意である。

じつはマルコ・ポーロもその『東方見聞録』のなかで、ハイドゥの娘の伝説を記録している。

カイドゥ（引用者註：ハイドゥ）王には一人の娘があり、タルタル語でその名をアイヤルクといった。これはわれわれの言葉でいえば「輝く月」ということである。この娘はたいへん強く、王国の中で彼女をうち負かす若者は一人もいなかった。

（青木一夫『全訳　マルコ・ポーロ東方見聞録』二九一頁、校倉書房）

このアイヤルクこと「輝く月」はまちがいなくグトルン・チャガーンのテュルク語の名であろう。つまり、彼女はおそらく、モンゴル語とテュルク語の両方で呼ばれていたのだと思われる。

『集史』によると、ハイドゥはどの子どもよりもグトルン・チャガーンを溺愛したという。彼女は常に父親について遠征し、なかなか結婚しようとしなかったので、父親と不適切な関係があるのではないか、との噂が出たほどである。

また、「輝く月《グトルン・チャガーン》」はなんと相撲の名人でもあった。自分を倒した青年がいれば、結婚する、と彼女はそう宣言していた。

ある日、ハイドゥは屯営地で遊牧の戦士たちを集めて愛娘と勝負させることにした。グトルン・チャガーンは「皮の上着を着、きらびやかに飾りたててテントの中央に進んだ」。同じく皮の上着を着た若い貴族の青年が対決にあらわれた。若者が勝ったら結婚し、負けたら千頭の馬を没収するとの約束が交わされた。グトルン・チャガーンはすでに一万頭を越す馬群を持っていた。

二人の若い男女は組み合うと、互いに秘技を尽して相手を組み伏せようとした。だがついに王女は王子を破り、大地に投げつけてしまった。こうして王子は敗北し、千頭の馬を失ってしまった。王子は家来たちを引連れてすぐさま出発し、恥辱に身を震わせながら国へ帰っていった。大テントにいたものは、この成り行きを一人残らず悲しみの目で見つめたものである。

カイドゥ王は、王子をうちまかしたこの娘を、幾度となく戦場へ連れて行った。だがその戦いのさ中にも、この娘ほど勇敢な騎士は一人として現われたことがなかった。そして、いくたびかこの王女は敵のまっただ中で、相手の騎士を力ずくで生け捕りにし、味方の陣営に連れ帰った。こんなことはたびたびあったことである。

（青木一夫『全訳　マルコ・ポーロ東方見聞録』二九三頁）

けっきょく父親のハイドゥを困らせないよう、彼女は自分で選んだゴルロス部のアブドグールという男と結婚した（妹のグルトチン・チャガーンはイランのフレグ家の大臣と結婚した）。ハイドゥは、愛娘にして優秀な戦士であるグトルン・チャガーンを連れてハラ・ホリムの西、ジャブハン河の畔でフビライ・ハーンの大元ウルス軍と戦った。後世のモンゴル人もハイドゥを心底から尊敬し、ハイドゥ・ハーンと敬意をこめて呼ぶ。そして、その姫であるグトルン・チャガーンに関する物語を歌いつづけた。

ハイドゥの他界後、グトルン・チャガーンはオゴダイ家の運営維持にかかわりつづけようとしたが、同盟を組んでいたチャガータイ家の有力者に反対された。

「国家《ウルス》のことよりも、裁縫《ウイレ》用の針と鋏を扱いなさい」

こう言われた女性戦士は激怒し、チュー（シューとも）河の畔に建つ父親の墓を守り、質素な暮らしを送ることにした。グトルン・チャガーンが戦場と政治から離れたことでオゴダイ家は完全にまとまらなくなり、ステップの沙のように消えてしまった、と遊牧民は語るのである。

＊

はるか西のキプチャク草原とルーシ南部にはジョチの血統を汲むバト・ハーンの王朝、イラン高原にはフレグのイル・ハーン国、そして東方にはフビライ・ハーンの大元王朝が成立し、モンゴル帝国は完全に多極化の時代に入った。

西のほうでは精神的にはイスラームに改宗し、身体的には急速にテュルク化、ペルシャ化していった。東のほうのモンゴリア本土と中華世界ではあいかわらずチンギス・ハーン時代以来の激烈な政治的ドラマが続けられる時代になったのである。

次章では、大元ウルスの都、大都《ハーン・バリク》が舞台となる。

第９章

大都に交錯する光と血

大元ウルスの皇后の一人、ボタシャリ妃が寄進した仏画
（*The World of Khubilai Khan, Chinese Art in the Yuan Dynasty* より）

美女のマスクは誰のため？——マルコ・ポーロは語る

「いいですか、彼らは自分たちの息や匂いが大君の飲み物や食べ物に掛からぬよう、自分の口と鼻を絹と金のきれいな布でくるむのですよ」

これは、一二九八年前後にイタリアはジェノヴァ市内の牢獄内での、ある囚人の語りである。語ったのはマルコ・ポーロで、書き写していたのは騎士物語作家ルスティケッロである。自身の見聞を多少は誇張した部分もないとは言えないが、観察した社会的、文化的現象は当時のままの姿だろう、と見られている（高田英樹 二〇一九、三六〇頁）。

「自分の口と鼻を絹と金のきれいな布でくるむ」とは、マスクをしていた風習を指す。語られているのは一二八七年ごろの大都すなわち現在の北京で、当時はハーン・バリクすなわち「ハーンの都」と称されていた宮殿内の宴会《トイ》の風景である。世界規模のパンデミックを経験したいまでこそ、マスクはあたりまえの衛生用品となっているが、十三世紀において、金糸と絹を使った布マスクは相当、高級品だったにちがいない。

マルコ・ポーロがグラン・カン、「大ハーン」と呼ぶのはフビライのことである。「（体の）大きさはちょうどよく、小さくも大きくもなく、中くらいの大きさで、かっこよく肉が付いている。四肢は全てとても形よい。バラのように白と紅色の顔をしている。目は黒く美しい。鼻は形よくうまく据わっている」とは大ハーンの厚い信任を得ていたと自負するポーロの観察である。

ポーロは続ける。

大ハーンには四人の夫人がおり、どれも正妻として遇されている。妃たちはそれぞれ自分の宮殿を持ち、三百人の美しく、愛らしい娘たちを有している。ハーンにはまた多くの側室がおり、ほとんどがコンギラート部という「タルタル人の一種族」の出身で、「とても綺麗な人々である」。

毎年、その種族全てで一番綺麗な娘が百人選ばれ、グラン・カンのところに連れて来られる。そして、彼女らを宮殿の婦人に預け、よい息をしているか調べるために、また生娘であらゆる点で健全であるか調べる……。

（高田英樹二〇一九、三五四頁）

ポーロの語りをどこまで信用していいかわからないが、大元ウルスの宮廷内で、コンギラート部出身の女性たちが多かったのは事実であろう。「我が一族は麗しき娘たちを他部族

系譜図２　大元ウルス期のハーンとガトン（妃）たち

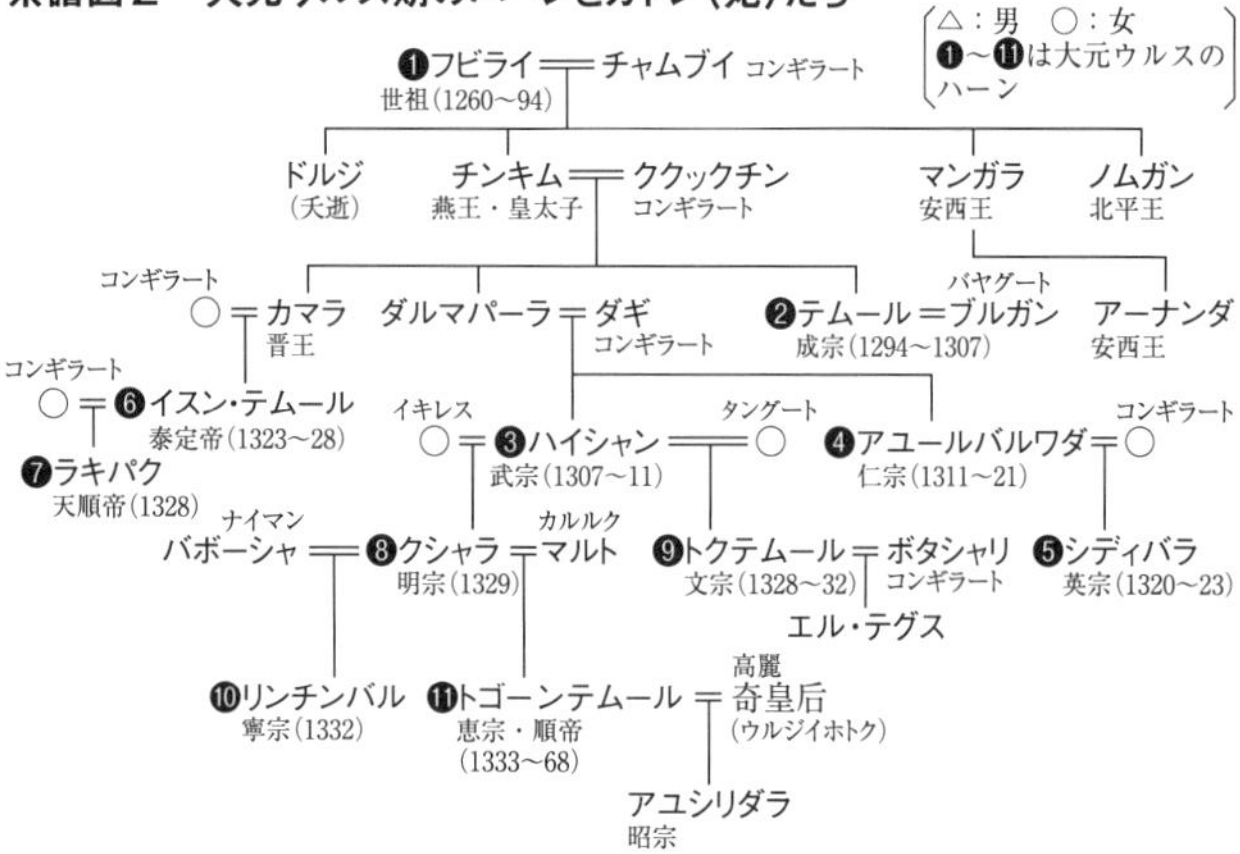

の有力者たちの妃にすることで強くなった」という、少なくとも十二世紀末以来の伝統はまだしっかりと残っていたようである（系譜図２）。

ジスン宴・ジュマ・焼飯

フビライ・ハーンが宴会を催す時、色とりどりの服をまとった夫人たちは彼の左に坐る。金杯を用いて酒を飲む時、楽器がいっせいに鳴りはじめる。大臣や将軍たちもすべて夫人同伴である。宴会ごとに夫人たちは同じ色の服に着替え、『元史』では「一色服」と表現している。テュルク・モンゴル語で色をジスンということから、宴会もまた「ジスン宴」と称されるようになった。

　天子たるハーンのジスン服は冬用で十一種、紅色を基調とした錦に刺繍《ナシシ》を施した外套を羽織り、下は白いシルクの内着を使う。夏用は十五種で、中央アジア産のダナト・ナシシという絹からなる。文武の大臣たちの一色服は冬用が九種で、同じく紅色で揃えた。夏用は十四種で、高麗鴉《かささぎ》青色と桃色、白地などからなる。

料理の種類も豊富かつ豪華だったことは元朝時代の宮廷献立本、『飲膳正要』(忽思慧一三三〇)を見れば一目瞭然である。この大元ウルス期の宮廷用料理本を分析したところ、食材の七割をヒツジが占めていたという結果が出た。なかでもとくにヒツジの丸焼き、ジュマという料理が好まれていた。モンゴル人は世界帝国を建設し、「中華」を支配下に入れても、ヒツジ料理を愛する伝統を放棄しなかったようである。

都市の宮殿に入っても、変わらなかった風習がある。妃たちは妊娠し、分娩が近づくと、殿外に天幕を張り、そこで出産した。生まれた子が満一ヵ月になってから殿内に戻るが、天幕は側近に下賜された。

九月と十二月の十六日には宮廷の庭で「焼飯《しょうはん》」の儀礼がおこなわれた。馬一頭とヒツジ三頭が屠られ、紅色の錦で包んで焼いた。馬乳酒を天に向かって振り撒き、「国語」すなわちモンゴル語で歴代の祖先の名前が唱えられた。祖先へ供物を捧げる儀式である。妃たちとハーンはまた白と黒の羊毛の糸を頭から足まで巻き、無病息災を祈った。これらすべて、ステップのシャーマニズムのしきたりである。

「われわれの麗しき女たち」の時代

華やかな都、ハーン・バリクの大都を政治の中心とする大元ウルスであるが、歴史学者の杉山正明は次のようにその性質について指摘する。

大帝クビライ（引用者註：フビライ）が長逝したのちモンゴル中央政局は、女性が掌握した。「女の時代」であった。言い換えれば、それほど大カアン（引用者註：ハーン）がひ弱であった。尚武《しょうぶ》の面影を失ってすっかり深窓の貴公子となってしまった上品でひ弱な大カアンたちを、気丈な女性たちが導いたと言えるのかもしれない。

（杉山正明 一九九六下、二〇三頁）

「女の時代」である元朝。その女たちの多くがコンギラート部の出身者だったので、「コンギラート部出身女性たちの時代」とでも言えるのではないか。

大元ウルスだけではない。

ある歴史学者によると、はるか西のキプチャク草原に移動したチンギス・ハーンの長男のジョチが建てたウルスでも、長男のオルダと次男のバトから始まり、その子孫までコンギラート部の女性と結婚していた。また、中央アジアのチャガータイ家とオゴダイ家、イラン高原のイル・ハーン国でも、コンギラート部出身の女性たちを后妃に迎える伝統はずっと続いていたという。

モンゴル帝国が分裂した後も、中央アジアのホラズムではコンギラート部の力は衰えなかった。イスラームのスーフィー勢力が勃興しても、テムール朝に変わっても、社会主義制度が確立されても、コンギラート部は中央アジアで勢力を張りつづけている（杉山正明／北川誠一 一九九七、三三八—三四〇頁）。

一九九一年から東トルキスタンで調査していた頃、天山とアルタイ山中で遊牧するテュルク系のカザフ人のなかにコンギラート部がいるのを私は確認している。また、二〇一八年からウズベキスタンで調査を始めたときから、コンギラート部は同国内の各地で大きな集団として存在している事実を目撃した。

民族としてはウズベクだったり、カラ・カルパクだったりするが、モンゴル人の私に会うと、みんな「われわれの麗しき女性たちは、チンギス・ハーン家の嫁になっていた」と語った。「麗しき女性」は、彼らの集合的記憶の一部となっている。そういう意味で、大元ウルスだけでなく、中央アジア全体でコンギラート部の女性たちの歴史的役割についてもっと注目していいのではないか、と私は認識している。

チャムブイ・ガトンとその実家

中華本土に大元ウルスを建てたハーンたちは、中華王朝の伝統による廟号《びょうごう》という諡《おくりな》をもつ。たとえば、一二九四年に八十歳で亡くなったフビライ・ハーンの廟号は世祖《せいそ》である。当然、廟号を本人が生前に使ったことはない。本書は以下、日本の読者にわかりやすいように、廟号とハーンの称号を併用する。

フビライが弟のアリク・ブハとの帝位争いで優位に立ち、ついに大元ウルスを自家領として全モンゴル帝国のハーンになれたのは、妻チャムブイ・ガトンの実家であるコンギラート部の存在があまりにも大きかったからである。しかし、チャムブイは第一夫人ではなかった。

『集史』によると、メルケト部の君長トクタ・ベクの弟ホドの娘トルハイジンが十三歳だったときにフビライの第一夫人となっている。チンギス・ハーンの意向である。単純に計算すると、おそらくはチンギス・ハーンが他界する少し前、一二二六年前後のことであろう。トルハイジンには子どもが生まれなかったので、その後は地位が相対的に低かったという。

『モンゴル秘史』はメルケト部がチンギス・ハーン親子二代の妻を奪ったり、奪われたりしたという因縁の対決を取り上げているが、このことから察するに、実際のところメルケト部はケレイト部やコンギラート部などと並ぶほどの名望家で、ボルジギン家は喜んで嫁を迎えていたのではないか。

コンギラート部出身のチャムブイ・ガトンについて、東西の年代記は揃って高く評価する。後世の歴史家も例外ではない。私が大学院生時代に京都大学の杉山正明のゼミに出席し、フビライ・ハーンの一代記「世祖本紀」を読んでいたところ、将来はチャムブイ・ガトンについて研究しなさい、と言われたことがある。

フビライ・ハーンの妃チャムブイ・ガトン
(『南薫殿歴代帝后図像』より)

ハーン位を掌中に収めたフビライが新しい都を金王朝の燕京の北東部に一二六七年から建設しだした際に、四人の親衛軍人《ゲシク》は都周辺の畑を家畜の放牧地にしようと提案したことがある。農耕地を牧草地に変えてしまうと、漢家児《チャイニーズ》の反感を買うので、チャムブイ・ガトンは反対した。

彼女はフビライの忠臣とされる劉秉忠《りゅうへいちゅう》を呼んで叱責した、と『元史・后妃伝』にある。

「こういうときこそ、あなたのような聡明な漢人幕僚がほんとうのことを言わないといけないのではないか。なぜ、黙っているのか」

恐れ入った劉秉忠はそれ以降、万事、実直に進言するように変わったという。

「チャムブイはアルチ・ノヤンの娘で、賢く美しい。フビライのために四男五女を産んだ」と『集史』は記録している。アルチ・ノヤンはダイ・セチェンの長男で、無名だったころのテムージンと親しかった。アルチ・ノヤンは姉のボルテをテムージンに嫁がせるのに父親以上に熱心だった、と前に述べた（第3章参照）。

それだけではない。アルチ・ノヤンの孫娘ハタハシはオゴダイ・ハーンの息子グチュの妃《ガトン》である。オゴダイ・ハーンがかわいがり、一時は後継者に指定していたシラムンはこのハタハシ・ガトンから生まれている。

そもそも、フビライが独自の軍事政権を作り上げる際に本拠地としていた上都あたりは、代々アルチ・ノヤン家の領地であった。彼らからすれば、娘たちをチンギス・ハーンの四男トロイ家に嫁がせているだけでなく、オゴダイ家とも婚姻関係を結んでおけば、ハーン位がどちらに移っても黄金家族との姻戚関係は維持できる、との計算ではなかろうか。

チベット仏教の都市

チャムブイ・ガトンはチベット仏教に強い関心を抱いていたこともあり、フビライは若いころからチベットの高僧たちと親交を重ね、黄金家族の娘を高僧家と結婚させた。そのためか、ハーン・バリクである大都は、チベット仏教の色彩が強い都市だった。

当時、国師だったチベットの高僧パクパは、大都の中心的宮殿である大明殿の御座の上に白傘蓋《チャガーン・シクルタイ》を置き、金書梵字の装飾を施した。また、宮城の正面玄関に当たる崇天門《すうてんもん》に金輪を飾るよう提案していた。仏教の理念に基づき、フビライを仏典が描く理想的な帝王、転輪聖王《てんりんじょうおう》として位置づけるためのデザインだった（『元史・志第二十七』。中村淳二〇二三）。白傘蓋は、国土を鎮護する神で、その法要は国家の安寧を祈願する目的でおこなわれることになっていた。

大都に入ってから、チャムブイ・ガトンの発願により、大護《だいご》国仁《こくに》王寺《おうじ》（チベット語では「花園の大寺」）の造営が始まった。一二七〇年に起工し、四年後に竣工するが、工事の監督は帝師に昇進したパクパの弟子アニガ（阿尼哥）だった。ネパール出身のアニガは、元代随一の工芸家として知られていた（中村淳二〇二三）。大都市内には一時、三百六十もの寺院が建っていた。アニガの建立した妙応寺はいまも北京に残り、境内に建つ白い塔に因んで、白塔寺との愛称で市民に親しまれている。

チャムブイ・ガトンの強い意向と帝師パクパの提案、そしてネパール人アニガの設計によって誕生したのが大都《ハーン・バリク》なのである。毎年二月八日に大明殿から白傘蓋を迎え、五百人からの僧侶たちが宮城内を巡行する。十五日にはふたたび大明殿に戻り、ハーンとガトン、それに公主たちの前で仏事がおごそかにいとなまれた。大元ウルスが歴史のかなたに去り、北京が満洲人の都に変わると、清朝皇帝はふたたびフビライ・ハーンとチャムブイ・ガトンの伝統を復活させた（石濱裕美子 二〇〇一／二〇一一）。

節約、工夫、そしてやさしさ

大都では女性たちが宴会ごとに異なる色の豪華な服を揃え、着ていた、と前に述べた。しかし、チャムブイ・ガトンは贅沢が嫌いだった。

彼女はいつもみずから宮廷内の女官たちとともに服を繕っていた。毎日、大量のヒツジを屠った後に出てくる皮を鞣《なめ》して敷物を作っていた。その作業には発酵した酸乳を使うので、強烈な臭いが発生し、モンゴル人も敬遠する。皇后という高位にありながら、チャムブイ・ガトンは率先して働き、節約していたのである。

当時、モンゴル人がかぶる帽子には縁がなく、高原の日照りに悩まされていた。裁縫とデザインに長けたチャムブイ・ガトンの発案により、縁の付いた帽子が作られた。それ以来、モンゴル人は今日までずっと、縁ありの帽子を愛用してきた。

アメリカの歴史学者ロッサービがチャムブイ・ガトンを高く評価している理由のひとつに、征服された旧南宋皇帝の妃たちにやさしく接したことがある（Rossabi 2009）。一二七六年春に南宋政権が事実上滅亡すると、フビライはその廃帝（恭帝）をチベットに送って出家させたが、二人の皇后のうち全太后は大都で尼となり、謝太后の面倒は一二八三年に亡くなるまでチャムブイ・ガトンが見ていた。旧南宋皇室を厚遇したことで、江南の知識人たちの好感を得ることができたのである。

チャムブイ・ガトンは一二八一年二月に亡くなった。二年後、フビライはアルチ・ノヤンの弟ナチンの孫娘ナムブイを皇后として迎え、「正宮を受け継がせた」。高齢に達していたフビライ・ハーンがやはり、コンギラート部出身の女性に絶大な信頼を寄せていたことのあらわれであろう。二人のあいだにはテメーチという子が生まれている。

ユーラシアのウルス

大都《ハーン・バリク》すなわちいまの北京はチベット仏教都市だったが、その周囲には中央アジアから移動してきたアス人とキプチャク人、それにカンクリ人といったテュルク系の親衛隊が駐屯していた。いざというときには大ハーンひとりだけに忠誠を尽くし、阿修羅《あしゅら》のように奮戦する常勝軍団である。中央アジアのオゴダイ家のハイドゥと東方三王家（チンギス・ハーンの弟の家筋）が不服従の姿勢を示した場合、これらの親衛隊が出動し、鎮圧して帝国の安寧を確保した。

フビライが名目上は全モンゴル帝国のハーンで、チャムブイがガトンであっても、実態は最西端のキプチャク草原に拠ったジョチ・ウルス、イラン高原のフレグ・ウルスと東方の大元ウルスといった三国鼎立のユーラシアであった。

ウルスとは本来、領土よりも人間中心の集団、言い換えれば属人制国家を指す。古くは匈奴《フン》、次いでは突厥《テュルク》、いまやモンゴルという旗の下で結集した人びとを指す政治概念である。遊牧民自身の表現を借りれば、「遍く天幕の民」の集団とその草原こそが、ウルスである。チンギス・ハーンが打ち立てたのは「大《イケ》モンゴル国《ウルス》」であるが、フビライの時代になると複数のウルスが誕生したのである。しかし、帝国が複数のウルスから成っていても、ユーラシア規模での統一、歴史学者がいうところの「初期グローバル化」は着実に始まっていた（宇野伸浩 二〇二三）。

少女が守った礼儀――クククックチン

コンギラート部の少女クククックチンが天幕の外でラクダの毛を特殊な櫛で毟《むし》り取ってい

た。春になると、家畜に新しい毛が生えてくる。遊牧民は古い毛を櫛で毟り取って敷物やブーツ、それに靴下などを作る。ラクダは背が高いので、四肢を紐でくくり、バランスを崩させて倒してから作業を始めるので、たいへんな仕事である。

少女が懸命に働いていたところへ、騎馬の戦士たちが疾駆してきた。挨拶を交わしてから、男たちは天幕に入った。

どの天幕にも入り口近くに大きな革袋があり、そのなかに新鮮な馬乳酒《クミス》が入っている。客人は天幕に入るなり、その革袋に挿し込んでいる木製の棒を使って攪拌する。そして、「よい具合に発酵しているね」と称賛する。天幕の主人は馬乳酒を客人に出してもてなす。ユーラシアの遊牧民世界での日常的な風景である。馬乳酒は甘酸っぱく、遊牧民がもっとも愛する飲み物である。アルコール度数は二、三度あるが、遊牧民はそれを酒だとは認識しない。

しかし、少女は頑として軍人一行に馬乳酒を出そうとしない。リーダーのひとりは喉が渇いたらしく、明らかに馬乳酒をほしがっている。

「馬乳酒はありますが、両親や兄たちがいないので、出せません」と少女は話す。

食べ物を客人に差し出すとき、遊牧民の女性は直接、お椀を渡したりはしない。必ず家の男性に先に渡し、男性のほうから客人に持ってくる。このとき、天幕には両親や兄弟が不在だったから、彼女は客人に馬乳酒を渡せないのである。

男たちは静かに去ろうとした。少女がひとりでいるときにはなおさら、礼儀作法を忘れてはならない。そこに少女はさらに説いた。

「女子がひとりで留守番をしている天幕を訪れて去って行くのはよくないでしょう。両親もじきに戻ってきますので、しばらくお待ちください」

馬に飛び乗ろうとしていた屈強の軍人たちはいっせいに留まった。しばらくして両親が帰り、一行をもてなした。戦士たちを率いていたのは、フビライであった。

「なんとすばらしい少女であったことか」

と、ハーンになってからもフビライは側近たちにいつもこの経験についてくりかえし語ったという。

皇太子妃となって

あるとき、皇太子妃を選ぶことになった。大臣たちは多くの候補を挙げたものの、フビライ・ハーンは首を縦に振らなかった。ハーンの内心を汲んだ老臣のひとりが、ククックチンはまだ結婚していないそうだと伝えると、ハーンはおおいに喜び、丁寧にコンギラート部に求婚の使者を派遣し、皇太子チンキムの妃としてククックチンを迎えた。二人のあいだにはテムールが生まれている。

ククックチン妃はなにごとも慎み深く行動し、宮帳《オルド》の運営に集中した。フビライの妃チャムブイ・ガトンの身辺にいて世話をしていた。トイレットペーパーも必ず自分の頬にこすりつけて柔らかさを確かめてから使ってもらっていたという。このようなククックチンを『元史・后妃伝』では、「賢徳媳婦《メルゲン・ガトン》」すなわち「賢く徳のある嫁」だった、と称賛している。

皇太子チンキムは体が弱かった。あるとき、フビライ・ハーンみずから見舞いに来たら、豪華な織金の敷物が使われていたのに気づいた。フビライ・ハーンもチャムブイ・ガトンも宮殿内で豪華な日用品を使うのには反対だった。

「皇太子殿下が病に悩まされ、湿気を防ぐのに使わせていただきました。撤去します」

ククックチン妃は義父の意見に素直に従ったという。乾燥地のモンゴル高原と異なって大都北京はとにかく暑く、湿度が高いので、モンゴル人には厳しいのを私も経験している。

これらのエピソードからコンギラート部の女性は単に顔貌が麗しいだけでなく、日常生活においても、人にどのように接するかについても、小さいころから厳しく躾けられていたことがわかる。「駿馬は仔馬のときから、人間は小さいときから」訓練しなくてはならないという、礼儀作法に厳しい遊牧民の価値観が反映されているのである。

ククックチン妃は一三〇〇年に亡くなり、遺骸はチンギス・ハーンが眠るモンゴル高原の聖なる山、ブルハン山に運ばれ、チンキムの隣に葬られた。ついでに述べておくと、大元ウルスの歴代のハーンたちはほぼ全員がブルハン山に埋葬されている。

ブルガン・ガトン

十三世紀のモンゴル人としてはきわめて珍しく、また歴代のモンゴルの大ハーンのなかでもっとも長生きしたフビライ・ハーンは、一二九四年陰暦正月に八十歳で長逝した。後世のモンゴル語年代記は例外なく彼をセチェン・ハーン、すなわち「賢いハーン」として位置づけている。

同年陰暦四月、亡きチンキムとククックチン・ガトンの間に生まれたテムールが上都開平府で開かれたクリルタイでハーンに選ばれた。モンゴル語でウルジイト・ハーン、中華風には成宗《せいそう》皇帝である。

成宗テムールが即位したころ、中央アジアの英雄、オゴダイ家のハイドゥがその勇敢な娘グトルン・チャガーン（アイヤルク）とともに大軍を率いて何回もモンゴル高原の帝都ハラ・ホリムに迫っていた。多事の秋《とき》である。

成宗テムールには過度の飲酒癖があった。多くのモンゴルの成人男性の致命的な弱点のひとつである。チンギス・ハーンが口酸っぱく節度ある飲酒を何回も呼びかけても、その息子のオゴダイをはじめ、悔い改める行動はあまり見られなかった。しかし、飲酒だけが問題ではない。「王族・族長・臣将たちの都市貴族化と生活の奢侈化は避けがたくなっていた」と杉山正明はこの時代の大元ウルスの変質ぶりについて述べている（一九九六下）。

男たちの堕落を横目に、女たちは終始、冷静でありつづけた。飲酒で健康を害した成宗テムールに代わって、垂簾聴政《すいれんちょうせい》、つまり後ろから朝政を動かしていたのは筆頭皇后のブルガン・ガトンだった。しかし、また、彼女は子ども運に恵まれなかった。成宗テムールとのあいだに一子を儲けたが、夭折している。

ブルガン・ガトンは名門コンギラート部ではなく、バヤグート部の出であった。ブルガンとは「黒貂」を意味し、モンゴルでは「多産」や「求子」のシンボルとして珍重される。かのテムージンも若かったところに妻ボルテの黒貂の毛皮をケレイト王国のワン・ハーンに贈って、メルケト部に略奪された妻の奪還を懇願したことはすでに述べた。

ブルガン・ガトンもまた敬虔なチベット仏教の信者だった。彼女の援助で大都市内に万寧寺が建てられた。竣工の式典に参加したところ、性的修練をあらわした多数の歓喜仏が安置されているのを見て、ハンカチで目を覆って帰ったという話が伝えられている。

彼女にはそれが許せなかった

病弱な成宗テムールは政治運営に無能であっても、女性には目がなかった。彼は次兄の未亡人ダギに夢中になり、再婚を熱望していた。コンギラート部出身のダギは「美貌で名高い同族の中でも、図抜けた容色の持主であったらしい」（杉山正明 一九九六下）。レヴィ＝レート婚の原則からすれば、ダギとの婚姻はじゅうぶん可能であった。

ダギと前夫とのあいだには二人の息子がいた。長男ハイシャンと次男アユールバルワダ（アユールパリパドラとも。大元ウルス期のハーンの名として、サンスクリットが使われることが多いのも特徴的）である。懐寧王《かいねいおう》と称されるハイシャンは性格が素直、愛らしい人柄で臣下たちに好かれていた。早くも十七歳のときから軍陣に立ち、中央アジアの最前線、アルタイ方面に従軍した。一方、アユールバルワダは母親といっしょに大都ハーン・バリクにいた。

成宗テムールは好色であるだけでなく、婚姻関係を結ぶことで、兄の遺児ハイシャンとアユールバルワダという甥たちを自身の息子として受け入れて、後継者にしようと考えていた。しかし、ブルガン・ガトンはそれを許せなかった。

子のいないブルガン・ガトンにとって、ダギはまさに呪わしい存在となってきた。一三〇六年陰暦十月、決心したブルガン・ガトンはついにダギとその次男のアユールバルワダを懐州（今日の河南省、黄河の畔）へ移住させた（『元史紀事本末』巻十九）。流刑《チュル》である。

クーデター

一三〇七年陰暦一月、成宗テムールは没した。

誰が見ても懐寧王ハイシャンないしはアユールバルワダが次の大ハーンの候補としてふさわしいと思われたが、ブルガン・ガトンだけは賛成しなかった。ハイシャンかアユールバルワダのどちらかが即位すれば、ダギの立場が当然強くなる。それだけは許せなかった。

ブルガン・ガトンは側近たちといっしょに、まったく別の人物を次のハーンに推した。西安を拠点とする安西王アーナンダである。アーナンダという名は釈迦の高弟から採ったものだが、実際はムスリムだった。ハイシャン兄弟より、やや血縁的に遠いものの、同じくフビライ・ハーンの血を引いているので、ブルガン・ガトンには都合がよかった。アーナンダも大いに喜び、大急ぎで大都に赴いて参内した。

しかし、アーナンダの登場を喜ばない宮廷勢力の方がはるかに強かった。才能と人望からして懐寧王ハイシャンがふさわしいが、遠いアルタイ山中に従軍しているので、相対的に近い懐州のアユールバルワダを呼ぶことにした。雪が降りしきる華北平野をアユールバルワダと母ダギはひたすら北へと急いだ。途中、漢人農家で出された薄い粥で空腹を凌ぎ、一路北上した。

大都ハーン・バリクではクーデターが起こり、ブルガン・ガトンと安西王アーナンダは捕縛され、その側近たちはただちに処刑された。そして、暫定的ながら大都ではアユールバルワダ政権が事実上、成立した。

懐寧王ハイシャンの即位とブルガン・ガトンの最期

一方、アルタイ山中に駐屯していた懐寧王ハイシャンも成宗テムールの訃報に接するなり、大軍を率いて帝都ハラ・ホリムに入った。モンゴル高原にいた有力者たちは若き王子をあたたかく歓迎した。中央アジア出身のキプチャク人とアス人、それにカンクリ人が主力を成す大軍が、左・中・右という遊牧民の伝統的な三軍団方式に編制され、ハイシャンは威風堂々と上都開平府に南下してきた。

兄ハイシャンの進軍を聞かされた弟アユールバルワダとその家臣たちは笑顔で出迎える道を選んだ。大都のアユールバルワダの方から北へ進み、上都にいる兄ハイシャンと抱擁しあった。このあたりのみごとな演出は、かつてのフビライとアリク・ブハの骨肉の争いの再演と言っていいほどである。どう見ても、軍事面での力の差は歴然としていたからであろう。

陰暦五月、ハイシャンが第七代の大ハーン（大元ウルスのハーンとしては第三代）に選出された。廟号は武宗で、モンゴル語でクルク・ハーン、すなわち「駿馬の如きハーン」である。安西王アーナンダは処刑され、ブルガン・ガトンは大都から追い出され、東安での蟄居《ちっきょ》を命じられた。しばらく経つと、彼女も死んだ。毒殺だと伝えられている。

またも謎の死——下手人と動機は？

ハイシャンはその名のとおり、「駿馬《クルク》」のような英傑だった。歴史学者は彼を「正真正銘、全モンゴルの支持を受けた大カアン」だったとし、彼の治世を「パクス・モンゴリカ」、すなわち「モンゴル統治下の平和」と高く評価する。長いことアルタイ方面で対中央アジアの最前線に立っていた経験から、ハイシャンはまず、チャガータイ家やジョチ・ウルスとの友好関係を強めるための使節団を派遣した。その後はさらに東南アジアとインド方面の港湾都市国家にも使節を出し、モンゴル帝国内の各ウルスの友好と貿易の促進などの一体化を示した（杉山正明 一九九六下）。

ところが、一三一一年陰暦元旦、ハイシャン・クルク・ハーンは突然、体調を崩したとされ、七日後に急逝した。享年三十一。わずか三年半の在位での不可解な死である。クリルタイも開催されない間に、有力な大臣たちがあいついで処刑、流罪となる政変が続いた。そして、陰暦三月にハイシャンの弟、アユールバルワダが次の大ハーンに選ばれた。

美貌の「女傑」ダギ・ガトンとその息子のアユールバルワダが被告席に立たなければならない、下手人ははっきりしている、と杉山正明は喝破している。同じ腹を痛めた息子でも、ダギは長男ハイシャンよりも次男アユールバルワダを異常なほど溺愛した。二人の息子ともブルガン・ガトンに疎まれていたとはいえ、ハイシャンは大軍を率いてモンゴリア北西部を鎮守する将軍であった。一方、アユールバルワダは女の自分とともに懐州に流された。より悲惨な目に遭わされ、ともに辛酸を舐めた次男こそ次のハーンにふさわしいと思っていただろう。

長く幽閉されていたせいで、非常に内向的だったアユールバルワダをダギ・ガトンは偏愛した。だから、彼女はいったん手に入れたハーン位を長男のハイシャンに譲りながらも、皇太子の身分を次男に与えるよう強く求めた。人のよいハイシャンは母親の意見を受け入れ、弟を立太子した。その結果、大都は大ハーン、皇太后、皇太子の三宮鼎立と言われるほどの緊張した様相を呈していた。

駿馬《クルク》の如きハイシャン・ハーンはまだ若い。ハーン位がまわってくるまで待てないし、まわってくるかどうかもわからないとの強烈な焦燥感から、皇太后と皇太子は凶行に及んだのではないか……。

アユールバルワダ・ハーンが一三二〇年に死去すると、ダギ・ガトンは孫のシディバラをハーン位の玉座に坐らせて、引きつづきみずから実権を握った。彼女はますますチベット仏教に傾倒し、文殊菩薩が降臨したとされる聖地・五台山にも巡行した。なお、このとき、高麗王の璋が身辺に追随している。

空行母

一三二三年陰暦二月、皇太后ダギ・ガトンは死んだ。『元史・后妃伝』では彼女を「歴佐《れきさ》三朝《さんちょう》」、すなわち三代の大ハーンを補佐した功績を称えながら、その負の側面についても言及を避けていない。ダギ・ガトンは息子たちに対する慈しみよりも、権力のほうをはるかに愛したように見える、と。

ダギ妃（『南薫殿歴代帝后図像』より）

ダギ（ダーキニーとも）とは、チベット仏教でいう、空行母を指す。空を飛びまわり、気性が激しく、悪魔を鎮守することもあれば、菩薩たちを悩ますこともある両義的な存在である。モンゴル語で怒り狂う女性、理性を失った女性を表現する際に用いる「ダギのように振舞っている《ダキ・ナフ》」という形容動詞もこうした背景に由来する。二人のハーンの母親はまさにそのような女性だったようである。

『元史・后妃伝』によれば、ダギ・ガトンの二人の息子《ハーン》は、いずれも母親と同じコンギラート部出身の女性を皇后とした。そういう意味でもやはりこの時代は「コンギラート女性王朝」のようにも見える。モンゴル帝国は完全に「女の時代」に入った。

大元ウルスはしだいに内向きに方向を転換する。西方の中央アジアやキプチャク草原のジョチ・ウルスとの交渉も希薄になっていくし、海域世界への関心も低下していく。

クシャラとトクテムール

武宗ハイシャンには二人の男子、クシャラとトクテムールがいた。クシャラはイキレス部出身の妃とのあいだに生まれ、トクテムールはタングート部出身の妃の所生である。コンギラート部出身の皇后ジンゲには子がいなかった。

ハイシャンが母親のダギ・ガトンから猛烈な圧力をかけられて、弟のアユールバルワダを皇太子に据えたときにひとつの約束が交わされていた。それは、弟を立太子するものの、その次の世代ではハーン位をハイシャンの血統に返す、との政治的取引だった。

武宗ハイシャン

武宗ハイシャン妃珍格

武宗ハイシャン妃真哥

武宗ハイシャン妃

第1章のトビラでも述べたが、清の時代に紫禁城南薫殿に保管されるようになった大元ウルスの后妃の画像の一部には、名前の明記されていないものがある。また「珍格」「真哥」はともに「ジンゲ」の音写と考えられ、同じ人物を二通りに描いたものとみられよう。

(『いずれも南薫殿歴代帝后画像』より)

仁宗アユールバルワダ

仁宗アユールバルワダ妃

しかし、ダギ・ガトンがその約定を守るはずはない。クシャラが南国雲南に周王として赴任しようとして旅だった際に、皇太后は途中の陝西で暗殺をしかけた。運の強いクシャラは陝西から西北へ走り、かつて父親が従軍していたアルタイ方面に向かって、チャガータイ家に亡命した。一方、弟のトクテムールは、ダギ・ガトンの命令で海南島に流された。徹底した根絶やし作戦である。

一三二八年陰暦八月、亡き武宗ハイシャンの部下たちが大都《ハーン・バリク》でクーデターを起こし、海南島に流されていた王子を呼び戻す。トクテムールは広州に上陸してから揚子江を渡り、中原の黄河を越えて華北平野を北へ急奔、九月に大都に入城して帝位につく。

ハーン・バリクでの動乱を知った兄のクシャラは、チャガータイ家など中央アジア方面軍の後援を得て、帝都ハラ・ホリムに入った。一三二九年陰暦正月、クシャラは大元ウルス以外の諸王家の強い支持でハーン位につく（二三八頁の系譜図2参照）。

ハーン位をめぐる激動の政争はかつてのフビライとアリク・ブハの対立、ハイシャンとアユールバルワダの対立と完全に同じ構図で、全モンゴル帝国を巻きこむかたちで再現された。ここでもやはり、根底には草原部に拠った勢力と、長城以南の中華世界を根拠地としたい集団との思想的な対立がある。ステップの人たちの目には、中華世界との融合は堕落であり、モンゴル人らしさの喪失であるように見えていた。

夏の陰暦八月二日、北のハラ・ホリムから南下してきたクシャラと、南の大都から北上した弟のトクテムールは中間地点である上都開平府で会った。
久方ぶりの兄弟対面がなされた。大天幕の中で、帝室・諸王・大臣らと祝賀の宴《トイ》が催された。それから四日後、コシラ（引用者註：クシャラ）は突然に崩御した。三〇歳であった。
（杉山正明　一九九六下）

満天下の茶番劇、いや、血みどろの暗殺劇の結果、弟トクテムールが正式にハーン位についた。亡き兄には明宗という廟号を贈り、自身はジャヤート・ハーン、「幸あるハーン」と名乗った。のちの廟号は文宗である。

ここから、朝廷外ではキプチャク人とアス人、それにカンクリ人らの親衛軍団の力がさらに増大し、大都の宮廷内では文宗トクテムールの妃、ボタシャリ・ガトンが全権を掌握する時代に入る。ボタシャリ・ガトンもまたコンギラート部出身である。男たちが決戦に臨むころ、コンギラート部出身の女性たちは静かに戦場に吹く風の動向を観察していたにちがいない。

女たちの血腥い争い

兄弟同士の苛烈な戦いと同時に進んでいたのは、女たちの血腥《ちなまぐさ》い争いである。

暗殺された明宗クシャラにはバボーシャ・ガトンという妃がおり、リンチンバルという子どもを産んでいた。バボーシャ・ガトンは成宗テムール系統の公主の娘で、由緒正しい血統である。かたや弟の文宗トクテムールの皇后はコンギラート部出身のボタシャリである。

バボーシャ・ガトンは大都市内で寧徽寺《ねいきじ》を建てたのに対し、ボタシャリ后も銀五万両を出して大承天護聖寺《だいしょうてんごしょうじ》を建立した。夫を殺し、殺された二人の女性は仏寺を寄進することで、罪をつぐなおうとしていたのかもしれない。だが、ボタシャリ皇后は宦官を使ってバボーシャ妃を殺害している。一三三〇年四月のことである。兄弟の骨肉《ハーン》の争いに加えて、妃《ガトン》同士の反目は大元ウルスの政治の中枢を大きく動揺させた。

いくら懺悔しても朝廷の衰勢を挽回するのには遅すぎた。おそらくはボタシャリ后の所為《い》であろうが、彼女は巨大な仏画を作成して仏寺に寄進した（本章トビラ参照）。仏の左下にはクシャラとトクテムール兄弟が、右下にはボタシャリ皇后と、自分で殺害したバボーシャ妃が寄進者として描かれている。生前の罪と恨み、それに嫉妬心を洗い流そうとして作成した仏画は数百年の歳月を経て、流転の末にアメリカはメトロポリタン美術館に保管されている（楊海英二〇〇八）。

けっきょくは同じ道か……

文宗トクテムールの治世は、長く続かなかった。たったの三年の治世中も、兄を暗殺した自責の念に苛《さいな》まれつづけ、一三三二年陰暦八月に上都で死去した。二十九歳だった。生命力が強く、政治的な手腕もある女に較べたら、貴公子たちははるかに弱い。

ボタシャリ皇后と文宗とのあいだには幼児がいた。その幼児を次の大ハーンに推すのは無理だった。加えて、文宗が兄の明宗を殺害した自責の念にも配慮する必要があっただろうから、ボタシャリ皇后と側近たちは明宗とバボーシャ妃との間に生まれた、七歳のリンチンバルをハーン位につけた。

むろんボタシャリ皇后が引き続き大元ウルスの権力を握りつづけるための政策でもある。というのも、明宗ともうひとりの妃、マルト・ガトンとのあいだに生まれたトゴーンテムールという子はすでに遠い南国の広西桂林に追放されていたからである。

しかし、リンチンバルは在位わずか四十三日で夭折してしまう。廟号は寧宗である。大臣たちがふたたびボタシャリ皇后が生んだ子の即位を要請したが、「天位《てんい》至重《しちょうにして》、吾子《わがこ》尚《なお》幼《いとけなし》」（天子の座は重く、わが子はまだ幼い）との理由で固辞し、十三歳になったトゴーンテムールを広西の静江から呼び寄せた。『元史・后妃伝』の記述は彼女を美化しているところもあるが、さすがに大義名分がわかる女性だった、と理解してもいいのではないか。

広西から大都に呼び戻されたトゴーンテムールはハーン位につき、ボタシャリ皇后は太皇太后になった。一三四〇年陰暦六月、ボタシャリはトゴーンテムール・ハーンによって尊号を剝奪され、東安州での蟄居を命じられ、まもなく死去した。かつてブルガン・ガトンがたどった最期と同じである。

次章では、トゴーンテムール・ハーンを取り巻く女たちが主人公となる。

第10章

高麗の虹

朝鮮半島に残る大元ウルス期の天文観測台。高麗王朝も大元ウルスの一部として西方アラブとペルシャの天文学の知識を吸収していた（1991年春、著者撮影）

トゴーンテムールと奇氏

「茗飲《めいいん》担当の子でございます」

と、ひとりの清楚な宮女をトゴーンテムール・ハーンの身辺に連れてきて紹介したのは、宦官のトマンデルである。茗飲とは、お茶と菓子、粥など軽食を指す。トマンデルは高麗《こうらい》出身で、中華風に高龍普《こうりゅうふ》とも呼ばれていた。宮女も高麗出身だった。

トゴーンテムールは南国の広西に流される二年前の一三三〇年陰暦七月に、朝鮮半島の高麗王朝治下の大青島に追放されていた。だからハーンは高麗語ができただろうし、宮女もすでにモンゴル語が堪能だったはずである。ハーンが少年時代に話していた言葉を介し、二人は急速に接近した。まもなく、トゴーンテムール・ハーンは彼女を寵愛するようになった。

これが奇氏である。その生涯は韓流ドラマ「奇皇后」に描かれ、日本では二〇一四〜一五年にＮＨＫで放映され人気を集めた。

彼女は朝鮮半島の幸州、現在の韓国京畿道高陽市の出身だった。その実家については、

『元史・后妃伝』では「家徴」、つまりごくふつうの庶民だったとしている。奇氏という父系の苗字しか記録されておらず、名前はわからない。

忍耐強く、勤勉

高麗出身者がモンゴル人の大元ウルスの宮廷で多数派を占めるようになったのには、特別な社会的、政治的背景があった。

モンゴル帝国は朝鮮半島を帰順させてから、政略結婚を積極的に進めた。高麗王は大元ウルスのハーン家の婿《クリゲン》となった。カナダの研究者ジョージ・ジャオの研究によると、大元ウルス宮廷から高麗王家に嫁いだ公主（ハーンの娘だけでなく、諸王の姫もまた公主の身分だった）は六人である。降嫁先として高麗は、コンギラート部とオイラート部、それにエケレース部に次いで多い。

問題は高麗王家に嫁いだ公主たちのじつに六割以上が三十五歳以下で亡くなっており、他家に嫁いだ公主たちに較べて、明らかに不運である点にある。文化と生活のちがい、地元出身の有力者たちに敵視されるなど、厳しい環境に置かれていたからであろう（Zhao 2008）。いわゆる韓流ドラマとして一世を風靡した物語のひとつ、キンドン公主はたったの十八歳で命を失っている。

大元ウルスに高麗王朝から流れてくる女性が多かった原因について、葉子奇《ようしき》という人物は興味深い記録を残している。葉子奇は浙江出身の著名な知識人で、大元ウルスが長城以南から撤退したのちは明朝に仕えたものの、抑圧的な政治体制に慣れず、往昔の大元ウルス期の自由と栄華を懐かしむかのように、『草木子』という随筆集を執筆した。『草木子』によると、「北人」すなわち華北の有力者たちや、大元ウルスの東方三王家は以前から高麗出身の少年少女を「家童」、すなわち家庭内の使用人として雇うのが、ポピュラーだったという。高麗の少年少女は忍耐強く、勤勉との評判だった。当時、高麗人は朝鮮半島だけでなく鴨緑江を越えて満洲平野の遼河《ローハ》流域まで分布していた。

高麗貢女

モンゴル帝国の東方三王家をつうじて大元ウルスへ流れる女性が増える傾向を見て、朝鮮半島の有力者はさらに組織化、制度化を積極的に進めた。これが高麗貢女である。内モンゴル自治区出身で、モンゴル人女性研究者の喜蕾《きらい》の著書『元代高麗貢女制度研究』(二〇〇三)によると、高麗王朝の奇氏と薼氏、それに権氏が中心となって半島の名望家の少女たちを募集し、組織的に大元ウルスに提供していたという。

一二三一年から一三六三年までのあいだ、少なくとも一千四百七十九人の高麗貢女が朝鮮半島から大元ウルスに入っている。大都ハーン・バリクの宮廷内の主人公たち、大元ウルスを動かす女性たちの陣営のなかに高麗出身者が増えてくるのも当然ではある。

少女たちはまず半島で礼儀作法と式辞の訓練を受け、それから大都を目指す。そのほとんどが大都の宮殿内で働く宮女となったのである。高麗貢女の身分からハーンの側室になったのは七人で、諸王と結婚した者も七人いた。朝鮮語はモンゴル語と文法構造が近似しているので、少女たちはすぐにモンゴル語をマスターしていったと想像される。

中央アジアから移住してきて、世祖フビライ・ハーンの時代から着実に軍閥化したキプチャク人たちの朝廷と、歴世の姻戚関係で巨大な政治力を保持するコンギラート部出身者からなる後宮に置かれた少年トゴーンテムール・ハーンは孤独で無力だった。権力闘争の激しい環境のなかで、彼が胸襟を開いてコミュニケーションできたのが、一三三三年に高麗貢女として後宮に入ってきた奇氏だったのだろう。「高麗に流されていたトゴーンテムールは高麗の女性と心理的に近かったはずである」と喜蕾は分析している（二〇〇三）。私もそう思う。

宦官ボク・ブハ

奇氏と盧氏、権氏の貢女募集にはある狙いがあったと思われる。想像をたくましくすれば、奇氏一族は少女を教育して貢女として、少年を宦官にして大元ウルスに送りこんでいたのではないか。そして貢女たちを支え、利益共同体となっていたのが、高麗出身の宦官たちであった。

奇氏をハーンに紹介したのはトマンデルこと高龍普であるが、後宮での最強の支持者はボク・ブハ（朴不花、王不花）であった。ブハとは、雄牛を指す。名前には流行がある。十三世紀から十五世紀にかけて、ユーラシア東部の遊牧民世界ではブハという名がおおいに流行った。フビライ・ハーンと帝位をめぐって争ったのはアリク・ブハである。他にも鉄の如き雄牛《テムール・ブハ》や鋼のような雄牛《ガン・ブハ》、岩同様の雄牛《タス・ブハ》といった名前が東西の年代記や史書に多数あらわれる。要するに、強い男になるようにとの期待がこめられた名であった。

しかし、宦官にとって、ブハほど、皮肉な名はないだろう。遊牧民は去勢した牛を絶対にブハと呼ばないので、後宮の管理人が皮肉をこめて、高麗から連れてこられた少年にそういうモンゴル名をつけたのかもしれない。

ユーラシアの遊牧民社会の宮帳《オルド》に宦官はいなかった。家畜の群れを管理放牧し、その乳と毛皮を利用するには、雄の家畜を去勢しなければならない。雄には牝をめぐって決闘し、群れを離れる傾向があるので、その精力を削ぐための手段が去勢である。勇猛な雄の性をコントロールしておけば、大人しくなった家畜の頭数は増える。去勢は、資源の利用に有効な方法である（松原正毅 二〇二一）。

しかし、人間を去勢し、その性を制御してから特定の目的のために利用する発想は、遊牧民社会にはなかった。チンギス・ハーンは即位したときから宮帳《オルド》で飲食や護衛に携わる専属の職掌《ゲシク》を設けたが、それらはすべて名誉あるポストだった。飲食と護衛を社会的な身分の高い職掌と位置づけていたので、有力な家系や家臣など、旧ステップ貴族出身者が担当していた。四人の妃たちからなる四大オルド内で働く女性たちも身分が高く、いわゆる「使用人」として見る伝統はいっさいなかった。

世祖フビライ・ハーンが南宋を征服し、その中華風の宮廷を接収したころから制度としての宦官の存在が知られはじめる。浙江出身の宦官たちはフビライ・ハーンにもその導入を勧めたので、少しずつ利用されるようになった。大元ウルスが中華社会で根を下ろし、中華風の文化を受け入れ出したことにともない、大都ハーン・バリクの宮廷内でも宦官と宮女が増え、ひとつの社会集団を形成してくる。そしてトゴーンテムール・ハーンの時代になると、高麗出身の宦官と宮女が主力となったのである。

宮女は貢女制度で次々に連れてこられた。ボク・ブハは奇氏と同郷の幸州に生まれ、小さいときから親しかった。『元史』の「宦者」の項、すなわち宦官たちの伝記では、このボク・ブハに多くの紙幅を割いているほど、彼は女たちが暮らす後宮の権力の雄牛《ブハ》になっていくのである。

ハーンの苦難の少年時代

　トゴーンテムール・ハーンを生んだのは、中央アジアのカルルク部の女性である。『元史・順帝本紀』では、「母はカルルク（罕禄魯）氏、名はマルト、郡王アルスランの後裔なり」とある。第5章で触れたように、一二一〇年夏か翌年春、チンギス・ハーンは娘のひとりを帰順してきたカルルク部のハーン、アルスランに嫁がせながらも、以降はハーンではなく、王を名乗れと命じた。カルルク部はアルタイ山脈の西、バルハシ湖以東で遊牧するテュルク系の有力な集団である。

　明宗クシャラとカルルク部のマルト・ガトンとの出会いは、彼がチャガータイ・ウルスに亡命していたころのことであろう。亡命先の中央アジアで、一三二〇年陰暦四月に、トゴーンテムールは生まれた。トゴーンとは、テュルク系の言葉でハヤブサを意味し、テムールは鉄で、いわば「鉄の如きハヤブサ」として期待された名である。

　トゴーンテムールはその父親の明宗クシャラが暗殺されてから、とにかく苦難に満ちた少年時代を送った。生母ではないが、明宗クシャラのもうひとりの愛妃のバボーシャ妃も殺され、自身は高麗へ広西へと転々と流された。流刑地へおもむく途中は刺客に狙われる危険性もあった。

大都に呼び戻されたトゴーンテムールは、一三三三年陰暦六月八日に上都でハーン位についた。ハーンになった以上、妃《ガトン》も欠かせない。十三歳を成人と見なすモンゴルでは、ちょうど結婚の適齢期であった。陰暦八月、トゴーンテムール・ハーンは太平王アル・テムールの娘ダナシャリを皇后として迎えた。アル・テムールはキプチャク人で、中央アジアのカルルク人を母とするトゴーンテムール・ハーンにとっては、文化的に近かったはずである。ところが、皇后ダナシャリは二年後の一三三五年にその弟たちの政争に巻きこまれ、丞相《チンサン》バヤンによって毒殺されてしまう。

「幸ある人」の書き換えられた出自

皇后ダナシャリ・ガトンが殺害された後、トゴーンテムール・ハーンは寵愛する高麗貢女の奇氏を次の正皇后に立てようとしたが、有力な大臣たちに反対された。

皇后を失って二年経過した後の一三三七年陰暦三月に、バヤンホトクという女性がトゴーンテムール・ハーンの新しい正皇后となる。バヤンホトクは有力なコンギラート部出身だったので、伝統的な姻戚関係を強化しようとした政略と思惑も当然、そこには働いていたはずである。貢女出身の奇氏はしかたなく第二皇后の地位に収まった。

バヤンホトク・ガトンからジンキン（真金）という男子が生まれ、万事順調に進むと思われた。しかしその矢先、皇子は二歳で夭折してしまう。

ハーンの寵愛を独占するようになっていた奇氏は名をウルジイホトク（完者忽都）と変えた。モンゴル語で「幸ある人」との意である。改名の効果があったのだろうか、奇氏は一三四〇年に男子を生んだ。のちの皇太子アユシリダラである。ここから、彼女の地位も断然、高まってくる。

奇氏、すなわちウルジイホトク妃は、バヤンホトク皇后の死を受けて正皇后に昇った。興聖宮に入り、宦官ボク・ブハが身辺に付き添った。皇后から篤く信頼されたボク・ブハは栄禄大夫《えいろくたいふ》と資政院使《しせいいんし》に昇進していく。資政院とは、皇后をはじめとする後宮の財産を管理する機関である。ボク・ブハは宮廷の財政権を握ったのである。

皇后となったウルジイホトクは、かつて貢女の身分だったことを隠そうとした。具体的には「冊寶《さつほう》」中で出自を「ソロンゴ氏」だと書き換えたのである。「冊寶」とは、皇后《ガトン》に任命する際の皇帝《ハーン》からの委任状である。ソロンゴ（複数形はソロンゴス）とは「虹」の意で、古くから朝鮮半島やシベリア東北部の住民を指す言葉として用いられた。また、モンゴルのメルケト部内にもソロンゴスという名門氏族があり、チンギス・ハーンの愛妃ホランもこの氏族の出身である、とは第2章の冒頭で述べた。

奇氏とその側近たちも朝鮮を指すソロンゴスとメルケト部内の名門が同じ言葉であるのに気づき、意図的に操作した可能性が高い。メルケト部内の名門は当然、高麗貢女より社会的ステータスが高い。母親の血統に厳しいモンゴル社会に来た以上、奇氏もルーツと立場を考えなければならなかったのではないか。

『元史』などはまた奇氏の生まれた年も「不詳」としているが、おそらくはトゴーンテムール・ハーンより年上だったのではないかと推測されている。高麗貢女として後宮に入り、当時では典型的な、理想的な成功のコースを歩んだ奇皇后である。夫のトゴーンテムールは大都ハーン・バリクを都とする最後のハーンとなり、死後には明朝によって順帝と諡《おくりな》された。天下交替の流れに順じた、との一方的な命名である。大元ウルスの末裔としての廟号は恵宗である。奇皇后はまさに高麗から登った虹《ソロンゴ》となって、大都ハーン・バリクの最後を飾った女性である。

帝国の黄昏

奇氏が皇后に昇進するにつれ、朝鮮半島に残ったその一族の勢力も強まり、しだいに驕《きょう》横《おう》になっていった。その行状はついに高麗王の怒りを招き、一族郎党は殺されてしまう。

それを聞き知った奇皇后は高麗王の別の王子が大都ハーン・バリクに滞在中と知るなり、

彼を高麗王に任命する。そして、大元ウルス軍一万人と「倭兵」を募集して高麗に攻めこんだ。しかし、作戦は失敗に終わり、わずか十七騎が鴨緑江の北側に戻り、奇皇后は面目を失った、と『元史』に記録がある。「倭兵」とはおそらく、日本と朝鮮半島、それに大元ウルスの東南海岸沿いの出身者からなる、多民族混成海賊団のことであろう。

トゴーンテムール・ハーンは大元ウルスが長城以南を統治していた最後の大ハーン兼皇帝であるから、明代に編集された『元史』は中華世界の伝統に従って、彼の悪口をさんざん並べたてる。皇帝の不徳によって易姓革命が起こる、との微笑ましい歴史観である。モンゴル人の大元ウルスの次の漢民族王朝がいったいどれほどのものか。元と明の交替劇について、杉山正明は次のように喝破する。

順帝トゴン・テムルは、三七年もの長い間、帝位にあった。クビライを上回る在位である。その治世は、権力闘争と民衆反乱、そして淫蕩な宮廷生活という決まったパターンで語られがちである。彼の末年における中国失陥も、その乱れた政治の当然の報いのように言われがちである。しかし、実際にはその半ばまでは、つくられたイメージと言ってよい。……明帝国は、少なくともその初期において、人類史上でも屈指の「暗黒帝国」であった。

（杉山正明 一九九六下）

明王朝が「暗黒帝国」であった事実は、先に挙げた浙江人の葉子奇の『草木子』のはしばしからも読み取れる。

トゴーンテムール・ハーンの治世期後半に入ると、権力闘争に加え、自然災害が多発するようになったとの記録が多く、近年の古気象学的研究でもそれが立証されている。

一三五八年、大都とその近畿地方、山東と河南河北一帯が大飢饉に襲われた。無数の難民が首都に殺到したので、奇皇后は金銀財宝を寄付して救済にあたった。難民に炊き出しを提供するよう奇皇后から命じられたボク・ブハは忠実に動いた。彼自身も玉と金製の帯を一本ずつ寄付している。彼はやはり豪奢な生活を送っていたようだ。

立ち入ってはならぬ領域に

後宮に長くいれば、先輩の宦官たちからいろいろと裏の情報は入る。ボク・ブハは皇太后のボタシャリについて奇皇后に密告した。明宗クシャラのバボーシャ妃を殺害し、トゴーンテムールを高麗と広西に配流させた張本人がボタシャリ皇太后だ、との内情暴露である。

トゴーンテムールはハーン位についてからもボタシャリ皇后を尊敬し、皇太后の尊称を奉っていた。しかし一三四〇年陰暦六月にそれは剝奪され、寺院と祖先祭祀の祭殿で飾られてあった文宗トクテムールの肖像画も撤去された。ボク・ブハと奇皇后の進言によるものだった。ボタシャリがまもなく、東安州で他界したことは、前に述べた。

　ボタシャリ皇太后は名門コンギラート部の出身である。高麗出身の奇皇后と高麗宦官ボク・ブハの行動は当然、ボタシャリ皇太后の実家コンギラート部の深い恨みを買うことになる。すでに強調したように、ユーラシアの遊牧民世界では、実家《ドゥルクム》は常に嫁がせた娘の生活と待遇に目を光らせる。戦略として「麗しき娘たち」を有力な家系に代々嫁がせて栄えてきたコンギラート部はその点でも、とくに厳しかったはずである。

　奇皇后は宦官のボク・ブハと組んで、ハーン位の移譲というもっとも神聖で立ち入ってはならぬ領域にまで首を突っ込んでしまった。


君側の奸とされ……


　杉山正明が指摘するように、あまりにも長く治世が続いたこともあり、トゴーンテムールはしだいに政治に無関心になっていた。一方、皇太子のアユシリダラは血気盛んで、国政と軍隊全般に関与するようになっていく。母親の奇皇后の意向もあり、何回か反乱を鎮圧する作戦に参加する実績もつくった。

　奇皇后とボク・ブハは密談を重ね、ハーン位の禅譲を企んだ。二人はその計画を有力な大臣のひとりとも相談したが賛同は得られなかったし、逆にボク・ブハは弾劾《だんがい》されることになった。だが、このときは奇皇后に守られて無事に生き残り、弾劾した大臣たちのほうが左遷された。

　しかし、ボク・ブハへの怒りは方々からあらわれ、ついに挙兵する軍人まで出てきた。一三六四年早春、ボク・ブハは栄禄大夫の官位を剝奪され、甘粛への流刑を命じられた。ボク・ブハはぐずぐずして配流地へ出発しようとしない。我慢できなくなった軍人たちは「君側の奸」を排除するとの名目でボク・ブハを陰暦四月に大都郊外で捕らえて殺した。奇皇后は最大の理解者を失った。

草原の慣習法と儒教の対立

　多事多難の大元ウルス末期に入ると、あたかも難癖を突き付けるかのように、漢人知識人たちはくりかえし、レヴィ＝レート婚の禁止を朝廷の政治的な課題として出してきた。漢人大臣がこの「人倫に反する習慣」について触れたときに、トゴーンテムール・ハーンは赤面した、と伝えられている。

　朝鮮半島出身の奇皇后に、草原の慣習法《ヤサ》に対する理解がどれほどあったかは疑問である。彼女はヤサとはまったく逆の、儒教の倫理道徳を至上の観念とした。儒教の道徳を武器とすれば、彼女自身の立場を強固にすることができるし、コンギラート部出身の歴代の皇妃たちが築き上げてきたモンゴルの伝統を否定することもできるからである。

何回かの議論を経て、一三四〇年陰暦七月と十一月、大元ウルスの朝廷はついにユーラシアのテュルク系諸民族とモンゴル人のレヴィ＝レート婚を禁止する政策を発表する。

武力の面では太刀打ちできないが、せめて文化の面では自分たちが上に立ちたいと切望していた中華の文人たちはこれで「禽獣」よりも「野蛮」な主人を「文明化」できたと欣喜雀躍したかもしれない。しかし、その禁止令が草原部にまで伝わったとは思えない。私の故郷オルドスでは、一九七〇年代まで、レヴィ＝レート婚は続いていた（楊海英二〇二三）。

奇皇后は、草原を知らなかった。知らなかったから、中華の儒教文化を大元ウルスの後宮にも導入した。草原のしきたりを無視し、中華風の思想を極端に強調したことで、大元ウルスは致命傷を負わされた。逆にいうと、奇皇后には草原文化の強い後ろ盾がないから、中華風の儒教思想に頼るしかなかった。

モンゴルの有力者たちは大都のハーンに冷たかった

中華の文人たちを満足させただけでは、大元ウルスの衰退と動揺を止めることはできなかった。自然災害の連続と南部における朱元璋《しゅげんしょう》ら紅巾賊《こうきんぞく》の反乱が、傾く政権に追い打ちを

チンギス・ハーン家と通婚関係にあったコンギラート部の本拠地だった南モンゴルのウラーンハダ地域オンニュート旗に建つ張応瑞の墓碑。張一族はもともと漢人であったが、代々コンギラートの駙馬家の家臣として忠誠を尽くした事績が評価されてモンゴル人になった経緯が刻まれてある（1999年冬、著者撮影）

かけた。大軍を各地で擁するモンゴルの有力者たちは大都のハーンに冷たかった。フビライ・ハーンの大元ウルスを誕生に導き、数々の戦乱を抑えてきたコンギラート部と東方三王家も救済に動こうとしなかった。

「麗しき娘たち」を宮廷に送りつづけてきたコンギラート部だが、上都開平府からフルンボイル草原を通って、山東まで展開する東方の諸集団と、アルタイ山以西に移動した西方集団のいずれも援軍を出さなかった。コンギラート部には、それまで娘たちが営々と努力に努力を重ねて築き上げた功績と名誉がすべて高麗貢女出身の奇皇后に否定され、奪われたように見えていた。

また、満洲平野の東方三王家の目にはボク・ブハらの宦官の跋扈《ばっこ》は、以前から私邸で雇っていた「高麗家童」の乱に映ったろう。

多難の時期において、ただひとり、ウイグル系モンゴル人ギョクテムールだけが諸民族からなる混成軍団を連れて奮戦しつづけ、華北からハラ・ホリムまで撤退した。

一三六八年「八月、大明軍入城し、国滅亡す」と『元史』は淡々と伝える。奇皇后はトゴーンテムール・ハーンについて大都ハーン・バリクを脱出した。

一行は、まず応昌府まで撤退する。応昌府はモンゴル高原南部、今の内モンゴル自治区中央部のダライ・ノール湖の近くにあった。トゴーンテムールとその祖先たちが代々、皇后を迎えてきたコンギラート部の根拠地である。

コンギラート部出身の皇后バヤンホトクは他界したが、それでも姻戚関係にあるのに変わりはない。落ちのびてきた婿《クリゲン》のトゴーンテムール・ハーンを受け入れるのは義務である。

二年後の一三七〇年陰暦五月二十三日に、トゴーンテムール・ハーンは胃腸の疾患で亡くなった。五十一歳だった。大尉《ダユ》ウルジイと宦官の観音奴らが遺体をブルハン山に運んで葬った。

以来、モンゴル高原から宦官は姿を完全に消した。

大都脱出の悲歌

年代記『蒙古源流』は、トゴーンテムール・ハーンが大都以北の古北口《モルタシ》の要塞を出た際に以下のような悲歌を唄ったと書いている。

九種の諸宝もて成れる
大いなるわが大都よ。
九十九の白牝馬を捕らえつなぐ
わが上都開平府よ。
あまねく益ある仏法、王法二つのわが安楽よ。
万乗《ばんじょう》の主といわれたる
惜しむべき大いなるわが名誉よ。

朝《あした》に起きて高みより眺むれば
美しき霞ある
前後より眺め見れば
美しく麗しき

冬となく夏となく家居《いえい》せば
愁いなく堅き
神武セチェン・ハーンの建てたる
宝のわが大都よ。

（岡田英弘訳注二〇〇四、一七三―一七五頁）

『蒙古源流』は、私が属するオルドス万戸の貴族で、フビライ・ハーンの系統を汲むサガン・セチェン・ホン・タイジが一六六二年に完成させた年代記である。時はモンゴル最後の大ハーンが逝去し、新興の満洲人が清朝を打ち立てて、ユーラシアの盟主の座に就いたころである。モンゴルの知識人たちに愛されているこの詩歌はおそらく、亡国の悲しみを経験したサガン・セチェン・ホン・タイジが往昔のトゴーンテムール・ハーンに自身を重ねて創作したものであろう。

明の皇帝もモンゴル人女性の子

モンゴルが退いた後の漢土には明王朝が誕生した。最初の都は南京にあり、元の大都には朱元璋の息子、朱棣《しゅてい》がモンゴルの復興と南進を防ぐために駐屯していた。
モンゴルの年代記はこの朱棣をモンゴル人、それもトゴーンテムール・ハーンの落とし胤と見なす。トゴーンテムール・ハーンが大都ハーン・バリクから出て行った際に、コンギラート部出身の妃がひとり取り残された。彼女は朱元璋と再婚させられたが、じつは妊娠三ヵ月の身だった。天に祈りつづけ、十三ヵ月経ってから無事に産んだのが、朱棣である。朱棣はのちにクーデターを起こし、甥の建文帝から皇帝の座を奪った。永楽帝である。彼は首都を南京から大都に移し、北京とした。かくしてモンゴル人の皇帝、それもコンギラート部出身の妃から生まれた朱棣が明王朝を統治した。明王朝も実際はモンゴル人の政権なのである、という歴史観である（楊海英二〇〇四）。

もちろん、フィクションである。しかし、その物語にはコンギラート部出身の女性たちの存在が大きかったこと、その女性たちは明王朝の皇帝の母親にもなった、という歴史観が仮託されているのである。

男の無能の裏返し

奇皇后は「帝に従って北へ奔った」とあるが、その後について詳しいことはわからない。伝統的な中華史観では末代皇帝をたいていは無能で、腐敗し、淫乱な生活に耽っていたと描きがちである。皇帝とセットで、皇后も悪人でなければならない。明初に編纂された『元史』の記述も、その桎梏《しっこく》から脱しておらず、必ずしも奇皇后に好意的ではない。

トゴーンテムール・ハーンと奇皇后が暮らす後宮の性を妄想的に描き、それを失政の根拠のひとつとする。そして、奇皇后の権力への異常なこだわりぶりを強調する。古代の商王朝から始まり、周を経て清末まで続く女性嫌悪の歴史観である。

大国の興亡を女に責任転嫁するのは、男の無能の裏返しだ、とジョージ・ジャオは批判する（Zhao 2008）。権力に熱中したのは奇皇后だけではない。大元ウルスは実質的に「コンギラート王朝」であり「麗しき女性たちが権力を動かす王朝」だったといわれるほど、多種多様な民族、部族出身の女性たちが男たち以上に国際的な政治に参加し、パックス・モンゴリカの創出と運営維持にかかわっていたのだから。

次章では、モンゴル草原に戻った女性たちが登場する。

第11章

ユーラシア大再編のなかで

中央アジアはウズベキスタン共和国西南部のアク・サライ（＝「白い砦／宮殿」の意）。ここはテムールの生家に近く、初期の根拠地だったとされている（2019年夏、著者撮影）

雪原の血

「この雪のように顔の白い、この血のように頬の紅い女はいるものだろうか」

一三九九年冬のある日。モンゴル高原で大規模な巻狩りに興じていた男が雪の上に射倒したウサギを馬上から眺めながら周りの人たちに言った。

天の涯てまで白く覆われた草原に無数の野生動物が倒され、痙攣しながら血を流している。雪面に滴り落ちる血液があたりを溶かし、微かに蒸気が上がり、まるで酷寒のなかを歩く麗しき女性の頬のように見える。空は青く、馬蹄が巻き上げた雪交じりの沙埃《すなぼこり》があちらこちらから烽火《のろし》のように立ち上っている。

男の名はエルベク・ニグレスッチ（ニグレスクイとも。在位一三九三～一三九九）。年代記ではよくエルベク・ハーンと略称される。ハーンになって、まもなく六年が経とうとしている。

トゴーンテムール・ハーンが亡くなってからすでに三人のハーンが即位しては殺害されたりして、ユーラシア東部の草原地帯では激しい権力闘争がくりひろげられていた。まさに動乱の時代、モンゴル高原はふたたび一二〇六年以前の状態に戻ったようになっていた。

19世紀後半のユーラシアの遊牧民カザフ人の狩猟を描いた絵
（*Kazakhs History and Culture* より）

チンギス・ハーンによって統一され、平和が訪れた時代は遠くに去ってしまった。それでも、武勇を尊ぶ伝統だけは残っていた。いや、なんでも力の行使で物事を動かそうとするあまり、先祖が定めた法令《ヤサ》は忘却のかなたに葬り去られた時期ともいえる。

「狩りは将校の資質、兵士の訓練状況を知るよい機会だ」

チンギス・ハーンのこの言葉に従い、モンゴルのハーンたちは冬になると、頻繁に巻狩りをおこなう。全軍を左右、中央という三翼《グルバン・ガル》に分けて大草原に展開していく。どこに動物が生息しているかについては、すでに勢子《せこ》たちからの報告で把握している。数日から十数日間かけて包囲網を敷き、少しずつ狭めていく。妃たちもそれぞれの宮帳《オルド》をともなって行動をともにする。やがて、さまざまな動物の群れが一ヵ所に追いこまれてくる。狼の遠吠えと草食動物の悲鳴が入り混じるなかで、兵士たちは指揮官の号令に従って突進する。

巻狩りは酒と同じく、ほどよくおこなえば楽しいスポーツであり、適切に運用すれば将兵を鍛えるのに有効である。しかし度を越せば単なる殺戮でしかない。また、アクシデント、さらには陰謀や暗殺もありうる。興奮した男たちは、えてして無法と無秩序に向かって急奔する。巻狩りをどのように展開すべきか、チンギス・ハーンも悩んでいたし、動物に対する過度の殺戮を歴代のハーンは忌み嫌った、と年代記は伝えている。

そして、馬上のエルベク・ハーンは、偉大な祖先チンギス・ハーンと真逆の方向へ突き進んだ。

ゴーハイ太尉のささやき

「申し上げます。陛下の弟のハルグチュク皇太子《ホンタイジ》の妃、ウルジイト・ホン・ゴワ・ベキの容姿は、これよりももっと美しゅうございます」

エルベク・ハーンの隣に付き添っていたゴーハイ太尉《ダユ》という男がささやいた。この時代では、黄金家族の男子はみな、ホンタイジと呼ばれるようになっていた。

ゴーハイ太尉は、オイラート部の有力者である。大元ウルスのハーンが長城以南からステップに戻ってくると、俗に西モンゴルと呼ばれるオイラート部のほうが断然、強くなっていた。モンゴル高原西部のアルタイ山脈を拠点とするオイラート部は、大元ウルス崩壊時の衝撃を免れ、勢力が温存されていたのである。

　オイラート部の君長はチンギス・ハーンの娘をもらい、機会さえあれば、長城以南の大元ウルスの皇帝兼ハーンに物言いをつけてきた。中華風に堕落したモンゴル人よりも、自分たちの方が遊牧文明の神髄を維持しつづけているという矜持もあった。オイラート部はさらに内部で四つの集団から構成されていたので、「四部《ドゥルベン》オイラート」とか単に「四部」などと称されていた。対するフビライ・ハーン系統のモンゴルは四十万人からなるとされ、略して「四十万《ドゥチン》」と呼ばれていた。「四十万と四部」は、いわば長城以北のモンゴル高原全体に拠る遊牧民の総称であった。

「命じたことは果たし、欲したことはなんでも満たすわがゴーハイ太尉《ダユ》よ、その女を朕に会わせよ。朕はおまえを四部オイラートの統率者に任じよう」

　このように二人は馬を並べて走りながら語らいあった。

天と地が一緒になる道理があるか

　まもなく、ゴーハイ太尉はハルグチュク皇太子が巻狩りに出かけたのを見はからって、その宮帳を訪ねた。

「おまえの美貌を国中《ウルス・アール》が称賛しているので見に行こう、とハーンの仰せでございます」

ゴーハイ太尉はウルジイト・ホン・ゴワ・ベキに伝えた。ウルジイト・ホン・ゴワ・ベキとは、「知恵ある美しき姫」との意である。

それを聞くなり、皇太子妃は怒って答えた。


天と地が一緒になる道理《ヨソ》があるか。

貴いハーンが弟の嫁に会う道理があるか。

ハルグチュク皇太子なる弟が死んだとでも聞いたのか。

ハーンなる兄は、黒い犬にでもなったのか。

（岡田英弘二〇〇四、一七八―一七九頁）


ゴーハイ太尉が戻ってきて弟嫁の言葉を伝えると、エルベク・ハーンは激怒し、ハルグチュク皇太子が巻狩りから自分の宮帳に帰る途中を待ち伏せして殺害した。ハルグチュクは三十七歳だった。

妊娠三ヵ月のウルジイト・ホン・ゴワ・ベキをエルベク・ハーンは娶《めと》った。ゴーハイ太尉は彼女を紹介した功績で、ハーンによって丞相《チンサン》に任命された。

血と脂肪を舐めて——女の復讐

ある日、ウルジイト・ホン・ゴワ・ベキ妃は宮帳のなかで休んでいた。妊娠中で、絨毯の上から扉越しに遠くの草原を眺めていた。すると、ゴーハイ太尉が数人の従者を連れてやってきたではないか。エルベク・ハーンが鷹狩りに出かけていると知ると、太尉は外で待った。それを見たウルジイト・ホン・ゴワ・ベキ妃は彼を宮帳内に招き入れ、丁重に挨拶した。

卑しい私の身分を貴くしてくださり
ただの皇太子妃だった私を
貴いハーン妃《ガトン》にしてくださったのはあなたです。
あなたの恩をいくら思っても足りません。
大いなる恵みをあなたさまに捧げましょう。

さらにウルジイト・ホン・ゴワ・ベキは、二度蒸留した酒を銀碗一杯に満たして、「大いなる恵み」として両手で渡した。ユーラシアの遊牧民世界では夏になると、馬乳酒《クミス》をたしなむ。秋から冬にかけては発酵したヨーグルトを蒸留した酒《アリキ》を飲む。蒸留をくりかえすたびに度数は上がる。

ウルジイト・ホン・ゴワ・ベキは続いて三度蒸留した温かい酒《ホルジャ》にバターをたっぷりと足して太尉に勧めた。このほうがお腹に入ると、酔いも早くまわってくるからである。もてなしの文化があるモンゴルにおいて、しかもハーン妃からの酒をゴーハイ太尉は断るわけにはいかない。彼はすぐに酔いつぶれた。

ウルジイト・ホン・ゴワ・ベキはゴーハイ太尉を自分の寝床に寝かせてから、髪の毛を解いて切った。そして、自分の体の至るところを引っ掻いて傷つけてから、近くに屯営していた人びとを呼んだ。さらには、亡き夫の従者を鷹狩りに行っていたハーンのところに派遣し、呼び戻した。

「どうして泣いているのか」

狩りから戻ってきたエルベク・ハーンは、宮帳の前に集まった人びとのあいだを通って宮帳に入るなり、そう聞いた。

「私が太尉《ダユ》さまのご恩に感謝しようと酒を捧げましたら、かえって汚い言葉を吐きながら侮辱してきました」

ウルジイト・ホン・ゴワ・ベキは涙ながらに訴えた。それを聞いたゴーハイ太尉は酔いが一気に醒め、飛び起きて馬に乗って逃げていった。
「逃げているのを見れば、妃《ガトン》の言葉が正しい」
といって、エルベク・ハーンはみずからゴーハイ太尉を追った。二人が戦った際にゴーハイ太尉の放った矢がハーンの小指を射切った。怒ったハーンはゴーハイを捕らえて殺し、その皮を剝いで妃に見せた。ウルジイト・ホン・ゴワ・ベキ妃はハーンの負傷した小指とゴーハイ太尉の皮を舐めながら話した。

腹黒いハーンの血を舐めて
讒言者《ざんげんしゃ》ゴーハイ太尉の脂肪を舐めて
女人であっても、夫の仇を私は討った。
今はいつ死んでもかまわない
私を速やかに、ハーンはなんとでもせよ
（岡田英弘二〇〇四、一八〇―一八一頁）

ウルジイト・ホン・ゴワ・ベキの色香《ジスン》にすっかり惚れこんでいるエルベク・ハーンである。彼女を処分しなかった。そしてゴーハイ太尉をまちがって殺害したとして、正妻から生まれた姫、サムル公主をその息子バトラに与えたうえに丞相《チンサン》の称号を授け、四部オイラートを統括させた。

分裂の発端――掟を破ったハーンの末路

右で示した、ウルジイト・ホン・ゴワ・ベキが主導した復讐の物語を『蒙古源流』や無名氏の『黄金史』、それにロブサンダンジンが著した『黄金史』など、モンゴルの年代記は例外なく収録している。収録の目的ははっきりしている。モンゴルは、エルベク・ハーンが草原の掟を破った時代から分裂と衰退が一気に進んだ、という歴史認識である。

モンゴルを分裂に至らしめた原因は、「天と地が一緒になる道理がない」にもかかわらず、ハーンが掟を破った一点にある。兄が弟の嫁を強奪した行為は、ユーラシアの遊牧民世界のレヴィ＝レート婚の原則に根本的に違反している。

あえてくりかえすが、弟が亡き兄の、子が亡き父の生母以外の夫人たちを守る目的で結婚するのは奨励されるが、逆は断じて許されない。そもそも、違反した事例もないし、そう考える人物も知られていない。エルベク・ハーンは前代未聞のタブーを破ったとして、モンゴルの分裂の原因を作った、と歴史家たちはそろって批判する。

モンゴルの歴史家ラシポンスクが一七七四年ごろに年代記『水晶の数珠』を書きあげた際も、大元ウルス時代に勃発したレヴィ＝レート婚をめぐるモンゴルのハーンたちと中華の儒教文人や大臣たちとの論争をくわしく取り上げている。
そこではこんな主張が展開される。

遊牧社会は、儒教を至上と見なす中華の農耕社会とは根本的に異なるので、女性の政治的、経済的権限は大きく、自由度も高い。それでも、夫の死後に女性が維持してきた政治的、経済的権益を守るために考案されたのが、歴史あるレヴィ゠レート婚である。それは男の暴走に歯止めをかけようとして、目上の男が目下の女性を、力の行使でコントロールすることを禁じてきたのだ。

ところが、最大のタブーを国家のトップに君臨する君主自身が破った。もはやモンゴル社会の分裂は避けられなくなったという歴史観なのである。

結果はすぐにあらわれた。
オイラート部の君長であるオゲチ・ハシハはゴーハイ太尉が殺されたこともさることながら、エルベク・ハーンがゴーハイの子を勝手に丞相に任じて四部オイラートを統括させたことに怒っていた。これを知ったエルベク・ハーンは丞相と図って、オゲチ・ハシハを亡き者にしようとしたが、かえって殺されてしまったのだ。

オゲチ・ハシハはウルジイト・ホン・ゴワ・ベキを娶った。

東部ユーラシアの変動――フビライ家の断絶と朝鮮の建国

ここで少しさかのぼって、大元ウルスのトゴーンテムール・ハーンが他界した一三七〇年からエルベク・ハーンが殺される一三九九年までのユーラシア史を概観してみよう。

応昌府でトゴーンテムール・ハーンが亡くなると、奇皇后の生んだ皇太子のアユシリダラがハーン位につき、ウイグル系モンゴル人のギョクテムールとともに明軍と各地へ転戦した。二人は一三七二年にモンゴル高原中央部を流れるトゥール河に沿って侵攻してきた明軍十五万人を迎え撃ち、数万人を倒す大勝利を得た。

しかし、この戦いを最後に、大元ウルス側が不利になっていく。名将ギョクテムールが一三七五年に没すると、アユシリダラ・ハーンも三年後に他界した。

アユシリダラに次いでハーンになったのはその弟のトグステムールである。一三八七年、トグステムール・ハーンはモンゴル高原から南東のマンチュリア（満洲）方面に進軍し、高麗軍と連携して明軍を挟み撃ちにしようとの作戦計画を立てた。高麗は、母親の奇皇后の実家《ドゥルクム》であるはずだ。モンゴルの慣習で考えると、母親の実家はいざというときに、頼りになる。ただ、奇皇后の実家が高麗にあっても、彼女は王家の出ではない。

高麗軍を率いて、半島を北上してきた副司令官の李成桂《りせいけい》は途中で裏切り、鴨緑江に到達していた先鋒軍を撤退させた。背後の高麗軍の脅威がなくなった満洲の明軍は一気にフルンボイル草原にいたトグステムール・ハーンに襲いかかった。わずか十数騎で脱出したトグステムール・ハーンは北西へ落ちていき、トゥール河に着いたところ、イェスデル王の軍に襲われた。一三八八年冬、大雪が舞うなか、トグステムール・ハーンは弓の弦で絞殺された。チンギス・ハーンの黄金家族の成員は血を流さない方法で処刑する。

世界の帝都、メトロポリスであるハラ・ホリムも明軍に放火されて、同じく一三八八年ごろから廃墟と化していく。

イェスデル王は、フビライとハーン位をめぐって争ったアリク・ブハの後裔である。岡田英弘（二〇〇四）に言わせると、百二十八年続いたフビライ家はここでいったん断絶し、以降はアリク・ブハ裔のハーンの時代に入る。もっとも、アリク・ブハもチンギス・ハーンの末子トロイの息子にしてフビライの弟なのであるから、トロイの系統がユーラシア東部を支配する構図は変わらない。ともあれ、アリク・ブハ裔は四部オイラートとの姻戚関係がとくに緊密であった。

高麗軍を撤退させ、モンゴルを孤軍とさせた李成桂は朝鮮半島に帰還するなり、高麗王朝を廃してみずから国王となる。一三九三年には明の洪武帝《こうぶてい》（朱元璋）から「朝鮮」の国号を授かった。

李成桂の祖先は代々、モンゴル帝国の東方三王家のひとつ、オチギン・ノヤン家から任命された、双城《ジョルー・ホト》(咸鏡南道永興)駐屯軍の指揮官だった。李成桂の父は名をウルス・ブハといい、「国の雄牛」との意である。この時代、雄牛《ブハ》という名のりが流行っていた、とは前に述べた。

歴史学者の宮脇淳子《みやわきじゅんこ》(二〇一九)によると、ウルス・ブハは女真人《じょしん》だったという。モンゴル帝国時代は女真人だろうと、テュルク系諸民族だろうと、みなモンゴルと称していた。帝国が崩壊すると、それまでの「モンゴル」はさまざまな民族となる道を歩み、それぞれの国を統治していくことになった。これが東部ユーラシアの状況である。

ユーラシア西部の民族化——オスマン家とテムールの擡頭

ユーラシアの西部では、エジプトまで攻略しようとして、アナトリア平原まで移動したモンゴル人たちはオスマンと称するテュルク系の遊牧民と合流していった(Peacock 2019)。これらのテュルク系の遊牧民はオスマン家に統合され、セルジュク王家から独立した。オスマン家はその後、ビザンツ帝国の首都コンスタンティノポリス(いまのイスタンブール)を占領し、名実ともにユーラシアの帝国となっていく。

モンゴルの空白を埋めるかのように、テムール（ティムール）がまもなく時代の寵児として華やかに登場する。彼は一三三六年にマーワラ・アンナフルを流れるカシュカ・ダリヤ河の近くに生まれた。モンゴルのバルラス部の出身で、先祖代々、チャガータイ家の家臣だった。

テムールの代になると、西方に展開していたモンゴル人たちは言語の面ではテュルク系の言葉を母語とし、イスラームを奉じるようになっていた。テムールはチンギス・ハーンの直系子孫ではないので、巨大な帝国を創設しても、ハーンと名乗ることはしなかった。彼はチンギス・ハーン家の女性を妃に迎え、黄金家族の婿《クリゲン》として、サマルカンドを拠点にして中央ユーラシアに君臨した。

西方ボルガ河から東のバルハシ湖までのキプチャク草原はジョチ・ウルスの領土だったが、彼の子孫もまたイスラームに改宗し、テュルク系の言葉を話すように変わっていた。指導者のウズベク・ハーンにちなんで、配下の遊牧民諸集団も次第にウズベク人と称するようになった。このウズベクからさらにカザフと呼ばれるグループが分かれてくる。帝国の崩壊にともなう、民族形成への道である。

ジョチ・ウルスの後裔トクタミシュ・ハーンをテムールは最初、積極的に支援した。一三八一年、トクタミシュ・ハーンはその勢力をボルガ河から西のクリミア半島まで伸ばし、一時はモスクワ近郊まで攻略した。しかし、テムールはロシア南部に入りたかったし、トクタミシュ・ハーンもイラン高原とアゼルバイジャン方面をみずからの勢力圏に組みこもうとの思惑を抱く。かつてのバト・ハーンとフレグ・ウルスとのあいだで展開された勢力圏争いの再燃である。

戦いは、テムールのほうが一枚も二枚も上手だった。一三九五年、テムール軍は北コーカサスのテレク河の畔でトクタミシュ・ハーン軍を粉砕した。勢いに乗じたテムール軍はモスクワまで進み、帰りにジョチ・ウルスの古くからの拠点サライとアストラハンを焼き払った。

壮図なかばにして没す

テムールの宮帳にはモンゴル高原での政争に敗れた皇太子《ホンタイジ》たちが亡命してきていた。また、スペイン国王の使節や明朝の間諜も訪れていたので、テムールはユーラシア東西の大変動について熟知していた。

「サマルカンド地方はオクサス河（引用者註：アム・ダリアのギリシャ名）の北岸から始まっているが、そこはモンゴリアで、話されている言葉はモンゴル語である。……それはモンゴル文字で、ティムールのところには、それを読み書きする書記がいる」とスペインからの使者は記録している。郊外では、世界中でもっとも美味しいメロンと麦、それに綿が栽培されていたという（クラヴィホ 一九七九）。

このようなテムールである。一三九九年にエルベク・ハーンが弟を殺してその妃を奪ったことでオイラート部との対立が深まったことについても、当然知っていた。彼はモンゴリア本土をも自身の大帝国に収めようとの壮大な計画を立てた。

一四〇四年の冬、テムールは東トルキスタン経由でモンゴリアへの遠征に着手した。サマルカンドから北東へと進み、シル・ダリアを渡って天山北麓で冬営した。タシケントからさほど遠くない地である。しかし、冬が過ぎ、早春の二月十八日にテムールは急死する（岡田英弘 二〇〇一）。

二〇一八年二月、私はカザフスタン西部、天山北麓にあるテムール村を訪ねた。天山の北側では二五〇〇キロにわたって深い雪に覆われ、気温もマイナス二〇度だった。唯一、テムール村周辺だけは緑の草が芽生えるほど、春の陽気に包まれた別天地だった。テムールがこの地を選んで冬を過ごした理由もよくわかった。ユーラシアの脊梁《せきりょう》たる天山は広大とはいえ、ところどころ、暖かい冬営地がある。テムール村とは、彼の越冬を記念するためにつけられた地名である。

「北元」とホルチン部

十五世紀に入ると、長城の北側に存続するモンゴル政権の勢力は十三世紀に先祖返りした様相を呈していた。歴史家はこの時期からのモンゴル政権を「北元」とも呼ぶ。しかし、当事者たちは引き続き大元ウルスと自称し、ハーンも「大元ウルスのハーン」である。

この大元ウルスのハーン位を継いだのは基本的にフビライ・ハーンの弟アリク・ブハの後裔で、その妃はオイラート部出身者が多かった。すでに触れたように、当時はモンゴルを「四十万」、オイラート部を四部と呼んでいた。ドゥチン《ドゥチン》のほうは基本的にモンゴル高原中央部に拠り、ドゥルベン《ドゥルベン》はアルタイ山脈からさらに西へ、今日のカザフスタン全域をカバーし、シル・ダリアを越えて、アラル海北辺までの広大な地を勢力圏としていた。つまり、ドゥルベンのほうがはるかに強かった。ついでに指摘しておくと、ドゥルベンはのちにジュンガル・ハーン国へと発展し、十八世紀後半に満洲人の乾隆《けんりゅうてい》帝の攻撃を受けて滅亡するまで続く（宮脇淳子 一九九五）。

遊牧民の伝統に従い、大ハーンはあいかわらず妃の天幕を転々として暮らす。あるハーンは大胆にも新婚の若い妻を連れて正夫人の天幕にやってきて、夜の営みを始めた。あまりにも傍若無人に愛し合う二人を見て激怒した正夫人は二人を自分の天幕から追い出した。二人は寒風のなかで一晩、我慢するしかなかった、とモンゴルの年代記は伝えている。独自の天幕を持てなかった女性と結婚したハーンの悲惨な生活ぶりであるが、その女性の実家も往昔のコンギラート部のような名望家ではなかったからであろう。

かつての大都ハーン・バリクで毎日のように開かれていた、パーティーごとに服の色を変えるジスン宴《ホリム》はもうない。色鮮やかな絹は南中国のものよりも、トルキスタン経由で運ばれてくる西側の品に頼るようになった。

ユーラシア最東端の大興安嶺の東西はあいかわらず東方三王家の拠点でありつづけた。満洲平野ではまたチンギス・ハーンの側近であったムハライ国王の勢力圏が健在で、この集団は貿易の実利を取って明朝からの称号をもらい、積極的に交流していた。明朝の側はこれを一方的に「朝貢」と記録し、自己満足していた。これらの二大勢力は、のちに緩やかにホルチン部と称されるようになる。ホルチンとは、射手との意である。チンギス・ハーンの弟ハサルとその子孫が代々、名射手だった歴史的事績に因んだ名称である。満洲人が十七世紀に勃興すると、ホルチン部はいちはやくその同盟者となった。

明朝の抱いた恐怖心——万里の長城と「鎖関」

北元とも称されるモンゴルのハーンたちは、その祖先の足跡を追うようにモンゴル高原の中央部を流れるケルレン河に沿って移動していた。西へはアルタイ山脈の東麓、オルホン河渓谷に入り、支流のタミル河まで進むこともあった。その際、オイラート部の襲撃に備える必要があった。東はフルンボイル草原の北西を流れるハルハ河の北、日本ではノモンハン事件の舞台として知られている地域まで接近できたが、東方三王家に呑みこまれないよう注意しなければならなかった。

南は長城のすぐ北側まで大軍を率いて明朝に圧力をかけることもしばしばだったが、中原まで突入し、大元ウルスを恢復するほどの実力はなかった。ただ、大元ウルスを復興しようとの宣伝戦をくりひろげていたし、明朝側の恐怖感は大きかった。

明朝は紀元前の秦や趙といった国々がばらばらに建設した防壁を強固にし、さらに個々の要塞を連結させた。それが、いわゆる万里の長城である。東は山海関《さんかいかん》から始まり、西は嘉峪関《かよくかん》にまで達する壮大な工事である。しかし、これはモンゴル高原からの騎馬軍を防ぐというよりも、中原の民の逃亡を阻止するのが主な目的だった（楊海英二〇二三）。

明朝は対内的にはかつて類例を見ないほどの専制を敷いていたので、出版と言論の自由を失った知識人の不満が高まっていたし、庶民の生活も疲弊していた。民間には前朝すなわち大元ウルスを懐かしむ風潮が根強く残っている、との上奏文を見た朱元璋は危機感を抱くようになった。

民の逃亡と鉄製品の輸出を厳禁する「鎖関」政策が始まる。「鎖関」とは、長城の関所を閉じ、遊牧民との交易を禁じる政策を指す。東南沿海部ではまた、海禁すなわち海上へ船を浮かべて出かけることも禁止されていた。すべては、大元ウルス時代と逆行する政策である。

それでも、明朝側の民は遊牧民との交易を希望した。馬などの家畜を輸入し、耕作に使いたかった。朝廷も本音ではモンゴルの馬を購入して軍隊に配備したかった。こうして始まったのが、限られた関所で定期的に開かれる市である。明朝の製品を象徴する絹と茶を、遊牧民の典型的な商品である馬と交換し合う、絹馬貿易、茶馬貿易と便宜的に呼ばれる交易である。

中央アジアと明朝との間でも交易は続いていたが、その通商の道はオイラート部とチャガータイ家の後裔の支配下にあった。オイラート部の方が行き交う隊商から税金と商品を取り、豊かな生活を送っていた。

サムル公主とその息子

サムルは、父親のエルベク・ハーンが懺悔の気持ちをあらわし、オイラート部を懐柔するためにバトラ丞相《チンサン》と結婚させた公主だ、とすでに述べたところである。そのバトラ丞相が一四一六年にオイラート部の内紛に巻きこまれて殺害されたとき、二人のあいだにはトゴーンという息子が生まれていた。

一方、エルベク・ハーンに奪われたときにハルグチュク皇太子の子を身ごもっていたウルジイト・ホン・ゴワ・ベキ妃はアジャイという子を産み、オゲチ・ハシハの下で暮らしていた。

オイラート部は二人の姫君とその子たちを虐待し、太師の宮帳内で召使として酷使していた。四部オイラートからはハーンを選ぶ権利がなく、太師という指導者に統率されていた。一四二五年、二人は自分の子どもたちを連れて、東の「四十万モンゴル」に逃げ帰る。

サムル公主が実家にオイラート部討伐を勧めると、息子のトゴーンは反対した。サムル公主は腹を立てたが、息子に反論はしなかった。モンゴルの有力者たちもまたトゴーンを「オイラート人の種」と見る。モンゴルでもトゴーンは虐待された。

モンゴルの年代記は、少年は大きな鍋をかぶらされ、監禁されていたから、トゴーンと名づけられたと伝えている。モンゴル語でトゴーンはたしかに鍋の意もあるが、実際はテュルク系の言葉で意味するところの「ハヤブサ」が本来の命名の意図であろう。というのは、オイラート部のなかでも、丞相や太師を輩出する一族はトルキスタンのテュルク系諸集団と緊密な関係にあったからだ。鍋をかぶせられていたのは、十代半ばになってからのことである。

三人目の夫をハーンの位に

ウルジイト・ホン・ゴワ・ベキ妃はより積極的に動いた。

幾多の動乱を経て度胸もある。二人の男の血と脂を舐める復讐劇を主導した計略は折り紙付きである。そしてなにより絶世の美貌は男たちを惹きつける武器だった。彼女はモンゴルのなかで頭角をあらわしてきた、東方三王家のオチギン・ノヤン家の後裔アダイ（在位一四二六〜一四三八）と再々婚し、ハーン位に即けることに成功する。

長城以北に撤退してから、ハーンの即位式は必ずチンギス・ハーンを祀った祭殿、八白宮の前でおこなわれるようになった。八白宮はチンギス・ハーンの四人の妃の天幕、四大オルドから発展したもので、モンゴル人から主君《エジン》と呼ばれていた。「主君の御前にて即位式が取り進められた」や、「主君の御前にてハーン位に即いた」というのは、年代記の決まった表現である。八白宮の祭祀を取り仕切っていた祭祀集団はダルハトといい、チンギス・ハーンの生前の側近たちや他の部族の有力者たちの子孫、いわば「ステップ貴族」の後裔からなる（楊海英二〇〇四）。

八白宮の前にアダイとともに立った際、ウルジイト・ホン・ゴワ・ベキ妃はモンゴルの実力者となった。一四二六年のことである。このころ、八白宮はケルレン河に沿って、大ハーンに付いて移動していた。

報復するトゴーン

ウルジイト・ホン・ゴワ・ベキ妃とハルグチュク皇太子のあいだの子であるアジャイは、トゴーンといっしょに育ち、親しかったので、彼を釈放するようモンゴル側に勧めた。モンゴル側もそれを聞き入れ、オイラート部へ帰した。帰還して太師となったトゴーンはただちに「四十万モンゴル」征討を提案した。

「いまのモンゴルは以前のわれわれのように、頭から腐りきっている。出陣すれば、必ずや勝つ」

それを見た母親のサムル公主は次のように言って、戦争に反対した。彼女もまたオイラート部に戻っていた。また、遊牧民の世界では、女性たちも遠征の可否に関する重要会議に参加するのである。

「この子は向こうで虐められたので、恨みからものを言っている。以前の恨みばかり引きずっていても、意味はない」

一四三八年冬、トゴーン太師は母親の戒めを無視して東のモンゴルへ兵を進めた。ケルレン河の畔でオイラート部とモンゴルは激戦をくりひろげた。不利となったモンゴルのアダイ・ハーンは八白宮のなかに逃げこんだ。

神聖な祭殿に隠れれば難を逃れられるとでも思ったのであろうが、オイラート軍はそれを無視した。ハーンは捕らえられ、殺害された。ハーンの妻となっていたウルジイト・ホン・ゴワ・ベキ妃の最期は不明である。

「おれはあなたの女系の子孫だ」

勝ったトゴーン太師は次のハーン位を狙っていた。翌一四三九年の春、彼は八白宮を訪れ、ハーン位への野心を覗かせた。彼は馬から降りずに八白宮をぐるぐると回った。「白宮」と表現しても、実際は天窓の尖った天幕である。彼はなにを考えたのか、刀を取り出してこう言いながら八白宮の天窓を切りつけた。

「おまえが聖《ソト》なる男の身なら、おれはあなたの女系《ソタイ》の子孫だ」

ソタイとは、チンギス・ハーン家からオイラート部に嫁いだ姫たちの後裔、女性の血統を指す。チンギス・ハーンの娘の血を引く者にもハーン位に就く権利がある、とトゴーン太師は明らかに主張している。

しかし、いかにもやりかたがまずかった。神聖な祭殿を馬上から刀で切りつける行為は「四十万モンゴル」の怒りを招いたどころか、「四部オイラート」の顰蹙《ひんしゅく》も買った。

「聖なる主君に拝礼して謝罪すべきだ」と「四十万」と「四部」の人びとに咎められたトゴーン太師はしぶしぶ八白宮に入らなければならなかった。

「いまや全モンゴル国《ウルス》は私のものになった。私は必ずやハーンの称号を取る」

このように豪語してから祭殿に入るや、一本の鏑矢《かぶらや》が飛んできて太師の肩甲骨の中間に刺さった。一同が見ると、祭殿内の「黄金の箙《えびら》」の真ん中に挿してあった一本の矢がぶるぶると震えているではないか。

八白宮はその名のとおり、八つの神聖な遺品からなる祭殿である。四人の妃たちが生前に使用していた矢と鞍、馬乳酒入れと古文書群からなる遺品群である。何者かによる暗殺であっても、聖なる遺品のひとつ、「黄金の矢」は聖なる主君チンギス・ハーンの意志を代表していると理解するしかなかった。考えてみればアダイ・ハーンが八白宮で殺害された時点で、オイラート部はすでにタブーを犯していたのである。

トゴーン太師は死ぬ直前に息子のエセン（一四〇七～一四五四）を呼んで、「おまえの邪魔者は片づけた」と言い残した。ハーン位を狙え、との遺言である。

イスラームへの改宗

トゴーン太師の息子エセンはまず太師となり、近くのチャガータイ家の後裔たちと積極的に交流した。

チャガータイ家の後裔が一五四六年ごろに完成させた年代記『ターリーヒ・ラシーディー（ラシードの歴史）』は、中央ユーラシア東部のチャガータイ家が統治するモグリスタンとオイラート部との関係についてくわしく述べている。モグリスタンとは、「モンゴル人の土地」との意で、パミール以東の天山南北の諸オアシス地帯と草原を指す。イスラームに改宗し、半農半牧のオアシスと一部では遊牧を続けるチャガータイ・ウルスの人びとの土地である。このチャガータイ家の姫たちがエセン太師、のちのエセン・ハーンの宮帳に多くいた。

モグリスタンのワイス・ハーン（?〜一四二九）は勇猛果敢な戦士だったが、オイラート部のエセン太師と六十一回戦い、一度しか勝てなかった。エセンはその都度、ワイス・ハーンを釈放していた。あるとき、「妹さんをくれないと、自由にしてやらない」とエセン太師に言われたので、ワイス・ハーンは妹のマハトム・ハニムを嫁がせた。結婚式はイスラーム風におこなわれ、ムスリムになるのが条件だった。

エセン太師がどれほど熱心なムスリムになったかは不明であるが、モグリスタン側は彼が改宗したと理解していたようである。マハトム・ハニムはその後、エセン太師の別の側近と再婚し、生まれた子どもたちと部下たちを全員、ムスリムに改宗させた、と伝えられている。俗にいう西モンゴル、すなわち「四部オイラート」がその内部において、大勢のムスリム集団を抱えていたのは事実である。

オイラート部と平和共存できるようになってから、ワイス・ハーンはトルファン盆地で井戸を掘り、みずから灌漑水路カナートを整備し、配下の農民たちとともに畑で働いた、と伝えられている（Dughlát 1895）。

ウズベクとカザフ

オイラート部とモグリスタンのイスラーム化したモンゴル人、すなわちモグール人が婚姻関係を結んだり、戦争したりしているころ、西のキプチャク草原から新しい勢力があらわれた。ジョチ・ウルスの後裔たちがウズベク・ハーンに率いられて東方への移動を始めたのである。やがて、彼らの一部はサマルカンド方面に入り、都市農耕民のタジク人たちと混淆《こんこう》しながら、緩やかに冬営地で定住するようになった。この集団はのちにウズベク人と称するようになる。ウズベク人はフェルガナ盆地からさらに東へと進み、東トルキスタンのカシュガルを通じて、天山南麓の諸オアシス都市と積極的に交易を進めた。

一方、アラル海以北で遊牧を続ける集団はカザフとなっていく。カザフは草原の放牧範囲をめぐって、オイラート部と衝突しながらも、姻戚関係を結んだ。モンゴルやオイラート部で内紛に敗れた皇太子たちはたいてい、西のカザフに亡命していた。アルタイ山脈からカザフ草原へ通じる道は近いし、同じ遊牧生活を送っていたから、都市農耕世界よりも価値観を共有できただろう。

「豚が死んだ」

ウズベク人となったジョチ・ウルスの後裔とモグリスタンのムスリムたちは、「沙漠のなかのテュルク人と草原のモンゴル人には髭がない」と認識するようになった。身体的な特徴として、ウズベク人はいわゆるタジク風、イラン風の顔に変わったのに対し、東のオイラート部とモンゴル高原のモンゴル人たちは以前の丸い顔の風貌を維持していた、というのがチャガータイ裔の観察である。

イスラームに改宗しつつあったとはいえ、チャガータイ家の後裔たちもまた古くからのレヴィ＝レート婚の伝統を部分的に維持していた。いや、厳密にいうと、レヴィ＝レート婚がイスラーム法に合致するか否かで、見解がわかれていた。

ワイス・ハーンの孫のひとり、ドスト・ムハマド・ハーン（?〜一四六八／六九）は亡き父の妃のひとりを愛し、どうしても彼女を娶りたかった。しかし、イスラームの法学者たちは賛同しなかったので、彼は反対者を次々と処刑した。七人もの反対者が殺された後、ハーンは結婚を強行したものの、新婚の翌日に高熱を発して急死した。

「豚が死んだ」とイスラームの学者たちはハーンの死をそう表現した。豚を不浄とみなすイスラーム社会において、レヴィ＝レート婚を強行したハーンはそのように譬《たと》えられていたのである。

非チンギス統のハーン誕生

東トルキスタンのチャガータイ・ウルスと良好な関係を結んでいたエセン太師は一四四九年に明朝へ向かって大軍を進めた。四部オイラートと四十万モンゴルのダイスン・ハーン（一四二二〜一四五二）との連合軍である。明朝側も若く血気盛んな正統帝《せいとうてい》（英宗）が親征に出発し、双方は八月から激戦を交わした。

陰暦八月十五日、長城の要塞のひとつ、土木堡《どぼくほ》で正統帝はモンゴル連合軍に捕らえられた。世に言う「土木の変」である。明の皇帝を抑留しておくより送り返したほうが政治的に有利と判断したエセン太師は、正統帝を丁重に礼遇し、翌年に北京に届けた。明朝側ではすでに皇帝の弟が即位して景泰帝《けいたいてい》（代宗）となり、その体制が確立されていたので、政争が激しくなった。エセン太師の目論見どおりに、明朝側は混乱に陥った。

ダイスン・ハーンは、ウルジイト・ホン・ゴワ・ベキ妃と最初の夫ハルグチュクとのあいだに生まれたアジャイの息子である。正夫人はエセン太師の姉で、他にも複数の妃がいた。全モンゴルのハーンも実質上、オイラート部出身の太師の傀儡にすぎない。エセン太師は当然、自分の姉から生まれた子を皇太子《ホンタイジ》に立てようとしていたが、ダイスン・ハーンは別の妃の子を候補にしていた。二人はついに立太子の件で激突し、ダイスン・ハーンが敗れた。

ハーンは野生馬《ホラン》のような黄金色の駿馬に跨って逃走し、ケルレン河を渡ってヘンティ山中に入った。祖先のテムージンもたびたび、避難していた懐深い山である。ゴルロス部の天幕があった。ダイスン・ハーンは馬から降りて、天幕に入った。

なんと、そこは妃のひとり、アルタガルジンの家だった。彼女が浮気したと聞いたダイスン・ハーンは、その鼻と耳を傷つけた上、離縁していた。

アルタガルジンはハーンに飲み物を出したが、彼女の父親は怒った。

「娘の清らかな名を汚した男と狭い峠道で出会ったか」

妃の父はダイスン・ハーンを殺した。一四五二年一月十九日のことである。モンゴル人女性の実家《ドゥルクム》がいかに娘の権利と名誉を守りとおすかを示す一例である。たとえ相手がハーンであっても、実家は遠慮しない。

ダイスン・ハーンが殺された後、エセン太師は一四五三年、ついにみずから大ハーンの位に即いた。エセンは、「大元天聖大ハーン」と名乗り、チンギス・ハーンの子孫だけがハーンになるという「チンギス統原理」を初めて破った人物である（系譜図3）。彼はチンギス・ハーン家の黄金家族の成員に対して粛清をおこない、オイラート人の女性から生まれた者以外はほとんど殺害された。いや、オイラート人の女性から生まれた男子にも、容赦なく刀が振り下ろされた。

「女の子でございます」

「ごらんくださいませ。女の子《ウルクチン》でございます」

チチク妃はこのように話しながら、赤ん坊を抱きあげ、股を開いて男たちに見せた。男たちは馬乳酒を啜りながら、視線を赤ん坊のほうにやると、たしかに女の子だった。ほんとうは、チチク妃は赤ん坊の陰茎《ボーボー》を股間に深く食いこむよう紐で強く後ろへ引っぱっていたのである。

男たちが天幕を出て、馬に跨って走り去るのを見届けてから、チチク妃は急いでチャハル万戸のオドイという女を呼び、彼女が産んだばかりの女の子を揺籠《ウルギ》に入れておいて、自分の赤ん坊を曾祖母のサムル公主の天幕に送り届けた。

チチク妃が生んだのは男の子だった。チチクとは、テュルク・モンゴル語で「花」の意

系譜図３　バトムンク・ダヤン・ハーンまでのハーンとガトン（妃）

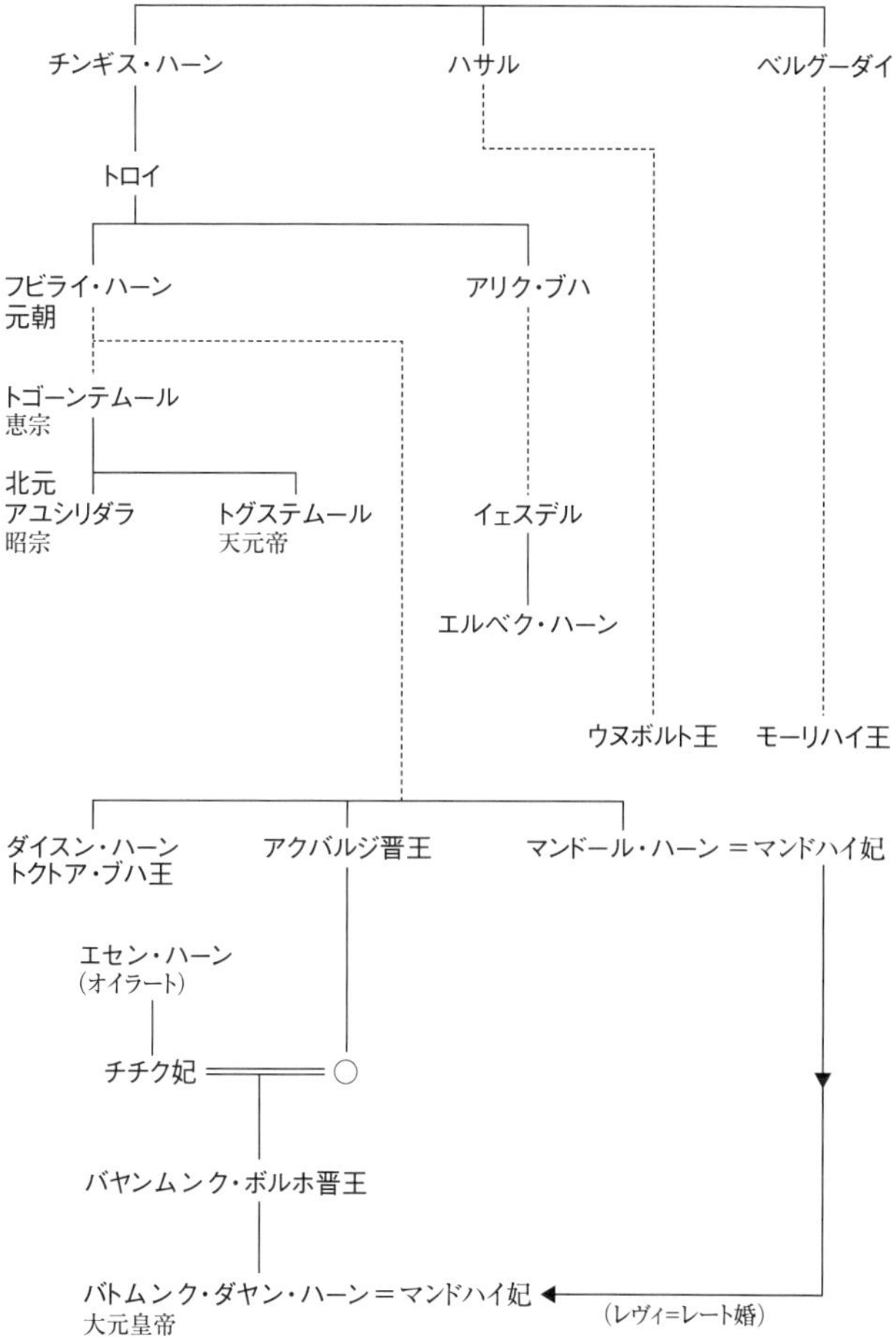

味である。彼女はエセン・ハーンの娘であり、ダイスン・ハーンの甥と結婚していた。

エセン・ハーンは自分の娘とチンギス・ハーンの後裔にあたる男とのあいだに子どもが生まれるのを知るなり、部下を派遣してきた。

「女の子なら、その髪の毛を梳こう。男の子なら、その動脈を切ろう」

モンゴルでは、赤ん坊が生まれたら、祖父母が髪の毛を梳いてあげる儀礼がある。「動脈を切る」とは、家畜を屠る際に用いられる表現である。

ふつう、女の子のことはオキンと呼ぶのだが、チチク妃はあえて父エセン・ハーンの命令でやってきた男たちに対し、「ウルクチン」と表現した。ウルクチンとは、「雌の仔犬」を指す。モンゴル人は自分の子をかわいがるときに、このような表現を用いる。チンギス・ハーンもかつて自分の四人の将軍を「四狗」との愛称で呼んでいた。チチク妃は愛称を用いることで、殺しの使者たちを安心させたのである。

同じころチチク妃の夫（ダイスン・ハーンの甥）は、エセン・ハーンの粛清から逃れようとして中央アジアのアラル海付近で遊牧するカザフ人のところに亡命していたが、巻狩り中に暗殺された。妊娠中のチチクを残して逃げたのは、妻はエセン・ハーンの娘だからまさか殺しはすまいと安心していたのであろう。チチク妃はすでに夫の死を知っており、なんとしてでも黄金家族の血脈を守ろうと決心していたのである。

「貴種」を守るために

その後、エセン・ハーンは自分の娘が男の子を生んだと知った。チンギス・ハーンの黄金家族という「チンギス統原理」の権威と、自身のオイラートの君長という二重の権威を持つ男の子の誕生である。自分が全モンゴルのハーンになったとはいえ、次の世代ではまちがいなく娘チチクが生んだ子のほうがハーンにふさわしい。エセン・ハーンはただちに祖母サムル公主のところにおもむき、その子を殺そうとした。

おまえはいったい、この子がいつ大きくなって、どのような人になって仇を討つだろうと言うのか。この子は私の血筋でもあり、おまえの孫でもあるではないか。私の息子トゴーンならば、私にこんなことを言うだろうか。エセンよ、おまえは自分の孫を手にかけるなら、かけたらよい。

(岡田英弘 二〇〇四、二〇六頁)

エセン・ハーンは恐れて、なにも言えずに帰った。しかし、彼があきらめないことを祖母のサムル公主も、娘のチチク妃も知っている。対策を講じなければならない。そこで、二人の女性は決断した。たったのひとり、と言ってもいいくらいの黄金家族の「貴種」を四部オイラートから連れ出して、四十万モンゴルに送り届けることにしたのである。

選ばれた四人

二人はその役目に堪える者を慎重に選んだ。その結果、オイラート部のオキダイ大夫とハラチン部のボライ太師、サルトール部のバヤンタイ賢者《メルゲン》とコンギラート部のエセレイ大夫の四人がその任にあたることとなる。

ハラチン部は大元ウルス時代のキプチャク人を中心に形成された万戸で、サルトールも中央アジアのイラン系の人びとを指す、古いモンゴル語である。チンギス・ハーンの中央アジア遠征で東方へ移動してきたイラン系の集団の後裔であろう。コンギラートは、かの「麗しき娘」たちを武器として国際政治を動かしてきた集団であったが、この時期になると、モンゴル高原よりもアルタイ山以西の方で独自の勢力圏を構築していたのである。

四人は三歳になったチチク妃の子を守りながら、途中、ウルート部（ウリヤンハイ部との説も）のオルジュ少師の家に泊まった。少師は自分のシキルという娘をその子の許嫁《いいなずけ》とした。シキルとは、「砂糖」の意である。一行はさらに旅を続け、無事にアルタイ山中から東のケルレン河の畔のモンゴルに送り届けた。男の子の名はバヤンムンクである。

今日、私の属するオルドス万戸が運営するチンギス・ハーンの八白宮の大祭において、バヤンムンクを守りとおした四人の名を読み上げる儀礼がある。その名が読み上げられると、子孫たちが恭《うやうや》しく登場し、大ハーンからの恩賜を受け取る、という儀式である。現代まで謳われるくらい、四人の功績はじつに大きい、とはモンゴル人の歴史観である。というのは、成長したバヤンムンクは許嫁のシキルとのあいだにバトムンクを儲ける。このバトムンクがのちにモンゴルの再統一を果たす、「中興の祖」として知られるバトムンク・ダヤン・ハーンになるからである。

エセン・ハーンの最期

四部オイラートと四十万モンゴルの大ハーンとなった以上、以前の太師の称号を返上し、他の者に授けるべしと大臣たちが求めてきた。そのなかには、ムスリムもいた。しかし、エセン・ハーンは太師の称号を自分の息子に渡そうとして、応じなかった。

大臣たちは反乱を起こし、エセン・ハーンはひとりでアルタイ山脈の東、フホイ山へ逃げた。麓で天幕を張っていたユンシェープ部の男に出会った。その男は、自分の父親が以前にエセン・ハーンに処刑されたのを覚えていたので、仇を討った。男はエセン・ハーンを殺し、その遺体を樹に吊るした。オイラート部は、「森《オイ》の民」であり、一部では、祖先は樹から生まれたという神話を有している。東部ユーラシアを震撼させたエセン・ハーンのあっけない最期であった。一四五四年のことである。

最終章は、難を逃れたバトムンクを大ハーンの位に即かせた女性が創造した「歴史」について。

第12章

マンドハイ妃の物語

蒼き狼の子孫を自認しているのはモンゴル人だけでなく、中央アジアのテュルク系遊牧民のカザフ人も同じである
（カザフスタン国立大学博物館内の展示。2020年春、著者撮影）

ある密告

「晋王《ジョノン・ノヤン》殿が、ハーンの正夫人《ガトン》の手を握っていた」

ベク・アルスラン太師は、宮帳内にいた他の側近たちを退出させてから、マンドール・ハーン（一四二六〜一四七九）にささやいた。

「それは、まことか」

マンドール・ハーンは、にわかには信じたくなかった。ベク・アルスランが密告しているのは、バヤンムンク・ボルホ・ジョノンのことである。ジョノンとは、晋王のことで、モンゴルでは大元ウルス期からハーンに次ぐ高い地位である。ハーンは国政に、ジョノンは祭祀に専念する。

祭祀とは、チンギス・ハーンと四人の妃たちをはじめとする歴世の祖先たちを祀ることである。八白宮で祀られている祖先たちの祭祀は全モンゴルの政治大祭で、統合のシンボルである。「蒼天には太陽と月の二つ、大地にはハーンとジョノンの二人」とモンゴル人たちは表現し、その権威に敬意を表していた。

マンドール・ハーンは、サムル公主が派遣した四人の勇気と智慧のある戦士たちによってモンゴルに送り届けられてきた甥のバヤンムンクをモンゴルの大事な血脈だと認め、宮帳の近くに住まわせて大事に育てた。そして、十三歳で成人すると、許嫁のシキルと結婚させ、ボルホ・ジョノンに任命した。ボルホとは、「大事を成し遂げる」との意である。マンドールは、「復興」や「再興」の意で、二人はなかよく、全モンゴルの復興をめざす政治を進めていた。

獅子の如き実力者

時の実力者は五十三歳のマンドール・ハーンではなく、青年バヤンムンク・ボルホ・ジョノンでもなく、ベク・アルスラン太師だった。ベクは、ペルシャ語で「有力者」を意味し、アルスランはアラビア語でライオンを指す。文字どおり「獅子の如き実力者」である。

彼は東トルキスタン（モグリスタン）のオアシス、トルファンの出身である。その祖先はテュルク系とも、ペルシャ系とも、あるいはコーカサスのアス人だったとも伝えられている。要するに西方にルーツを持ち、チャガータイ裔が支配する東トルキスタンにおいて軍事力で独自の拠点を作り上げた人物である。エセン・ハーンの死後に混乱に陥ったオイラート部をまとめただけでなく、東トルキスタンとモンゴル高原をも押さえた最強の実力者であった。ユーラシア東部では、オイラート部の太師がモンゴルのハーンやジョノンを凌駕する時代が続いていたのである。

一四六四年前後に、ベク・アルスラン太師はトルファンにマンドール・ハーンを迎え、テュルク風の結婚式を催して、自分の婿とした。ハーンの正夫人となったベク・アルスラン太師の娘の名をモンゴルの年代記は記録せずに、単にイケ・ハマルトと表現する。イケ・ハマルトとは、「大きい鼻」や「鷲鼻」との意である。この綽名《あだな》は明らかに彼女のテュルク風かペルシャ風の彫りの深い顔と高い鼻（三三三頁写真参照）を形容したものである。

マンドール・ハーンはこの「大きい鼻《イケ・ハマルト》」妃が好きではなかったらしく、どの年代記も「彼女と閨《ねや》を同じくしなかった」と伝える。当然、二人のあいだに子どもはいなかった。

マンドハイとオングート部

イケ・ハマルト妃から子が生まれなかったので、マンドール・ハーンはもうひとりの若い夫人を迎えた。トゥメト万戸内のオングート部のチョロスバイ丞相《チンサン》の娘、マンドハイ（一四三八／四八～?）である。

オングート部はチンギス・ハーンの娘アルハイ・ベキが降嫁し、大元ウルス時代には駙馬の地位を維持した、キリスト教ネストリウス派を奉じる大集団であった。この時代になると、トゥメト万戸内で単独の千戸《オトク》を形成していた。チョロスバイは、エセン・ハーンの旧臣だった。

時代は下っても、匈奴の時代から続いてきた百戸、千戸、万戸という軍事行政組織は変わらなかった。モンゴル高原の中央を流れるケルレン河の畔で南面して宮帳を建てた場合、その東に展開するのは左翼のチャハルとハルハ、それにウリヤンハイの三万戸である。右に分布するのはオルドスとユンシェープ、それにトゥメトの三万戸である（地図2参照）。ハーンは名目上、左右両翼計六つの万戸を統率するが、実際は直轄するチャハル万戸しか指揮できなかった。他の万戸のほとんどが黄金家族以外の有力者の支配下にあった。

ユンシェープ万戸のみならず……

ベク・アルスラン太師はオイラート部に影響力があっただけでなく、ユンシェープ万戸の創設者でもあった（烏雲畢力格 二〇〇五）。ユンシェープとは、雲需府の音便である。雲需府は、雲需総管府の略称で、大元ウルス期に大都ハーン・バリクと上都開平府に馬乳酒とワインを提供し、鷹狩り用のタカを飼育する役所だった。

雲需府は大都から上都へ行く途中、今日の河北省張北県内にあった。雲需府はまた西から移動してきたキプチャク人とアス人の拠点でもあった。彼らは一時、軍閥を形成し、大元ウルスのハーンの暗殺と選出にもかかわったことについては、第9章で述べた。十五世紀に入ると、モンゴル化したキプチャク人とアス人たちはかつての役所名を自分たちの万戸名にしたのである。

ベク・アルスラン太師は明朝からも恐れられていた。「用兵を善とし、智述に長けている」と『明実録』はくりかえし記述する。というのも、一四七〇年、ベク・アルスラン太師はマンドール・ハーンとバヤンムンク・ボルホ・ジョノンとともに黄河を渡って長城の要塞、楡林《ゆりん》などを攻略したからである。モンゴル人は当時、黄河以南の地を「褐色の湾曲地帯《ボルトハイ》」と呼んでいたが、これ以降、その地域はオルドス万戸の拠点と化した。オルドス万戸は八白宮の祭祀に携わっていたが、当時の指導者はベク・アルスラン太師と同じムスリムであった。

このように、ベク・アルスラン太師は自身のユンシェープ万戸だけでなく、政治祭祀を主宰するオルドス万戸と大ハーンの直轄下のチャハル万戸、そしてオイラート部にも君臨していたのである。なお、モンゴル高原の東部は、東方三王家の後裔、ホルチン部のウヌボルト王の支配下にあった。

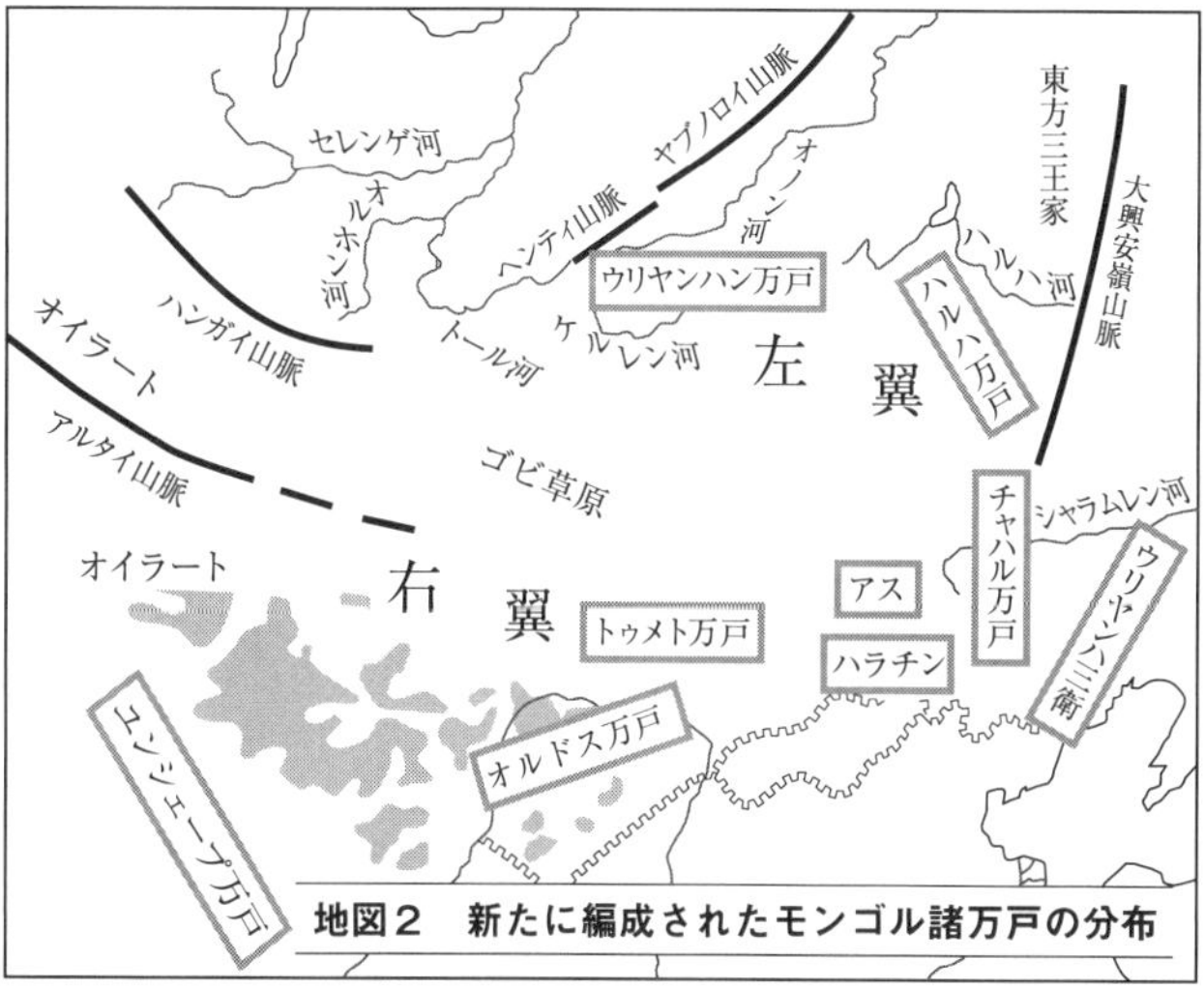

地図2　新たに編成されたモンゴル諸万戸の分布

東トルキスタン（新疆）のウイグル人女性たちの身体的特徴は、ユーラシアの他のテュルク系民族と同じである（1993年夏、著者撮影）

あまりにも豪奢な品が身の仇に

しだいに政治的な野心が膨張してきたベク・アルスラン太師は、マンドール・ハーンよりも若いボルホ・ジョノンを脅威だと認識するようになった。そこで、太師は「ジョノン殿がハーンの正夫人」、すなわち自分の娘の手を握っていたと密告したのである。自分の娘が若きジョノンと不倫している、と言えたベク・アルスラン太師は相当な人物である。

マンドール・ハーンからすれば、子どものいない自分が死んだら、ハーン位は当然、若きジョノンの手に渡る。レヴィ＝レート婚の原則に従い、正夫人のイケ・ハマルト妃と絶世の美女と謳われている第二夫人のマンドハイ妃もすべてジョノンの所有となる。なにも急ぐこともないのに、正夫人と親しくすることは、我慢ならなかった。

「閨をともにしなかった」夫人の父親がそう話している以上、それは事実だろうとマンドール・ハーンは信じた。そして、ジョノンを非難し、謝罪を求める使者としてベク・アルスラン太師本人を派遣した。

ジョノンの宮帳にやってきたベク・アルスラン太師はまったく別のことを話した。

「ジョノン殿の叔父でいらっしゃるハーンは、悪意を抱いている」

ベク・アルスラン太師の讒言《ざんげん》により、ハーンとジョノンは合戦となり、敗れたジョノンはケルレン河から南のゴビ草原へ走った。

ゴビには水がなく、限られたところに小さな泉や水溜まりがあるだけである。数日間走りつづけたジョノンはある天幕に入って、飲み物を乞うた。彼が白い駿馬に乗り、黒貂のコートを着て、金のバックルの付いた帯をしているのを見て、天幕の主人に悪心が兆した。男はジョノンを殺した。二十七歳だったとも、三十一歳だったとも、モンゴルの年代記は伝えている。

あまりにも豪奢な品を身につけていたのが仇となった、とは年代記の一致した見かたである。

「賢明な妃」

ハーンとジョノンの死後、最強の実力者ベク・アルスラン太師も弟（義弟、族弟とも）のイスマーイール（イスマインとも）に殺された。イスマーイールも太師と称し、ユンシェープ万戸を擁してモンゴル全体に君臨しようとした。そこにある若き女性が立ちはだかる。亡きマンドール・ハーンの第二夫人、マンドハイ妃《ガトン》である。

マンドハイ妃は美貌の持主というだけでなく、聡明さと才知、それに勇気に富んでいたので、嫁いできたころからセチェン・ガトン、すなわち「賢明な妃」と呼ばれていた。ユーラシアの遊牧民世界ではセチェンは尊敬される賢者にのみ与えられる称号で、そう簡単に使われることはない。

チンギス・ハーンの正夫人ボルテの父親はコンギラート部の賢者だったので、ダイ・セチェンと称されていた。賢者の家系からボルテというフビライ・ハーンの後ろ盾となったアルチ・ノヤンらの傑出した人物が輩出している。その後、モンゴル人はフビライ・ハーンに対してだけ、セチェン・ハーンとの尊称を用いていたくらいである。マンドール・ハーンが他界した後、二十四歳のマンドハイ妃はセチェンの名に恥じなかっただけでなく、ますますその名にふさわしい歴史的功績を作り上げていくことになる。

記述には意図がある

なお、先まわりになってしまうが、マンドハイ妃については、年代記によってはこんな記述のものもある。

マンドール・ハーンの死後、ボルホ・ジョノンは一時、ハーン位に即いた。しかし、イスマーイール太師はボルホ・ジョノン・ハーンを攻め殺し、その妃のシキル妃を奪い、二子を儲けた。イスマーイール太師とシキル妃がクムル（ハーミとも）以北の草原で屯営していたところに奇襲部隊を差し向け、太師を殺害したのがマンドハイ妃である。

ハーン位は目まぐるしく変わり、空位もたびたび生じていた時代であるので、年代記の記述も一致しないのは当然である。それに、年代記の多くは政治的な意図に基づいて作成される。たとえば、モンゴルの多くの年代記は頑としてオイラート部のエセン太師がハーンになった事実を認めようとしない。それは、年代記の作者たちも「チンギス統原理」を忠実に紙上で再現したいからであろう。

マンドハイ妃は、これから述べるように、モンゴル全体の統一と再興を実現させた女性である。男性史観に立っても、「中興の祖」とされるバトムンク・ダヤン・ハーンを誕生させた妃である。そのような彼女をめぐって、多種多様な記録があるのも当然である。

熱い茶を大臣の頭に

「おまえはどうしてそのように言うのか」

と激怒したマンドハイ妃《ガトン》は机の上に置いてあった茶碗を持ち上げ、熱い茶をゴルロス部のサダイの頭に注いだ。サダイ大臣は両手の袖で顔を拭きながら、伏して謝罪した。

熱い茶やスープなどの飲み物を他人の頭にかけることは、絶縁を意味する。ペルシャの年代記『集史』にこんなエピソードがある。

少年テムージンは父親のイェスゲイ・バートルが毒殺された後、親戚の者たちにも見捨てられた。テムージンは盟友のジャムハと相談し、サルジュート部とガタギン部に使者を出し、連盟を持ちかけた。しかし、サルジュート部とガタギン部は連盟どころか、腸詰を茹でていた鍋のなかの熱いスープを使者の頭に注いで完全拒絶の意を表した。後日、テムージンはこの二つの集団を征服し、「未来永劫、彼らの娘をもらってはいけないし、われわれの姫を出してもいけない」と命じた、という。

それにしても、いったいどうしてマンドハイ妃は大臣に熱い茶をかけたりしたのか。

ウヌボルト王の熱烈なアプローチ

サダイ大臣は、マンドハイ妃にホルチン部のウヌボルト王との再婚を熱心に勧めていた。マンドール・ハーンの死後、未亡人となったマンドハイ妃はあいかわらずモンゴル高原の中央部に宮帳を張っていた。宮帳の近くには往時のような大軍や家畜群はもうない。使用人も目に見えて減った。

右翼、すなわち西のアルタイ山方面はオイラート部、南西の甘粛から長城にかけての地域はユンシェープ万戸とトゥメト万戸、それにオルドス万戸の勢力圏である。左翼すなわち東の大興安嶺と満洲平野は東方三王家の世界である。

その三王家の盟主、当代随一の英雄であるウヌボルト王は何回も使者を派遣しては、マンドハイ妃と結婚したいとの猛烈なアピールを重ねていた。マンドハイ妃を妻にできたなら、ホルチン部は大ハーン直轄のチャハル万戸を統合し、モンゴル高原のじつに三分の二を直接支配できるようになるからである。

「妃の五徳に火を熾《おこ》す係となりたい」とウヌボルト王の使者はそう丁寧な言葉を用いて結婚を望む気持ちを伝えてきた。ユーラシアの遊牧民世界では、火と五徳は家系のシンボルである。その五徳に火を熾すとは、結婚して一族の繁栄に貢献したい、という上品な言いまわしである。

ウヌボルト王は出自もよい。その父親のシュースタイ・バートルはかつてモンゴルとオイラート部が対陣したころはいつも先鋒を務めていた。

マンドール・ハーンが登場する少し前、一四六六年にベルグーダイ家の後裔モーリハイ王がムラン・ハーン（一四三七〜一四六六）を殺害したとき、青年ウヌボルト王は先頭に立って追撃しつづけた。「三つの坂《グルバン・ダワー》」という峠で、一四六八年に激戦がくりひろげられ、ウヌボルト王が「耳の立った鹿毛の馬」に乗って突っこみ、モーリハイ王を斬った。「二重に着こんでいた鎧を馬の鞍ごと斬った」とモンゴルの各種の年代記ではウヌボルト王の英雄ぶりをまるで英雄叙事詩の主人公のように描く。マンドハイ妃も当然、青年の活躍を見ていただろうし、少なくとも耳にしていたはずである。

マンドハイ妃は悩んだ。亡き夫マンドール・ハーンの未完の夢を実現したかった。彼女にはおそらく、別の本名があった。というのも、マンドールとマンドハイは「復興」や「再興」という意味であり、前者は男性形、後者は女性形なのである。おそらくモンゴルの統一と再興を祈願して、マンドール・ハーンは若き第二夫人にも自分と同じ称号を与えたにちがいない。モンゴルでは結婚式を挙げる際に、新婦に新しい名を与えることは珍しくない（楊海英二〇二三）。

彼女は決心した！

求婚してきた英雄ウヌボルト王は、チンギス・ハーンの弟ハサルの後裔である。絶世の美女と当代随一の英雄の結婚が成立すれば、マンドハイ本人にも、モンゴルにも有利だ、とサダイ大臣は考えていた。

「小さい男の子を待つよりは、ウヌボルト王と結婚なされば、私たちみんなにもよいことです」

「小さい男の子」とは、七歳になったばかりのバトムンク皇太子《ホンタイジ》のこと。バヤンムンク・ボルホ・ジョノンとシキル妃とのあいだに生まれた、ただひとりの貴種である。

少年は父をベク・アルスラン太師とイスマーイール太師らムスリム軍人に迫害され、母とは幼少期から引き離され、使用人の天幕を転々とたらいまわしにされていた。しかも最初の里親の養いかたが悪かったせいか、ひどい肺病と皮膚病などにかかっていた。

肺病をなおすには馬乳酒やラクダの乳がいちばんよい。そこで、二番目の里親は大きな銀碗に馬乳酒やラクダの乳を入れて飲ませたり、体をさすったりした。そのおかげで治癒はしたが、みすぼらしく病弱な少年であることに変わりはなかった。

マンドハイ妃は、この小さな皇太子バトムンクのことを考えていた。

少年は、マンドハイ妃にとって甥、ないしは孫にあたり、レヴィ＝レート婚の原則には抵触しない。傍系のハサル裔であるウヌボルト王とちがって、チンギス・ハーンの直系子孫である。

すると、別の大臣の妻であるジガン姉《アガ》がこう言った。

ハサルの子孫と結婚すれば、
暗い道をたどり、
すべてのご自分の領民から離れて、
妃《ガトン》の称号を失いますよ。
ハーンの子孫を守れば、
天の神さまのご加護を受け

すべてのご自分の領民を支配して、
妃《ガトン》の名誉を称えられますよ。

（岡田英弘 二〇〇四、二二一―二二二頁）

重要な政治的会議の場に大臣の妻たちも参加していた。遊牧民の伝統はしっかりと残っていた。マンドハイ妃は決心した。ジガン姉の言葉に同意し、サダイ大臣の頭に熱い茶を注いだのである。

ハーンの子孫が小さいからといって、
ハサルの子孫が大きいからといって、
妃《ガトン》の私の身の上が寡婦だからといって、
おまえはどうしてそのように言うのか。

（岡田英弘 二〇〇四、二二二頁）

マンドハイ妃は左右両翼の六万戸の盟主たちを自身の宮帳に招集した。

ソルカクタニ・ベキの魂に向かって

かつての大ハーンを選ぶ集会クリルタイのように、連日昼夜にわたって開く豪奢な宴会や贈り合う天下の名品はなにもない。妃の宮帳《ガトン》といっても、ふつうの遊牧民の天幕とさほど変わらないくらい没落していた。

マンドハイ妃は七歳のバトムンクに底の厚い革製のブーツを履かせて身長を少しでも高く見せ、みずからその手を引いてエシ・ガトンの祭殿を参拝した。

エシ・ガトンの祭殿の前に到着すると、メンゲン・イラグという祭祀者《ダルハト》がマンドハイ妃一行を丁重に迎えた。メンゲン・イラグが祭殿内の主神エシ・ガトンに酒を献上すると、マンドハイ妃は次のように宣言した。

黒と白の見分けのつかない土地に嫁入っております。
ハーンの子孫のボルジギンの一族が衰えたといって、
ハサルの子孫のウヌボルトがめとろうとするときに
母なるガトンのオルドの近くに私は参りました。
まだらの馬の見分けのつかないような、ここに嫁入っております。
あなたの子孫が小さいからといって、
あなたの叔父のハサルの子孫が強いるときに、
命の心配を捨てて、私はここに参りました。

堅固で大きなあなたの門を軽いといって、
貴く大きなあなたの敷居を低いといって、
あちらのウヌボルト王が大きいといって結婚すれば、
わが母なるエシ・ガトンよ、
いやしい嫁である私をご照覧あれ。
真心をもって主と母上に申しあげた言葉を守って、
あなたの小さい子孫のバトムンクを守って妻となるならば、
福を賜って、
私の着物の衿の内側に七人の男の子
外側に一人の女の子をお恵みください。

（岡田英弘二〇〇四、二二二―二二三頁）

メンゲン・イラグの正式の爵号はゲル・ノヤンで、「家臣」の意。家とは、チンギス・ハーンの末子トロイ家を指し、その祭祀にあたる臣なのである。エシ・ガトンはトロイの正夫人ソルカクタニ・ベキの尊称である。

モンゴルでは娘が嫁いでいく際に、父親から黒と白の石を渡される儀礼がある。婚家で物事の分別、善悪を判断して行動するよう、とのメッセージが託された儀礼である。マンドハイは、「黒と白の見分けのつかない土地に嫁入って」いる、と自身の苦しい立場を素直に表現し、ソルカクタニ・ベキに加護を求める祈りを捧げた。

彼女は成功した！

トロイは末子としてチンギス・ハーン家を受け継いだ。ソルカクタニ・ベキはムンケとフビライ、フレグとアリク・ブハという四人もの大ハーンを生んだ偉大な母親である。チンギス・ハーンは生前から彼女をかわいがり、「嫁なる妃《ベリ・ガトン》」と呼んでいた。逝去後には「柱たる妃《エシ・ガトン》」と呼ばれ、大ハーン直属のチャハル万戸によって祀られてきた。もっとも、エシとは、テュルク系の言葉で「嫁」を意味するという見解もある。

すでに述べたように、長城以北に撤退した後のモンゴルは、主君すなわち八白宮の前で即位の礼をおこなっていた。しかし、マンドハイ妃はあえてエシ・ガトンの祭殿を選んでいる。

女性は八白宮に直接参拝できず、遥拝することしかできない。遠くからの遥拝では説得力に欠ける。エシ・ガトンの祭殿ならば、トロイ家の神聖性をあらわしているし、偉大な嫁たるソルカクタニ・ベキの後継者になると宣言できる。戦乱が収まらず、ハーン位も一時は非チンギス・ハーン家のオイラート部に奪われるという「黒と白の見分けのつかない」

世界と決別する宣言をするのには、エシ・ガトンの祭殿のほうが、八白宮よりもふさわしかった。

かくして、バトムンクはエシ・ガトンの祭殿の前で即位し、ダヤン・ハーンと名乗った。ダヤンとは、大元の音便である。

マンドハイ妃は成功した。ソルカクタニ・ベキのように、チンギス・ハーン家を守り抜き、ふたたびモンゴルを振興しようという理念は全モンゴルに共有されていた。彼女には財産も強力な軍隊もない。あるのはモンゴル人の古くからの礼《ヨソ》とチンギス・ハーンが定めた法《ヤサ》のみであった。だが、礼と法こそが、屈強の軍人たちと全遊牧民を心底から納得させる最強の武器だった。ガトンの理念と選択、そして行動など、すべてがモンゴル人の礼《ヨソ》とチンギス・ハーンが定めた法《ヤサ》にかなっている、と見られたので、バトムンクの即位には誰も反対できなかった。

三十三歳と七歳

マンドハイ妃がバトムンクと結婚したとき、彼女は三十三歳で、ハーンは七歳だった、と『蒙古源流』は伝えている。別の年代記はマンドハイ妃が二十四歳だったと記している。歴史学者はマンドハイ妃が四十二歳で、バトムンク・ダヤン・ハーンが十六歳のときに二人が結婚したと分析している（岡田英弘 二〇〇一）。いずれにせよ、年齢は不明である。この時代のモンゴル人にとって、年齢はさほど問題ではなかった。

十八世紀の年代記作家ラシポンスクは、その著書『水晶の数珠』（Rasipungsuγ, *Bolur Erike*, pp.843–844）のなかで、次のように書いている。

マンドハイ妃がもし、自分ひとりの幸せを考えていたならば、当時の最強の英雄ウヌボルト王と結婚したはずである。ウヌボルト王との結婚もレヴィ＝レート婚の原則には反していないし、いちおうはボルジギン家の血統である。しかし、彼女はあくまでもモンゴル全体の再興を優先した。わずか七歳のバトムンクとの結婚は子どもを育てるようなものであるが、彼女はハーンとモンゴル国の両方を育て上げたのである。

マンドハイ妃が参拝した当時、ソルカクタニ・ベキを祀ったエシ・ガトンの祭殿は大ハーン直属のチャハル万戸が守っていた。チンギス・ハーンの母ウゲルンを祀った祭殿は、末子オチギン・ノヤンが維持し、大興安嶺の南麓、ノンニ河流域にあった。彼らはのちに「山陽の万戸」に発展し、母ウゲルンの祭殿もエシ・ガトンの祭殿も十六世紀に八白宮の近くに移された。私の故郷オルドスのジュンワン旗のモンゴル人たちがその祭殿を一九五八年まで維持していた。

オイラートを帰順させた「聖処女戦士」

「妃《ガトン》さまの兜が落ちた」

敵の四部オイラート側の戦士たちが一斉に声を挙げ、どっと笑った。

一四八一年にアルタイ山東麓のタス・ボルトという地で演じられた戦闘前の一シーンである。タス・ボルトは今日のモンゴル国西部のウブス湖の近くにある山で、「鷲のように黒い鋼の山」との意である。マンドハイ妃にとっては、初陣である。

マンドハイ妃は少年である夫君、バトムンク・ダヤン・ハーンを連れてモンゴル高原の中央部を移動していた。夏はケルレン河の畔で過ごすが、ダヤン・ハーンは河で水遊びをし、溺れそうになったこともある。冬はオンギン河の下流まで行く。冬営地はだいたいハラ・ホリムから大都ハーン・バリクへ行く途中のウラーン・ノール湖の近くにあったと見られている。西には強力なオイラート部、南は弱い明朝、東は東方三王家という国際環境は変わっていなかった。

国際関係を新たに構築して、モンゴルの再興と再統一を名実ともに実現するために、マンドハイ妃は少年ダヤン・ハーンを連れてオイラート部への遠征に出かけた。ダヤン・ハーンを特別な革製の籠に入れて馬の背中に乗せ、みずからは兜を被り、戦馬に跨った。妊娠中だったし、急いで調達した兜と鎧は女性の体にはサイズが合わなかった。モンゴル軍はケルレン河の畔から西へ進み、オイラート部はアルタイ山から下りて迎撃した。両軍が激突した際、マンドハイ妃の兜が落ちてしまったのである。

地面に落ちた兜を拾ったのはモンゴル軍ではなく、敵のオイラート部の若者だった。若者は矢のように馬を飛ばしてきて、馬上から兜を拾うなりマンドハイ妃に渡し、また自陣に戻って行った。この情景もまた両軍から称賛され、大きな歓声が草原に響いた。モンゴル人にとって、帽子や兜は神聖なものである。まして、それが妃のものとなると、なおさらである。

かつてハイドゥ・ハーンの娘は父親の身辺に付き従って、フビライ・ハーンの軍隊と対戦した。北魏時代には木蘭《ムーラン》という女性が従軍していた事績は叙事詩ともなっている。しかし、いくら遊牧の民とはいえ妊娠中の女性が戦陣に立つのはやはり珍しい。妃となるとその意義は特別である。親征に対しオイラート部も敬意を抱いていた。

マンドハイ妃は先頭に立つことによって、狭い「四十万モンゴル」を鼓舞し、「四部オイラート」を帰順させて、ふたたび統一されたモンゴル国を創出しようとしていたのである。このときの彼女は妃というより、いわば聖処女戦士に変身していたのである。妊娠中の身もまた処女懐胎のように見えたはずであろう。

戦場に凛とした姿を見せたマンドハイ妃は若さと勇気、そして気品に輝き、瞬時に草原の男たちの意志を変えた。全モンゴルの戦士たちはこのとき、女神をこの目で見たようにどよめいた。オイラートの戦士たちは雪崩を打って帰順し、マンドハイ妃とダヤン・ハーンの権威を認めた。モンゴルにおいて、戦う女性は民族そのものを戦乱と存亡の危機から救った女神となった。

もっとも、マンドハイ妃の戦いは戦場だけではなかった。幼いバトムンクを夫君に選んだときからあらゆる場面で戦いは続いたのである。

両性具有の聖性

政治の世界と戦陣の両方に立つ女性は、両性具有を具現しているし、両方の聖性を兼ね備えたことになる。マンドハイ妃は単にチンギス・ハーンの黄金家族家の嫁ではなく、民族全体の国母となった。嫁以上に、戦士として、政治家として戦い、民族の先頭に立つこともできたから、国母に昇格していったのである。

マンドハイ妃はホルチン部のウヌボルト王と結婚するという「性」を選ばずに、モンゴルそのものと結婚するという「聖」を選択したことで、性もまた聖に昇華していくことになる。

彼女の願いどおりに、「七人の鋼《ボルト》と一人の梢《ノゴー》」が生まれた。全員、双子である。マンドハイ妃の誠意が天国のエシ・ガトンに認められた、と年代記は揃ってそう記している。

モンゴル人はみな、マンドハイ妃から生まれた七人の男の子と一人の姫を神話上の聖アラン・ゴア母と同一視する。日月の精を受けて懐胎し、黄金家族をはじめとするモンゴル民族の開祖となったアラン・ゴア母である。アラン・ゴア母とマンドハイ妃はアンドロギュノス的聖性を獲得したのである。

イスマーイール太師を排除すべし

四部オイラートと四十万モンゴルをふたたび統一してから、マンドハイ妃はイスマーイール太師を排除しようと決心した。かつて兄のベク・アルスラン太師とともにマンドールル・ハーンとボルホ・ジョノンを離間させ、モンゴルを混乱に陥れて漁夫の利を得ていた軍閥である。

ベク・アルスラン太師もイスマーイール太師も、右翼のユンシェープ万戸とオルドス万戸を率いて独立国のようにふるまっていた。とくにオルドス万戸はチンギス・ハーンの祭殿八白宮を祀る政治集団でありながら、ムスリム軍人の影響力がしだいに強まっていくことに危機感を抱くモンゴル人は多かった。

モンゴルはあらゆる宗教に寛容であるが、八白宮の祭祀は「国俗」すなわち古くから従ってきたシャーマニズムの伝統に即して実施しなければならない。ムスリム軍人の影響が国家祭祀に及べば、イスラームのほうがいつかはチンギス・ハーンを凌駕することになってしまう危険性があった。そして、イスマーイール太師はバトムンク・ダヤン・ハーンの母親、シキル妃を奪ったまま返そうとしていない。

イスマーイール太師は当時、略奪したシキル妃を連れてクムル（ハーミ）の北東部にある草原で暮らしていた。そこは南東へ行けばアラシャン沙漠とオルドス高原に入れるし、北へ進めばハラ・ホリムに近づくことができる。北西は東トルキスタンで、隊商が通る地域である。要するに、モンゴル高原と河西回廊の間にある権力の空白地帯であった。マンドハイ妃がモンゴル高原と東トルキスタン北部を統一してからも、この権力の空白地帯はまだイスマーイール太師の掌中にあった。彼はシキル妃との間に子どもを二人儲け、再起の時期を狙っていた。

熱いスープの恨み

イスマーイール太師は一四八三年ごろからモンゴル高原を越えて、大興安嶺方面の東方三王家の後裔たちと連盟しようとしていた。マンドハイ妃は自分の姪を三王家に嫁がせて、そこに楔を打ちこんだ。そして、三王家の後裔のひとつ、モンゴルジン部のトルゲーンという指導者に連盟を持ちかけた。

　モンゴルジンとは、「モンゴルらしき」、「モンゴル的」との意で、以前のキプチャク人とアス人の後裔からなる集団を指す。中央アジアから移り住んでからすでに二百年の歳月が過ぎ、完全にモンゴルになっていたが、その出自から「モンゴル的《ジン》」と呼ばれていた。モンゴルジンは最初、右翼のトゥメト万戸と行動をともにしていたが、のちに東方へ移動していった。

　モンゴルジンのトルゲーンはイスマーイール太師の兄にあたるベク・アルスラン太師に恨みを持っていた。若き日に使者としてその天幕に行ったときのことである。ベク・アルスラン太師はちょうど、婚礼用の肉スープを料理していた。ユーラシアの遊牧民世界には使者をもてなす習慣がある。大元ウルス時代は駅站《ジャムチ》制度が整備され、使者はヒツジの丸煮による接待を受けることになっていた。

　意図的かどうかはわからないが、ベク・アルスラン太師は中央アジア産の黄金の器《ハタルマン》に入れてあったスープを椀に移してトルゲーンに差し出した。遠路はるばる走ってきたトルゲーンは喉が渇いていたので、大きく一口飲んだ。

　ところが、そのスープはまるで熱湯だった。呑みこめないトルゲーンはスープを口のなかに含んだまま、しばらく我慢した。太師の宮帳内のことではあるし、それにモンゴルではいったん、口のなかに入れた食べ物を絶対に出してはいけない習慣がある。どうしても出さなければならないときは、穴を掘って埋めなければならない。口のなかに大火傷を負った。それでも、トルゲーンはスープを呑みこみ、使者としての役割を果たしたのだった。

そのとき、族弟のイスマーイールはベク・アルスラン太師の隣に立ち、トルゲーンが苦しんでいるのをただ見ていた。「この仇は必ず取る。死ぬまで忘れない」。トルゲーンはそう決心しながら、モンゴルジン部へ馬を飛ばして帰った。

そのような彼のところに、マンドハイ妃から連盟してイスマーイール太師を討とうという打診があったのである。トルゲーンは当然、応じた。

一四八八年のある日。マンドハイ妃の直轄下にあったチャハル万戸とモンゴルジン部から選び抜いた少数精鋭の連合軍は、ゴルロス部の英雄、ドゴーチ少師に率いられて静かにイスマーイール太師の屯営地をめざした。

イスマーイール太師とシキル妃がいっしょに天幕のなかでぐっすりと眠っていた黎明時に、アラク（「斑」との意）という名の侍女が遠くから伝わってくるリズミカルな馬蹄音に気づいた。およそ三百年前に、ホワクチン婆がテムージンとボルテの新婚直後の天幕内で聴いたメルケト部の奇襲部隊の馬蹄音と同じである（第3章参照）。

アラクは急いでイスマーイール太師とシキル妃を起こし、足の速い斑点模様の馬に鞍を付けた。鞍上の人となった瞬間、イスマーイール太師はマンドハイ妃が差し向けた戦士たちに取り囲まれ、全身に矢を浴びて死んだ。

女の悲哀

戦士たちがシキル妃を連れて帰ろうとしたところ、彼女は大声で泣きわめき、どうしても馬に乗ろうとしない。それを見て激怒したドゴーチ少師は刀の柄に手をかけながら言った。

あなたの夫だったボルホ・ジョノンが、悪かったのか。
あなたの息子であるダヤン・ハーンが、悪いのか。
あなたの国《ウルス》、チャハル万戸が悪いのか。
なぜ敵のために泣くのか？

（『ハーン一族の黄金史綱』一〇七頁）

ドゴーチ少師はシキル妃と、彼女とイスマーイール太師とのあいだに生まれた二人の息子を連れて帰り、マンドハイ妃とダヤン・ハーンに会わせた。二十二年ぶりの再会である。幼少の時から離別した二人のあいだに、どれほどの親子の愛情があったのかはわからない。嫁としてのマンドハイ妃もこの義母にどんな感情を抱いていたのかも、不明である。

シキル妃はその後、モンゴル高原南部、今日の内モンゴル自治区のジョーウダ市（赤峰）内を流れるシャルムレン河の畔で暮らした。

モンゴルの年代記はどれもシキル妃を嘲笑し、彼女の内心について深く記述しようとしていない。敵のために涙を流した、と冷淡にあつかっている。シキル妃がイスマーイール太師の死を見て泣いたのか、それとも自身のような女性の運命を嘆き悲しんだのかは、わからない。強力な軍人たちが権力のために闘争しあい、誰もモンゴル全体の利益を顧みない。そして、女性たちは弄ばれる。殺されることはなくても、本人の意向をいっさい問わずに新しい権力者と再婚させられる。それは、遊牧民世界の女性たちが経済的、政治的力を擁していたからこそ、強いられた運命でもあろう。

往昔なら、政治と経済の権益が優先されていただろうが、すでに十六世紀に入ろうとしていた時代である。個人の生きかた、個人の幸せも大事だとの価値観が芽生えていたのではないか。そのような時期において、彼女は自身が生んだ息子のバトムンクが全モンゴルの大ハーンになった後も、イスマーイール太師と静かにクムル以北の山中での暮らしを選んだのではないか。もっとも、イスマーイール太師はおそらく胸中に大きな野心を抱いていたにちがいないが。

同じような女性はテムージンの時代にもいた。テムージンの異母弟ベルグーダイの母である（第3章参照）。ベルグーダイの母は、テムージンの新妻ボルテとともにメルケト部に攫われた。のちにベルグーダイがテムージンといっしょにメルケト部を殲滅した後も、彼女は出てこず、「息子はもう立派な貴人になっているようだ。私なんか会う面目もない」と泣いて姿を隠した。ベルグーダイの母とシキル妃には共通するなにかがあった。息子の栄達に距離を置こうという矜持と、自身の人生を想ったときの悲哀ではないか。私にはそう見える。

全モンゴルの再統一と「世界史」の軸

「この馬は、私のものだ」

少年がチンギス・ハーンの祭殿八白宮の門前に来たとき、突然、人相の悪い男があらわれ、馬の手綱を摑んで言いがかりをつけている。男の名はボルジョモルで、ヒバリの一種を指す言葉である。

「なにを無礼なことを」

と侮辱された少年は刀で男の頭を叩いた。血気盛んな年齢である。

「いましがた来て、もうこんなことをするか」と男たちは騒ぎ出した。少年は馬から降りて八白宮に立てこもったが、乱軍に射殺された。

少年はマンドハイ妃の次男、皇太子《ホンタイジ》のウルス・ボルトである。ユーラシア草原部のモンゴルでは、馬泥棒は厳罰に処される。貴族でも例外はない。ボルジョモルという男はオルドス万戸の指導者マンドライとユンシェープ万戸のイブライ太師に唆《そそのか》されて、故意にそう騒ぎ立てて、ウルス・ボルトに恥をかかせたのである。イブライ太師はムスリムである。

マンドハイ妃とダヤン・ハーンは「鋼」のような七人の息子たちを左右両翼の各万戸の統治者として派遣する準備を始めていた。それまでは非黄金家族の成員たちが統率していた万戸もあったので、チンギス・ハーンの直系子孫が統一されたモンゴル帝国の各集団を指揮するという原理をふたたび徹底しようとした。そこへ、オルドス万戸は使者を出してきて、「八白宮祭祀の主宰者として、ハーンと妃の鋼《ガトン》の一人を乞う」と懇願した。八白宮の主宰者は晋王《ジョノン》で、同時に右翼三万戸の支配者でもある。オルドス万戸から直々の懇願であるので、ウルス・ボルト皇太子が派遣されたのである。

しかし、イスマーイール太師の死後に右翼三万戸の実力者となったイブライ太師は権力の座から降りたくなかった。そこで彼らはウルス・ボルトを馬泥棒に仕立て上げて追い返そうとし、悲劇は起きたのである。一五〇八年のことである。

＊

一五一〇年、ダヤン・ハーンは右翼のオルドス万戸を帰順させようとして親征した。両軍がダラン・ハラ（陰山山脈）の西に広がる平原、黄河の畔で激突し、オルドス万戸は全面降伏した。ダヤン・ハーンは六万戸の有力者たちを八白宮の前に集め、チンギス・ハーンの御前にて全モンゴルの再統一と団結を宣言した。

一同は続いてエシ・ガトンの祭殿に参拝し、ハーン位がトロイ家に戻ったことを報告した。またチンギス・ハーンの側近たちの子孫からなる祭祀者《ダルハン》集団を拡充すべく、モンゴルの再統一に貢献した功臣たちの子弟を新たに加えた。北京の明朝皇帝にも手紙を送り、長城を国境とし、国際貿易を進めるための交渉を始めた。

「中興の祖」となったバトムンク・ダヤン・ハーンの指導の下で、モンゴル帝国がふたたび勃興しつつあった最中に、マンドハイ妃は静かに永眠した。

折しも、ユーラシア大陸の西部に住むヨーロッパ人たちは大ハーンの都《ザナドゥ》を発見しようとして大航海に乗り出し、大西洋を横断して新大陸への進出を開始していた。近代への助走はすでに地球規模で始まっており、モンゴルがユーラシア世界を統一することで生まれた「世界史」の軸が動きつつあった。やがて女たちが築きあげてきたモンゴル帝国、ひいては遊牧民の世界は新しい挑戦を受けて変貌してゆく。しかし、それは本書の主題とはまた別の一冊を必要とする問題である。

あとがき

ユーラシアの遊牧民はいま、自分たちの歴史を取りもどしつつある。

中国とロシアに奪われ、改竄《かいざん》されてきた歴史の本来の姿の復元である。「野蛮」や「禽《きん》獣《じゅう》」などと悪意に満ちた言葉で表現されてきた、およそ文明と無関係な輩だとのイメージからの脱却と真実の再構築である。ソ連崩壊とそれにともなう中央アジア諸国の独立によって歴史の現場と史料群への直接的なアプローチが可能となった。

とはいえ、当事者による研究と記述はまだ少ない。なぜか。

それは少数の研究者による「学問的覇権」による。当事者自身の研究を自民族中心主義と批判したり、場合によっては研究対象者が書き残した一級史料を否定したりする立場である。モンゴル史だと、『モンゴル秘史』や年代記を軽く扱い、漢籍など他者――それもモンゴル治下の被支配者――の操作を経た資料を偏重する態度である。

『モンゴル秘史』などの年代記に年月日の差異や美文調の描写が見られることはたしかである。しかし、そこに描かれている「文化と思想」は不動の事実である。年月日のずれも、ペルシャ風の美文体もまた歴史の営為であって、史料批判の必要性こそあれ、その価値を左右するものではない。このことを無視した偏見は、いまだに一部の研究者の脳内に残っている。

本書は、当事者が書き残し、語りつづけた物語を史実、少なくとも文化的史実、哲学的事実だと位置づけて歴史の再構築を試みた著作である。歴史とは、過去のできごとに対する解釈で、一種の文化なのである。

また、本書は女性の視点に立とうとして書いたものである。

《オスマン帝国外伝――愛と欲望のハレム》というトルコ共和国のドラマが、数年前からユーラシアと日本、それに北米で流行し、十億人近い視聴者がかの帝国の女性たちの活躍に注目した。日本では二〇二四年のNHK大河ドラマ《光る君へ》が、平安時代の女性たちの煌《きら》びやかな生きかたを現代によみがえらせた。どちらもその背後の史実をめぐっては諸説があるが、描かれた作品に過去の文化と思想が含蓄されていることは否定できないだろう。史上空前の大帝国を形成したモンゴルにおいても同じである。

本書はドラマでも文学作品でもなく、一級史料、それも当事者が残した史料を中心に、東西の研究成果を吸収したうえで、現地調査に立脚した人類学の手法で完成させた学術的著作である。新書という体裁を採ったのは、より多くの読者にお届けしたいと考えたこと、そして「万人の内奥から発した真正の教養」の構築、「単なる博識以上の根強い思索力・

判断力」の必要を説く講談社現代新書の理想に共鳴し、貢献したかったからである。

「蒙古襲来七百五十周年」の今年、「新書御三家」のひとつとされる現代新書は創刊六十周年を迎えた。その記念すべき年にラインナップに加えてくださったのは、学芸第一出版部の横山建城さんである。また、組版・校閲・図版作成・印刷・製本・販売などの関係者のみなさんに、記して心からお礼を申しあげる。

本書はＪＳＰＳ科学研究費19K12500と22K12540の成果である。

二〇二四年　皐月吉日

楊　海英

年表

*月は陰暦

西暦	できごと
九一六	契丹帝国成立。モンゴルの神話上の祖先出現。
一〇七七	ホラズム帝国（シャー国とも）成立。
一一一五	金帝国興る。
一一三二	カラ・キタイこと西遼帝国創建。翌年、契丹帝国滅亡。
一一六二	テムージン生誕。一一五六年説も。
一一六九	父イェスゲイ・バートル毒殺される。
一一七九	ボルテとテムージン結婚。一一六二年誕生なら十七歳、一一五六年なら、二十三歳。
一一八四	テムージンの妹テムールン、コンギラート系のゴルロス部のボトと結婚。
一一八九	テムージン、モンゴルという小さな部族のハーンに就任。
一一九一	テムージンの娘アルハイ・ベキ誕生とも。
一一九六	テムージン、ケレイトのワン・ハーンと合流。
一一九七	秋から翌春にかけて、テムージン、セレンゲ流域のメルケト部を滅ぼす。ボルテ、長男ジョチを産む。
一一九九	テムージンとケレイトが合同でアルタイ山脈のナイマンを撃破。
一二〇二	ブイル湖畔でタタール部を征服。イェスウイとイェスガン姉妹を迎える。冬、幼い長男ジョチ

	と長女ホワチンを以て、ケレイト部のワン・ハーン家との通婚を申し込むも、断られる。
一二〇三	春、テムージン、ケレイトに大敗。秋、テムージン、ケレイトを滅ぼす。妹テムールンの死後に長女ホワチンをボトに嫁がせる。
一二〇四	テムージン、ナイマンを滅ぼし、同部のタタールトンガにウイグル文字を用いてのモンゴル語表記法を案出させる。ナイマンのタヤン・ハーンの子クチュルク、西遼へ遁走。メルケトのホランを第二夫人に迎える。翌年に西夏遠征に同行。
一二〇六	春、モンゴル高原統一、全遊牧民からなるモンゴル帝国のチンギス・ハーン選出。一一六二年生誕説なら、テムージン四十四歳。
一二〇七	チンギス・ハーン、西夏征圧作戦発動。オイラート部、モンゴルに合流。
一二〇八	チンギス・ハーン、ナイマン残党の討伐に。オイラート部と連盟。
一二〇九	西夏王国、チンギス・ハーンに服従。
一二一一	ベシュバリクを拠点とするウイグル王イドグー帰順。西遼亡命中のナイマン王子クチュルクがクーデターにより同国皇帝に。西遼に服属していたテュルク系カルルク部がチンギス・ハーンに帰順。チンギス・ハーン、金王朝に進攻。
一二一四	金王朝、公主をチンギス・ハーンと結婚させる。ジャライル部のムハライ国王が満洲方面に進軍。
一二一七	満洲方面もモンゴル治下に。北部中国にコンギラート部とジャライル部、エケレース部とウルート部、それにマングート部という「五投下」と称される帝国の左翼軍団成立。

一二一八	西遼皇帝クチュルクが滅ぶ。ジェベ将軍のモンゴル軍、パミールへ。
一二一九	秋、チンギス・ハーン、七年間にわたる中央アジア遠征に出発し、ホラン妃同行。末弟オチギン・ノヤンが留守。
一二二〇	二月、チンギス・ハーン、ブハラ包囲。モンゴル高原で都市ハラ・ホリムの建設指示。
一二二一	四月、ホラズム帝国の首都ウルゲンチを落とす。十一月、ホラズム帝国の王子ジャラル・ウッ・ディーン、インダスを越えて逃亡。ホラズム帝国滅亡。
一二二五	二月、チンギス・ハーン、中央アジアよりモンゴルの大オルドに帰る。別働部隊はイランとコーカサス経由で南ロシアへ進軍。ソルカクタニ・ベキ失明。
一二二七	西夏王国滅亡。長男ジョチ、キプチャク草原で他界。八月十五日（十八日との説も）、チンギス・ハーン逝去。
一二二九	チンギス・ハーンの三男オゴダイが大ハーンに即位。
一二三四	金王朝滅亡。
一二三五	モンゴル高原にてハラ・ホリム建設開始。ヨーロッパと南宋、高麗への遠征をクリルタイにて決定。駅伝制度施行開始。
一二三六	ジョチの次男バトによるヨーロッパ遠征開始。黄河以北の地がモンゴル治下に。
一二三七	キプチャク人をモンゴルに編入。ルーシ進攻。東方ではモンゴル軍長江を渡る。
一二三八	ウラディミール・スズダリ方面攻略。ボルガ流域からカフカース方面へ進軍。
一二三九	征西軍内でオゴダイ・ハーンの息子グユクがバトと不和となる。征西軍クリミア半島攻略。征

	南軍、漢水に到達。
一二四〇	征西軍キーウ攻略し、ポーランドへ。
一二四一	春、モンゴル軍ポーランド・ドイツ騎士団連合軍撃破。ハンガリー攻略。一部、インド北部へ進軍。グユク、東方へ召喚。チャガータイがイリ河近辺で死去。十二月、オゴダイ死去。オゴダイ・ハーンの第六皇后トゥレゲネが摂政に。
一二四二	オチギン・ノヤン帝位簒奪図るも失敗。征西軍、ハンガリー経由で帰還の途に。
一二四三	バトの征西軍がキプチャク草原に留まり、東方エルティシュ河までジョチ・ウルス形成。ジョージア出身の貴族女性タムタがモンゴル旅行。
一二四六	七月、フランチェスコ修道士プラノ・デ・カルピニらハラ・ホリム近郊に到着。八月、グユク即位。十一月、プラノ・デ・カルピニらグユクの返書を携えて帰途に就く。冬ないし翌春に母トゥレゲネ・ガトン死去。
一二四七	グユク・ハーン、ジョージア王国を係争中の二人の王族に分割。モンゴル軍、西アジアへ進出。
一二四八	四月、グユク・ハーン、ハラ・ホリムから西の本拠地エメールへ移動。バトも東方へ進み、双方に緊張走る。グユク・ハーン、ホム・センギルにて急死。バトの放った刺客による暗殺とも。
一二四九	グユク・ハーンの未亡人オグル・ガイミシュがバトの指示でハラ・ホリムの政治を運営。バトはアラ・カマクでジョチ家・トロイ家中心のクリルタイ開催。
一二五〇	フランス王ルイ九世がエジプトの捕虜になる。
一二五一	バト主導のクリルタイでトロイの息子ムンケが四代目の大ハーンに選出される。ムンケ・ハー

	ン、オゴダイ系の諸将を粛清。弟のフビライに東方経略を委ねる。チャガータイ家とオゴダイ家をムンケとバト家が分割。フレグのイラン赴任が決定。
一二五二	二月、ソルカクタニ・ベキ死去。八月、ムンケ・ハーン、グユクの未亡人オグル・ガイミシュ殺害。チャガータイ家の事実上の当主にオルキナ・ガトン。フビライの雲南遠征が決定。
一二五三	一月、フレグ征西軍、モンゴリアから出発。十月、フビライ、雲南遠征へ。
一二五六	高麗降伏。春、金蓮川でフビライが開平府を築城。フレグ軍、イスマーイール派山城攻略。
一二五七	十月、ムンケ・ハーン南宋親征に出発。
一二五八	フレグ軍、バグダード陥落させ、カリフ政権崩壊。
一二五九	八月、ムンケ・ハーン、四川で急逝。秋、フレグ軍、シリア進軍。
一二六〇	四月、開平府でクリルタイが開催され、フビライが大ハーンに選出される。五月、ハラ・ホリムでクリルタイが開催され、アリク・ブハがオイラート部とチャガータイ家の支持で大ハーンに。六月、中統との年号をフビライが使用開始。
一二六四	七月、アリク・ブハがフビライに帰順。八月、フビライが年号を中統から至元に改元し、大都北京を中都とす。開平府は夏用の上都に。
一二六五	二月、フレグ急逝。
一二六六	オルキナ・ガトン、息子のムバーラク・シャーをチャガータイ家当主に。アリク・ブハ死去。
一二六七	中都の北東部に大都を築城開始。名付けて、ハーン・バリク。
一二六八	ジョチ・ウルスとオゴダイ家のハイドゥが和解。

一二六九	フビライ・ハーン、パクパ文字を国字と定める。夏、高麗でクーデター。
一二七〇	オゴダイ家のハイドゥ、チャガータイ家の領土を吸収合併。大都でチベット仏教寺院建設開始。
一二七一	十一月、フビライ・ハーン、国号を大元とす。
一二七三	高麗王が半島の全権掌握、大元ウルスの忠実な附庸国になる。
一二七四	三月、モンゴル・高麗軍が第一回の日本遠征へ。文永の役。
一二七六	南宋の首都・臨安開城。
一二七七	モンゴル軍、江南平定。エジプトのマムルーク軍がルーム・セルジュクのモンゴル軍撃破。
一二八一	第二回日本遠征軍出発。弘安の役。フビライ・ハーン妃チャムブイ・ガトン逝去。
一二八五	皇太子チンキム死去。
一二八七	オチギン・ノヤン家を盟主とする東方三王家が叛乱、フビライ・ハーン親征。
一二八八	ハイドゥがハラ・ホリム進攻。
一二八九	イル・ハーン国のアルグンの使節、ローマ教皇ニコラウス四世訪問。フビライ・ハーンがモンゴリア本土へ親征し、ハイドゥ撤退。
一二九四	一月、フビライ・ハーン他界。廟号は世祖。四月、故皇太子チンキムの子、テムールが上都で大ハーンに即位(ウルジイト・ハーン)。
一三〇一	ハイドゥがオゴダイ家とチャガータイ家の兵を糾合してふたたびハラ・ホリムへ。タミール河流域で大元ウルス軍と合戦。
一三〇六	ダギ妃とその息子アユールバルワダがブルガン・ガトンにより懐州に流刑となる。

一三〇七	テムール死去。廟号は成宗。安西王アーナンダ参内。アユールバルワダ政権誕生も、ハイシャンに譲る。五月、ハイシャンが大ハーンに（クルク・ハーン）。アーナンダ処刑、ブルガン・ガトン蟄居し、ほどなく死去。
一三一一	一月、ハイシャン死去、廟号は武宗。三月、アユールバルワダが大都で即位。皇太后ダギ・ガトンが実権掌握。
一三二〇	一月、アユールバルワダ死去、廟号は仁宗。三月、アユールバルワダの子のシディバラが大ハーン位を継ぐ。
一三二三	八月、シディバラ暗殺される、廟号は英宗。九月、イスン・テムールが大ハーンに即位。泰定帝とも。
一三二八	八月、イスン・テムールが上都で死去。
一三二九	一月、ハイシャンの長男クシャラがハラ・ホリムで大ハーン位に選出される。八月六日、クシャラ急逝。廟号は明宗。弟トクテムールが大ハーン位に即く。皇后ボタシャリ・ガトン権力掌握、翌年に故明宗のバボーシャ妃を殺害。
一三三二	八月、トクテムール死去。廟号は文宗。十月、明宗クシャラの次子で七歳のリンチンバルを帝位に。十一月、リンチンバル夭折。廟号は寧宗。
一三三三	六月、クシャラの長男トゴーンテムールが即位。高麗から奇氏入宮。
一三四六	チャガータイ裔モグリスタン王国成立。トゴンテムール・ハーン、興元閣をハラ・ホリムで増改修。

一三六八	朱元璋、応天府（のちの南京）にて皇帝宣言。八月、トゴーンテムール大都脱出。
一三七〇	五月、トゴーンテムール応昌府で他界。廟号は恵宗。明側から順帝と諡される。アユシリダラ、ハラ・ホリムにて大ハーン位に即く。
一三七八	テムールがマーワラ・アンナフルを支配下に入れ、テムール朝成立。アユシリダラ他界。
一三七九	アユシリダラの弟のトグステムールが大ハーンに即位。天元帝とも。
一三八八	トグステムール、明軍の襲撃で逃走し、途中アリク・ブハ裔イェスデルに殺される。フビライ・ハーン系統一時断絶。ハラ・ホリム炎上。イェスデル即位。以降、歴代のハーンは「大元ハーン」と称す。
一三九一	テムール、ロシア遠征。イェスデル・ハーン死去。
一三九三	エルベク・ハーン政権出現。明の朱元璋、李成桂に朝鮮国王の称号を授ける。
一三九五	テムール、トクタミシュ・ハーンを北カフカースで撃破。
一三九九	エルベク・ハーンが殺される。
一四〇五	春、テムールが遠征途上で死去。
一四二六	オイラート部のトゴーン太師の覇権が確立。
一四三九	トゴーン太師暗殺され、息子のエセンが太師としてモンゴルに君臨。
一四四八	マンドハイ誕生。ほかに一四三八年説も。
一四四九	エセン太師、明帝を捕虜にする「土木の変」。翌年に明へ送還。
一四五三	エセン太師がハーン位に即き、黄金家族成員粛清。

一四五四	エセン・ハーン殺害される。
一四六六	モーリハイ王、ムラン・ハーン殺害。
一四六八	ウヌボルト王、モーリハイ王を殺す。
一四七二	マンドール・ハーン政権成立。一説では一四七五年。
一四七四	バトムンクこと後のダヤン・ハーン誕生。一説では一四六四年。
一四七九	マンドール・ハーン殺害される。
一四八〇	バトムンクがマンドハイ妃と結婚し、ハーン位に即く。一四八七年説も。その間にボルホ・ジョノンがハーンに就任とも。
一四八八	マンドハイ妃、クムル（ハーミ）北東部にてイスマーイール太師討伐。
一五一〇	ダヤン・ハーン、ダラン・ハラでオルドス万戸征服。
一五一七	ダヤン・ハーン逝去。一五二四年説も。

＊烏雲畢力格
2005『喀喇沁万戸研究』内蒙古人民出版社。
2009『『阿薩喇克其史』研究』中央民族大学出版社。
＊喜蕾
2003『元代高麗貢女制度研究』民族出版社。
＊蕭啓慶
2008『元代的族群文化與科挙』聯経。
＊周清澍
2001「汪古部與成吉思汗家族世代通婚関係」『元蒙史札』内蒙古大学出版社。
＊朱風　賈敬顔訳
1985『漢訳蒙古黄金史綱』内蒙古人民出版社。

＊Broadbridge, Anne F.
2008 *Kingship and Ideology in the Islamic and Mongol Worlds*, Cambridge University Press.
2018 *Women and the Making of the Mongol Empire*, Cambridge University Press.
＊De Nicola, Bruno
2017 *Women in Mongol Iran, The Khātūns, 1206–1335*, Edinburgh University Press.
＊Eastmond, Antony
2017 *Tamta's World, The Life and Encounters of a Medieval Noblewoman from the Middle East to Mongolia*, Cambridge University Press.
＊Gulati, G. D
2010 *Central Asia under the Mongols*, Dev Books, New Delhi.
＊Landa, Ishayahu
2023 *Marriage and Power in Mongol Eurasia, A History of the Chinggisid Sons-in-law*, Harrassowitz Verlag, Wiesbarden.
＊Man, John
2020 *Empire of Horses, The First Nomadic Civilization and the Making of China*, Pegasus Books, New York.
＊Oya Pancaroğlu with transcriptions and translations of inscriptions by Manijeh Bayani
2007 *Perpetual Glory: Medieval Islamic Ceramics from the Harvey B. Plotnick Collection*, The Art Institute of Chicago & Yale University Press.
＊Peacock, A. C. S
2019 *Islam, Literature and Society in Mongol Anatolia*, Cambridge University Press.
＊Rinčen, Yöngsiyebü
1959 *L'Inscription sinomongole de la stèle en L'Honneur de Möngke qaɣan*, Central Asiatic Journal, 4(2), pp.130–142.
＊Rossabi, Morris
2009 *Khubilai Khan, His life and Times*, University of California Press, Berkeley.
＊Weatherford, Jack
2010 *The Secret History of the Mongol Queens, How the Daughters of Genghis Khan Rescued His Empire*, Crown, New York.
＊Zhao, George Qingzhi
2008 *Marriage as Political Strategy and Cultural Expression, Mongolian Royal Marriages from World Empire to Yuan Dynasty*, Peter Lang, New York.

【中国語】
＊陳得芝
2005『蒙元史研究叢稿』人民出版社。
＊陳紅彦
2002『元本』(中国版本文化叢書) 江蘇古籍出版社。
＊蔡美彪
1989「脱列哥那后史事考辨」中国蒙古史学会『蒙古史研究』第三輯。
＊蓋山林
1991『陰山汪古』内蒙古人民出版社。
＊王頲
2005「“天魔舞”的伝播及淵源」中国蒙古史学会『蒙古史研究』第八輯。

＊松川節
2008「『勅賜興元閣碑』の再構」松田孝一編『内陸アジア諸言語資料の解読によるモンゴルの都市発展と交通に関する総合研究』(科学研究費研究成果報告書)。
＊松田孝一・オチル編
2013『モンゴル国現存モンゴル帝国・元朝碑文の研究 —— ビチェース・プロジェクト成果報告書』(科学研究費研究成果報告書)。
＊松田孝一
2003「オロンスムの発見と歴史」横浜ユーラシア文化館編『オロンスム —— モンゴル帝国のキリスト教遺跡』。
＊松原正毅
2021『遊牧の人類史 —— 構造とその起源』岩波書店。
＊宮紀子
2021「クビライのマスク」ミネルヴァ通信『究』(124) ミネルヴァ書房。
＊宮脇淳子
1995『最後の遊牧帝国 —— ジューンガル部の興亡』講談社選書メチエ。

2002『モンゴルの歴史 —— 遊牧民の誕生からモンゴル国まで』刀水書房。

2019『中国・韓国の正体 —— 異民族がつくった歴史の真実』WAC。
＊森川哲雄
2007『モンゴル年代記』白帝社。
＊楊海英
2001『草原と馬とモンゴル人』(NHKブックス) 日本放送出版協会。

2004『チンギス・ハーン祭祀 —— 試みとしての歴史人類学的再構成』風響社。

2004「モンゴルにおける王朝交替観に関する一資料 ——〈遠太子と真太子の物語〉を中心に」『人文論集』54(2) (静岡大学人文学部)。

2008『モンゴルのアルジャイ石窟 —— その興亡の歴史と出土文書』風響社。

2018『墓標なき草原 —— 内モンゴルにおける文化大革命・虐殺の記録』上・下 (岩波現代文庫) 岩波書店。

2020『モンゴルの親族組織と政治祭祀 —— オボク・ヤス (骨) 構造』風響社。

2023『羊と長城 —— 草原と大地の〈百年〉民族誌』風響社。
＊若松寛訳
1993『ゲセル・ハーン物語 —— モンゴル英雄叙事詩』(東洋文庫) 平凡社。

1995『ジャンガル —— モンゴル英雄叙事詩2』(東洋文庫) 平凡社。


【モンゴル語】

＊ Irinčin,Y
2001 *Y. Irinčin-ü Mongɣol Sudulul-un Bütügel-ün Čiɣulɣan* (『エリンチン モンゴル学論文集』) ,Öbür Mongɣol-un Arad-un keblel-ün Qoriy-a.

【欧文】

＊ Atwood, Christopher P.
2004 *Encyclopedia of Mongolia and the Mongol Empire*, Facts On File, New York.
＊ Allsen, Thomas T
2019 *The Steppe and the Sea, Pearls in the Mongol Empire*, University of Pennsylvania Press.

2021「モンゴル帝国のカトン――帝国の政治を動かした女性たち」『修道法学』第44巻第1号。

2023「初期グローバル化としてのモンゴル帝国の成立・展開」荒川正晴他編『岩波講座　世界歴史10　モンゴル帝国と海域世界――一二～一四世紀』岩波書店。
＊宇野伸浩・松川節・中村淳
1999「釈迦院碑記」森安孝夫・オチル編『モンゴル国現存遺蹟・碑文調査研究報告』中央ユーラシア学研究会。
＊岡田英弘
1992『世界史の誕生』ちくまライブラリー。

2001『モンゴル帝国の興亡』ちくま新書。

2016『チンギス・ハーンとその子孫――もうひとつのモンゴル通史』ビジネス社。
＊クラヴィホ
1979『チムール帝国紀行』(山田信夫訳）桃源社。
＊ヘンリー・ジー
2022『超圧縮　地球生物全史』(竹内薫訳）ダイヤモンド社。
＊白石典之
2001『チンギス＝カンの考古学』同成社。

2008「モンゴル国シャルガ遺跡出土遺物について――陶磁器資料を中心にして」松田孝一編『内陸アジア諸言語資料の解読によるモンゴルの都市発展と交通に関する総合研究』(科学研究費研究成果報告書)。

2022『モンゴル考古学概説』同成社。
＊杉山正明
1996『モンゴル帝国の興亡（上・下)』講談社現代新書。

2010『クビライの挑戦――モンゴルによる世界史の大転回』講談社学術文庫。

2011『遊牧民から見た世界史 増補版』日経ビジネス人文庫。

2014『大モンゴルの世界――陸と海の巨大帝国』角川ソフィア文庫。
＊杉山正明／北川誠一
1997『大モンゴルの時代』中央公論社。
＊立川武蔵ほか編著
2003『マンダラ――チベット・ネパールの仏たち』千里文化財団。
＊高田英樹編訳
2019『原典　中世ヨーロッパ東方記』名古屋大学出版会。
＊デイヴィド・モーガン
1993『モンゴル帝国の歴史――巨大帝国の興亡』(杉山正明・大島淳子訳）角川選書。
＊中村淳
2023「チベット仏教とモンゴル」荒川正晴他編『岩波講座　世界歴史10　モンゴル帝国と海域世界――一二～一四世紀』岩波書店。
＊ハイシッヒ
2000『モンゴルの歴史と文化』(田中克彦訳）岩波文庫。
＊村岡倫
2007「洛陽出土「賽因赤荅忽墓誌」より」森田憲司編『13、14世紀東アジア諸言語史料の総合的研究――元朝史料学の構築のために』(科学研究費研究成果報告書)。

2017「チンギス・カンの庶子コルゲンのウルスと北安王」松田孝一編『13～14世紀モンゴル史研究２号』(科学研究費研究成果報告書)。

Introduction and Bibliography by David O. Morgan)
1997 *Genghis Khan: The History of the World-Conqueror*, Manchester University Press.
＊Elias, N (Edited with Commentary, Notes, and Map, The Translation by E. Denison Ross)
1895 *The Tarikh-I-Rashidi of Mirza Muhammad Haidar, Dughlat, A History of the Moghuls of Central Asia*, Sampson Low, Marston and Company, London.

【中国語】
＊蔡美彪編著
1955『元代白話碑集録』科学出版社。
＊陳邦瞻
1979『元史紀事本末』中華書局。
＊忽思慧
1989『飲膳正要』上海書店。
＊拉施特主編
1986a『史集』(第一巻第一分冊) 北京商務印書館。
1986b『史集』(第一巻第二分冊) 北京商務印書館。
1997a『史集』(第二巻) 北京商務印書館。
1997b『史集』(第三巻) 北京商務印書館。
＊李志常述
1985『長春真人西遊記』中華書局。
＊宋濂等撰
1976『元史』(第三冊、第四冊、第十冊、第十五冊) 中華書局。
＊珠栄嘎訳注
1990『阿勒坦汗伝』内蒙古人民出版社。
＊烏雲畢力格
2005『喀喇沁万戸研究』内蒙古人民出版社。
2009『『阿薩喇克其史』研究』中央民族大学出版社。
＊葉子奇
1959『草木子』中華書局。

■研究論文・著書
【日本語】
＊青木一夫訳
1994(1960)『全訳　マルコ・ポーロ東方見聞録』校倉書房。
＊石濱裕美子
2001『チベット仏教世界の歴史的研究』東方書店。
2011『清朝とチベット仏教――菩薩王となった乾隆帝』早稲田大学出版部。
＊宇野伸浩
1999a「チンギス・カン家の通婚関係に見られる対称的婚姻縁組」松原正毅・小長谷有紀・佐々木史郎編『ユーラシア遊牧社会の歴史と現在』国立民族学博物館研究報告別冊20号。

1999b「釈迦院遺跡」森安孝夫・オチル編『モンゴル国現存遺蹟・碑文調査研究報告』中央ユーラシア学研究会。

参考文献

■刊行史料

【日本語】

＊赤坂恒明監訳・金山あゆみ訳注
2022『ラシード＝アッディーン『集史』「モンゴル史」部族篇訳注』風間書房。
＊岡田英弘訳注
2004『蒙古源流』刀水書房。
＊吉田順一・賀希格陶克陶・柳澤明・石濱裕美子・井上治・永井匠・岡洋樹共訳注
1998『『アルタン＝ハーン伝』訳注』風間書房。

【モンゴル語】

＊Bira(ed.)
1990 *Erten-ü Qad-un Ündüsülegsen Törö Yosun-u Jokiyal-i Tobčilan Quriyaɣsan Altan Tobči Kemekü Orosibai*（いにしえのハーンたちの政治と法規を綴った黄金史), Ulan-Bator.
＊Čoyiji(ed.)
1999 *Altan Tobči*（『黄金史』), Öbür Mongɣul-un Arad-un Keblel-ün Qoriy-a.
＊Dalantai Cerensodnom and Manfred Taube
1993 *Die Mongolica der Berliner Turfansammlung*, Akademie Verlag, Berlin.
＊Damdinsüreng
1959 *Mongɣol Uran Jokiyal-un Degeji Jaɣun Bilig Orusibai*, Ulaanbaatar.
＊Dorungɣ-a(ed.)
1998 *Činggis Qaɣan-u Takil-un Sudur Orosiba*（『チンギス・ハーン祭祀用典籍』), Öbür Mongɣul-un Arad-un Keblel-ün Qoriy-a.
＊Eldengtei & Ardajab
1986 *Mongɣol-un Niɣuča Tobčiyan―Seyiregülül Tayilburi*（『モンゴル秘史還原註釈』), Öbür Mongɣul-un Arad-un Keblel-ün Qoriy-a.
＊Liü Jin Süe(ed.)
1999 *Qad-un Ündüsün Quriyangɣui Altan Tobči*（『ハーン一族の黄金史綱』), Öbür Mongɣul-un Arad-un Keblel-ün Qoriy-a.
＊Öljeyitü and Baɣan-a, B
1983 *Erten-ü Mongɣol-un Qad-un Ündüsün-ü Yeke Sir-a Tuɣuji Orusiba*（『いにしえのモンゴルのターンたちの根本たる大黄冊』), Ündüsüten-ü Keblel-ün Qoriy-a.
＊Rasipungsuɣ
1959 *Bolor Erike, Mongolian Chronicle by Rasipungsuɣ* (ed by Mostaert, A), 5vols, Scripta Mongolica III, Harvard University Press.
1985 *Bolur Erike*（『水晶の数珠』, ed by Kökeündür), Öbür Mongɣul-un Arad-un Keblel-ün Qoriy-a.
＊Šagdarsüren and Lee Seong-Gyu(ed.)
2002 *Byamba-yin Asaraɣči Neretü(-yin) Teüke*（『ビャンバの綴ったアサラクチ史』), Center for Mongol Studies, Ulaanbaatar.

【欧文】

＊ʻAlā-al-Din ʻAtā-Malik Juvaini (Translated and Edited by J. A. Boyle, with an

講談社現代新書　2749

モンゴル帝国《ていこく》　草原《そうげん》のダイナミズムと女《おんな》たち

二〇二四年七月二〇日第一刷発行

著　者　楊《よう》　海英《かいえい》

発行者　森田浩章

発行所　株式会社講談社

東京都文京区音羽二丁目一二―二一　郵便番号一一二―八〇〇一

電　話　〇三―五三九五―三五二一　編集（現代新書）

〇三―五三九五―四四一五　販売

〇三―五三九五―三六一五　業務

装幀者　中島英樹／中島デザイン

印刷所　株式会社ＫＰＳプロダクツ

製本所　株式会社国宝社

定価はカバーに表示してあります　Printed in Japan

N.D.C. 220　378p　18cm

ISBN978-4-06-536677-6

「講談社現代新書」の刊行にあたって

教養は万人が身をもって養い創造すべきものであって、一部の専門家の占有物として、ただ一方的に人々の手もとに配布され伝達されうるものではありません。

しかし、不幸にしてわが国の現状では、教養の重要な養いとなるべき書物は、ほとんど講壇からの天下りや単なる解説に終始し、知識技術を真剣に希求する青少年・学生・一般民衆の根本的な疑問や興味は、けっして十分に答えられ、解きほぐされ、手引きされることがありません。万人の内奥から発した真正の教養への芽ばえが、こうして放置され、むなしく滅びさる運命にゆだねられているのです。

このことは、中・高校だけで教育をおわる人々の成長をはばんでいるだけでなく、大学に進んだり、インテリと目されたりする人々の精神力の健康さえもむしばみ、わが国の文化の実質をまことに脆弱なものにしています。単なる博識以上の根強い思索力・判断力、および確かな技術にささえられた教養を必要とする日本の将来にとって、これは真剣に憂慮されなければならない事態であるといわなければなりません。

わたしたちの「講談社現代新書」は、この事態の克服を意図して計画されたものです。これによってわたしたちは、講壇からの天下りでもなく、単なる解説書でもない、もっぱら万人の魂に生ずる初発的かつ根本的な問題をとらえ、掘り起こし、手引きし、しかも最新の知識への展望を万人に確立させる書物を、新しく世の中に送り出したいと念願しています。

わたしたちは、創業以来民衆を対象とする啓蒙の仕事に専心してきた講談社にとって、これこそもっともふさわしい課題であり、伝統ある出版社としての義務でもあると考えているのです。

一九六四年四月　野間省一

世界史Ⅰ

世界史Ⅱ

959 東インド会社――浅田實
971 文化大革命――矢吹晋
1085 アラブとイスラエル　高橋和夫
1099 「民族」で読むアメリカ　野村達朗
1231 キング牧師とマルコムX　上坂昇
1306 モンゴル帝国の興亡〈上〉――杉山正明
1307 モンゴル帝国の興亡〈下〉――杉山正明
1366 新書アフリカ史――宮本正興 松田素二 編
1588 現代アラブの社会思想　池内恵
1746 中国の大盗賊・完全版――高島俊男
1761 中国文明の歴史――岡田英弘
1769 まんが パレスチナ問題　山井教雄
1811 歴史を学ぶということ　入江昭
1932 都市計画の世界史――日端康雄
1966 〈満洲〉の歴史――小林英夫
2018 古代中国の虚像と実像　落合淳思
2025 まんが 現代史――山井教雄
2053 〈中東〉の考え方――酒井啓子
2120 居酒屋の世界史――下田淳
2182 おどろきの中国　橋爪大三郎 大澤真幸 宮台真司
2189 世界史の中のパレスチナ問題　臼杵陽
2257 歴史家が見る現代世界　入江昭
2301 高層建築物の世界史　大澤昭彦
2331 続 まんが パレスチナ問題　山井教雄
2338 世界史を変えた薬　佐藤健太郎
2345 鄧小平――エズラ・F・ヴォーゲル 聞き手＝橋爪大三郎
2386 〈情報〉帝国の興亡――玉木俊明
2409 〈軍〉の中国史――澁谷由里
2410 入門 東南アジア近現代史　岩崎育夫
2445 珈琲の世界史――旦部幸博
2457 世界神話学入門――後藤明
2459 9・11後の現代史　酒井啓子

日本史Ⅰ

Ⓖ

日本史Ⅱ